**rowohlts monographien**
**begründet von Kurt Kusenberg**
**herausgegeben**
**von Wolfgang Müller und Uwe Naumann**

# Thomas von Aquin

mit Selbstzeugnissen
und Bilddokumenten
dargestellt von
M.-D. Chenu

Rowohlt

Aus dem Französischen übertragen von P. Otto M. Pesch OP
Den dokumentarischen und bibliographischen Anhang
bearbeiteten Paul Raabe, Uta Rösler-Isringhaus und der Übersetzer
Neubearbeitung der Bibliographie 2001: Wolfgang Beck
Herausgeber: Kurt Kusenberg · Redaktion: Beate Möhring
Umschlaggestaltung: Werner Rebhuhn
Vorderseite: Thomas von Aquin. Gemälde von Carlo Crivelli
(National Gallery, London)
Rückseite: Darstellung aus dem 15. Jahrhundert
(Éditions du Seuil, Paris)

Veröffentlicht im Rowohlt Taschenbuch Verlag,
Reinbek bei Hamburg, August 1960
Mit Genehmigung des Verlags Éditions du Seuil, Paris
Alle Rechte an dieser Ausgabe vorbehalten
Satz Times (Linotron 404)
Gesamtherstellung Clausen & Bosse, Leck
Printed in Germany
ISBN 3 499 50045 0


10. Auflage September 2004

# Inhalt

*Thomas von Aquin.*
*Gemälde von Carlo Crivelli. National Gallery, London*

# Der Predigerbruder

Anfang Mai 1244 ... «Bruder Johannes Teutonicus, der Meister des Ordens der Predigerbrüder, ein Mann, der damals in der Welt sehr hoch angesehen war, geleitete den Bruder Thomas von Aquin von Neapel, wo dieser gerade in den Orden eingetreten war, nach Paris. Auf ihrem Weg durch die Toscana kam er in die Nähe von Acquapendente, einer kaiserlichen Festung, wo damals Kaiser Friedrich residierte. Ein Bruder von Thomas, der Herr Raynald, befand sich gerade am Hof des Kaisers. Er war ein Mann von besonderer Ehrenhaftigkeit. Als Vertrauter des Herrschers stand er hoch in dessen Gunst, wenngleich er noch eines Tages von ihm zu Tode gebracht werden sollte. Sobald Herr Raynald von der Durchreise seines jüngeren Bruders Kunde erhalten hatte, entführte er diesen, scheinbar ohne Wissen Friedrichs, mit Hilfe des Petrus de Vinea dem Meister Johannes. Er zwang ihn, ein Pferd zu besteigen und schaffte ihn dann unter guter Bewachung nach Kampanien auf eines der Schlösser der Familie, das San Giovanni heißt.»

So berichtet der Geschichtsschreiber Ptolemäus von Lucca mit genauen Angaben über Zeit, Ort und Personen die Entführung des jungen Thomas durch seine Familie, die sich seinem Eintritt in den Orden der Predigerbrüder widersetzte.[1]*

Man schrieb also Anfang Mai 1244. Thomas war neunzehn Jahre alt. Er war der Sohn des Grafen Landulf, des Herrn von Aquino, einer kleinen, etwa dreißig Kilometer von Neapel entfernten Stadt. Thomas hatte zu Neapel seine fünf Studienjahre an der Universität dieser Stadt abgeschlossen und gerade das Kleid des neuen Ordens genommen, der, kaum dreißig Jahre zuvor gegründet, bereits in voller Blüte stand, zumal in den Universitätsstädten. Sein Entschluß hatte wie eine Sensation gewirkt, sowohl für seine jungen Mitstudenten wie für seine Familie. Sein Vater Landulf – er war einige Monate vorher gestorben – und seine Mutter Theodora hatten sich heftig dieser Berufung widersetzt; sie machte ihre Hoffnungen zunichte und mußte Menschen ihrer Geistesart vor den Kopf stoßen. Kaum hatte Theodora die Nachricht erhalten, eilte sie nach Neapel. Es war zu spät. Ihr Sohn war bereits auf dem Wege nach Paris. Sie traf ihn nicht mehr an. «Da sandte sie», erzählt der Chronist, «eine Botschaft an ihre älteren Söhne, die am Hof des Kaisers auf dem Feld von Acqua-

* Die hochgestellten Ziffern verweisen auf die Anmerkungen S.166f.

*Man begreift weder die Persönlichkeit noch die Theologie des Bruders Thomas, wenn man außer acht läßt, daß er ein Sohn des hl. Dominikus ist. Das gilt für ihn genauso wie für den Dominikanermärtyrer Petrus von Verona oder den apostolischen Prediger Vinzenz Ferrer. Die hier abgebildete «Genealogie» von Hans Holbein d. Ä. bringt diesen Gedanken zum Ausdruck (Städelsches Kunstinstitut, Frankfurt a. M.)*

pendente weilten, und bat sie bei ihrem mütterlichen Segen, Thomas zu ergreifen, den die Predigerbrüder mit dem Habit ihres Ordens bekleidet und zur Flucht aus dem Königreich veranlaßt hätten. Die Söhne der Theodora wollten die Weisung ihrer Mutter ausführen, um ihr einen Beweis ihrer Anhänglichkeit zu geben. Sie unterbreiteten dem Kaiser den empfangenen Auftrag, und sandten mit seiner Zustimmung Kundschafter aus, Straßen und Wege abzusuchen.»[2]

Es ist durchaus überflüssig, die Tatsache dieser Entführung noch durch eine romantische Interpretation zu unterstreichen. Es war eine Zeit, in der brüderliche Zuneigung sich sehr wohl vertrug mit solch einem brutalen Abenteuer. Ohne Zweifel muß man auch den Verführungsversuch durch eine Kurtisane für möglich halten, wie ihn ein auf Erbauung bedachter Chronist berichtet. Die Angelegenheit wurde innerhalb der Familie geregelt. Nach einem Aufenthalt auf Monte San Giovanni wurde Thomas auf die Festung Roccasecca gebracht, den ständigen Wohnsitz derer von Aquin. Es war gewiß keine Haft, aber doch ein Hausarrest, der über ein Jahr dauern sollte, ohne daß freilich der Wille des Dominikaner-Novizen unter dem gutgemeinten Drängen seiner Verwandten und Freunde sich beugte. Im Juni oder Juli 1245 erlangte Thomas endlich seine Freiheit wieder. Er begab sich nach Neapel, nahm sein Ordensleben wieder auf und machte sich erneut auf den Weg nach Paris.

# Die Zeit

Es heißt nicht den hagiographischen Reiz dieses Abenteuers einschränken oder die naive Art, mit der es erzählt wird, zerstören, wenn man seinen soziologischen Untergrund in der damaligen geschichtlichen Situation aufdeckt; vielmehr heißt es seine tiefere Bedeutung freilegen innerhalb der in Entwicklung befindlichen Christenheit. Denn es geht um mehr als den persönlichen Vorfall einer auf Widerstände stoßenden Berufung.

Thomas war der dritte Sohn eines kleinen Lehnsherrn. Er wurde Anfang 1225 oder Ende 1224 auf der Schloßfestung Roccasecca bei Aquino geboren. Es war die Zeit, da Honorius III. (1216–27) schlecht und recht in der Kirche und in der Welt das Ansehen Innozenz' III. aufrechterhielt und Friedrich II. (1212–50) von Deutschland bis Sizilien über das Heilige Römische Reich herrschte, das durch den Frieden von San Germano (1230) für einen Augenblick mit der geistlichen Macht versöhnt war. In Frankreich trat Ludwig IX., noch ein Kind, seine lange Regierung an, zur Stunde, da das dramatische Kreuzzugsunternehmen gegen Raimund VI. von Toulouse und die Albigenser sich zugunsten des Königtums der Kapetinger wandte. Die Mohammedaner behaupteten nach wie vor im Königreich von Granada ihre Stellung auf spanischem Boden und hielten trotz des Sieges der Kreuzfahrer bei Las-Navas (1212) die christliche Welt in Unruhe. Die Errichtung des dauernd gefährdeten lateinischen Königreiches von Jerusalem machte die Bedrohung durch den Islam nur noch spürbarer. In der Ferne offenbarte der Druck der Tataren die Macht und Lebenskraft der Menschen des asiatischen Kontinents. Die Christenheit, eingefaßt in die geographischen und kulturellen Grenzen des Römischen Reiches, hatte geglaubt, die ganze Menschheit zu umspannen und den «Gottesstaat» auf Erden zu verwirklichen; nun wurde ihr bewußt, daß der

Glaube erst einen Teil der Menschheit erreicht hatte und daß die «Welt» mit ihren unermeßlichen profanen Beständen noch da war.

Landulf von Aquin selbst blieb, ohne sich weiter Gedanken zu machen, solidarisch mit seiner kleinen lehnsherrschaftlichen Welt, ihren lokalen Rivalitäten, ihrem bescheidenen politischen Spiel. Es paßte durchaus in den Rahmen dieses Spiels, wenn er auf den Gedanken kam, einen seiner Söhne an die Spitze der benachbarten Abtei von Monte Cassino zu stellen, die an der Grenze zwischen dem Kirchenstaat und dem Königreich Neapel lag. Der Abt, ein wirklicher Lehnsherr, erfreute sich in der Tat eines sehr großen Ansehens, wobei die Religion die politische Macht heiligte. Der junge Thomas wurde also 1230 als Oblate dorthin gebracht, ein Schritt im eigenen Interesse, das aber dem religiösen Anliegen nicht im Wege stand. Der Einmarsch Friedrichs II. ist in Italien nach dem heftigen Wiederaufflammen des Konfliktes zwischen geistlicher und weltlicher Macht, wobei die Grafen von Aquino zwischen beide Parteien gerieten, mußte Thomas zwingen, die Benediktinerabtei zu verlassen (1235). Damals wurde er nach Neapel geschickt, um dort an der Artistenfakultät ein akademisches Leben zu beginnen, dem erst sein Tod ein Ende setzen sollte.

Es ist somit nicht sein Ordensberuf, gegen den sich seine durchaus frommen Verwandten auflehnen, sondern sein Eintritt bei den Predigerbrüdern. Diese neuartigen Ordensleute waren 1231 nach Neapel gekommen und hatten dort wie überall, wo sie auftraten, in gleicher Weise wie die Minderbrüder eine lebhafte Anziehungskraft auf die junge Generation ausgeübt und mißtrauische Reserve bei den Alten hervorgerufen. «Wegen der Neuartigkeit ihrer Lebensweise», sagen die «Annales Normannae», «wurden die beiden Orden mit freudigem Eifer aufgenommen, wo immer sie das Wort Gottes zu predigen begannen. Ihre Neuartigkeit und Ungewöhnlichkeit zog eine ganze Elite der Jugend und der Kultur zu ihnen hin, so daß sie in kurzer Zeit die Erde erfüllt hatten.» Während die alten monastischen Gebilde, hochangesehen als Zentren der Wohltätigkeit, weiterbestanden im Dienst einer Christenheit, die eine wirtschaftliche und politische Macht darstellte und sich im Rahmen einer Feudalordnung hielt, in der sie zusammen mit ihrer institutionellen und spirituellen Lebenssicherung höchst irdische Privilegien erworben hatte, waren seit etwa vierzig Jahren überall neue Gemeinschaften entstanden; sie gelobten die evangelische Armut, brachen mit den aristokratischen Wirtschaftsformen und der aristokratischen Spiritualität, predigten außerhalb der lehnsherrschaftlichen Festungen und der Monasterien das Wort Gottes dem einfachen Volk, das sich seiner vergangenen Knechtschaft und zugleich seiner zukunftsträchtigen Kraft bewußt geworden war. Innozenz III., obgleich aus feudalem Geschlecht, hatte doch mit apostolischem Scharfblick und oftmals gegen die Prälaten seiner Umgebung das Anliegen der Bewegung begriffen und sie gefördert. Prediger- und Minderbrüder, die Prototypen ihrer Art, hatten sich bei dieser erstaunlichen Neuerung seiner nachdrücklichen Unterstützung erfreut.

In der Tat hatte die Kirche seit drei Jahrhunderten auf eigene Rech-

*Thomas als Gefangener seiner Familie. Kopie eines Freskos in der Dominikanerkirche zu Maastricht (14. Jh.)*

*Von der Lehnsherrschaft . . .*

nung die großartige Organisationsleistung vollbracht, die vom Chaos der Barbaren-Invasionen schließlich zur Feudalordnung führte. Sie hatte ihre Seele einer Wirtschaftsform geliehen, die auf dem Grundbesitz beruhte, wobei das Monasterium das religiöse Gegenstück zum Schloß des Lehnsherrn war, und die Zisterzienser hatten, wiewohl sie auf feudale Pfründen verzichteten, jüngst noch dieses Bündnis mit der Erde erneuert. Die Kirche hatte den Lehnseid zu einer Art Sakrament erhoben, das die Bande dieser Gesellschaft besiegelte und neben der Treue die evangelischen Tugenden der Gerechtigkeit und der Liebe betonte. Sie segnete die Waffen des Ritters, auf daß sie wider alles Unrecht geführt würden «zum Dienst der Witwen und Waisen und aller Diener Gottes, wider die Grausamkeit der Barbaren». Das Rittertum wurde so eine Institution des Friedens: Roland und der Cid – keine *christlichen* Helden im Vollsinne! – offenbaren das Eindringen religiöser Gesinnung noch bis in die rohe Geistesart dieses kriegerischen Zeitalters hinein. Die Kirche war sogar am Steuerwesen beteiligt; mit den Gütern, die der Zehnte ihr einbrachte, hatte sie einen sozialen Sicherheitsdienst ausgebildet, eine wahrhafte Politik der Barmherzigkeit, die automatisch bei den häufigen Notständen zu Hilfe kam und gleichsam von Rechts wegen der dauernden Ungleichheit in der Verteilung der Güter gegensteuerte. Aus dem evangelischen Rat der

Gastfreundschaft machte man eine feste Einrichtung und dehnte den Segen dieses sozialen Rechtes aus auf das tägliche Leben des Handels, der Reisen, der Unglücksfälle. Die Schulen, im Schutz der Klöster und Kirchen entstanden, geistig und finanziell getragen von den Männern des Klerus, entfalten sich ganz von selbst unter der Jurisdiktion der Kirche, die ihren Lehrplan und ihre Organisationsform festlegte. Kurz, die Kirche war zum Träger und Garanten einer Gesellschaft geworden, deren erster Nutznießer sie schließlich selbst war: Das Ergebnis – eine echte «Christenheit».

Eine Bewährung durch drei Jahrhunderte hindurch gab dieser Verklammerung den Anschein unwandelbarer Gültigkeit. Daher machen auch die kirchlichen Körperschaften eine saure Miene zu den Bestrebungen, die die bestehende Ordnung bedrohen, und die Solidarität, die Prälaten und Lehnsherren in die Bande gleicher Tradition und gleichen Wohlstandes schlug, verdoppelt ihren geistigen Widerstand noch durch wirtschaftliche Interessen. Die organisierte Caritas, deren Steuer sie in der Hand halten, ist ihnen genug, und sie interessieren sich wenig für die in Gang gekommenen Entwicklungen in der sozialen Lage der Handwerker und Bauern. Sie betonen den Wert der Treue und den religiösen Charakter des Lehnseides und begünstigen daher nicht die Freilassungsbriefe, die man nicht ohne ein gewisses Maß an Gewaltanwendung erlangen kann. Sie halten die Leibeigenschaft für eine ehrenhafte und dauernde menschliche Stellung und vermögen nicht in diesem kollektiven Drang nach Aufstieg eine praktische Anwendung der von ihnen so hochgehaltenen spirituellen Werte, ja, ihres Evangeliums zu sehen. Desgleichen erfassen sie auf politischem Gebiet nicht die Tragweite der kommunalen Bewegung, die viele Prälaten einfach als Auswirkung ungesunder Aufsässigkeit ansehen. «Die große Mehrheit des Episkopates blieb gleichgültig oder feindselig gegenüber einer Bestrebung, die von dem Wunsch beseelt

*. . . zur Kommune*

war, der einem höchst heidnischen Egoismus entstammenden Willkürherrschaft der Lehnsherren ein Ende zu setzen» (A. Fliche). Zur gleichen Zeit also, da sie fortfahren, ihr Evangelium der Gerechtigkeit und Liebe zu predigen, verschließen ihre irdischen Interessen ihnen die Augen für die notwendigen Umgestaltungen. Und diejenigen unter ihnen, die Jagd auf Mißbräuche und Laster machen, ohne das System selbst zu verlassen, erweisen nur die hoffnungslose Unwirksamkeit rein moralischer Reformbemühungen. Im ganzen: Sie verstehen den neuen Menschen nicht, der im Kommen begriffen ist.

Auf diesem Entwicklungsgang vom Lehen zur Kommune hatten sich die Geister fortschreitend das Eigenrecht ihrer Unternehmungen errungen, den Sinn für persönliche Verantwortlichkeit, den Geschmack an der Initiative und jene Beweglichkeit, die die Überlegenheit des Menschen inmitten der unvorhergesehenen Probleme einer neu eröffneten Welt offenbart. Die Stadtschulen, bevölkert von dieser aufstrebenden Jugend, verbunden mit ihrem Aufstieg und sogar mit ihrer Maßlosigkeit, verknüpft mit der kommunalen Lebensform ebenso wie mit den Zünften auf seiten des Handwerks: – sie sind offenkundig der Ort dieser Bewußtwerdung. Thomas von Aquin, den seine Geburt in eine hohe Adelsdynastie gestellt hatte, den die Familientraditionen für die mächtigste Abtei bestimmten, der auch wirklich seine frühe Jugend auf Monte Cassino zugebracht hatte, betrat nun, mit der Freiheit, die er sich auf Grund seiner

*Das neue Wandervolk.*
*Spiele und Lieder der Studenten*
*im 13. Jahrhundert*

Berufung erobert hatte, einen Lebensweg, der ihn an die brodelndste und repräsentativste aller Stadtschulen führen sollte, mitten im Herzen der neuen Gesellschaft, an die Universität Paris.

## Das Evangelium in der Zeit

Bruch mit der Welt und Gegenwart in der Welt – das ist das Paradox des Evangeliums, fordernd und umstürzend wie am ersten Tag! Und die Armut ist nicht nur der asketische Rahmen für dieses Paradox, sondern mehr noch dessen wirkmächtiges Symbol. Die Ablehnung Monte Cassinos ist bei Thomas von Aquin das genaue Gegenstück zu der Tat eines Franz von Assisi und entbehrt nicht der dramatischen Höhe. Nicht mehr nur die einzelnen lebten arm, sondern die Gemeinschaften selbst (einzelne Arme in einer reichen Kirche gab es ja schon immer). Die Sorge um das Brot überlassen sie neu jedem neuen Tag. Sie weisen damit die wirtschaftliche Sicherung und jene soziale Machtstellung zurück, die die Stärke ihrer Vorfahren und die Größe der Monasterien ausgemacht hatten. Entschiedener konnte man nicht vorgehen. Es bedeutete, daß man sich ebenso sehr gegen die Bedrohung von seiten des Reichtums einer im Aufschwung

begriffenen neuen Welt zur Wehr setzte, wie man sich gleichzeitig dieser Welt anvertraute als einer Christenheit, die wie selbstverständlich ihre Apostel ernährte. Die Armut der Bettelmönche wurde auf diese Weise, wenn man so sagen darf, die wirtschaftliche Versorgungsform sowohl eines Wanderapostolates, das diesen Predigern einen weiten Aktionsradius eröffnete, als auch einer Gemeinschaft von «Brüdern», die sich fröhlich den Improvisationen der Vorsehung überließen. Also keine Monasterien mehr, majestätisch und unverrückbar wie Festungen, sondern arme, vom Zufall erstellte Gebäude in den Vorstadtvierteln des Volkes und der Studenten! Offensichtlich geben diesen neuen Aposteln nur diejenigen Herberge und Lebensunterhalt, welche die irdische Solidarität mit ihnen verspüren, die Grundlage ihrer christlichen Brüdergemeinschaft geworden ist.

Gerade die Verfassung, die sich die Predigerbrüder wie aus einem Instinkt heraus, aber bald auch mit vollem Bewußtsein geben, ist der juristische Ausdruck dieses evangelischen Brudersinnes. Auf allen Ebenen wird die Autorität nicht ausgeübt durch von oben her eingesetzte Titelträger, sondern auf Grund von Wahlen, die auf jeder Stufe beständig neu getätigt werden. Es ist ein ständiges Überwechseln der Aufgaben, die der Gemeinschaft ihre unaufhebbare Vollmacht und, durch ihre Repräsentanten, die Beeinflussung und Kontrolle der Leitung beläßt. Man gehorcht nicht mehr der Person, innerhalb eines patriarchalischen Systems, in dem man zugleich dem von der Liebe getriebenen Eifer und dem Subjektivismus des Oberen überantwortet ist, sondern man gehorcht dem Amt, in dem das Gemeingut sich objektiviert, getragen und institutionalisiert durch die Brüdergemeinschaft als Ganzes. Vom ersten Tag an scheiden die Predigerbrüder sogar die bloße Bezeichnung «Abt» aus und wählen einen «Prior». Die Befehle der Leitungsgewalt sind also nicht Willensäußerungen eines Fürsten, so religiös sie auch sein mögen, sondern der Ausdruck einer objektiven und rationalen Ordnung der Gemeinschaft, die jeder bejaht. Bis in ihren äußeren Apparat hinein ist diese Verfassung auf Grund ihres evangelischen Geistes der Test und die Sicherung einer Spiritualität (und bald bei Thomas von Aquin einer Theologie) des sozialen Lebens, wie sie spätere Voluntarismen[3] jeglicher Schattierung ablehnen werden.

Das ist, in diesem Zusammenhang und durch ihn gesehen, die volle Tragweite des Schrittes, den Bruder Thomas tat und der sowohl über sein Ordensleben wie auch über seine wissenschaftliche Grundrichtung entscheidet. Und das ist der Sinn der Armut in den Bettelorden und gleichsam ihre organische Ausformung. Sie ist nach Inhalt und Bedeutung wesentlich vom Evangelium geprägt – eine Torheit für die «Weisen» –; ihre soziale Deutung beeinträchtigt in keiner Weise ihre mystische Wirklichkeit, sie offenbart im Gegenteil deren höchst wirksame Inkarnation. Den «Bettelstand» geloben, das heißt im 13. Jahrhundert: institutionell und wirtschaftlich die feudale Verfassung der Kirche kategorisch ablehnen, die «Pfründen», die Annahme des Zehnten, so wertvoll diese im Hinblick auf apostolische und karitative Zwecke auch sein mochten. Es heißt so, die Freiheit des Wortes Gottes aus diesen feudalen Belastungen herauslösen. Franziskus und Dominikus haben gewiß nie im Leben an eine Entscheidung für oder gegen eine Wirtschaftsform gedacht. Und die Kirche hat weder die Gnade noch die Zuständigkeit, irgendeine technische Organisation der Erdengüter anzuregen, aufzubauen oder zu bekämpfen. Die Mendikanten verwarfen das Feudalsystem, so wie heute die «Mission de France» sich vom Kapitalismus absetzt: es ist die gleiche Leidenschaft für das Evangelium, und nicht eine Ideologie. Die Rückwendung zum Evangelium schließt ebenso den Bruch mit kollektiven Belastungen in sich wie den mit persönlicher Unordnung.

Die Armut ist somit ihrer Natur nach das wirksame Symbol und die erste Verwirklichung des evangelischen Erwachens: das Evangelium als solches, im reinen Zustand, in seiner ursprünglichen und unrückführbaren Kraft, wie sein Buchstabe sie bewahrt. Die erste, man kann sagen, die einzige Regel des heiligen Franziskus besteht aus einigen Versen des Evangeliums und ist kein neues Programm einer Lebensform, die im Ordenswesen mit der Regel des heiligen Augustinus oder der Regel des heiligen Benedikt in Konkurrenz treten könnte. «Sprecht mir von keiner anderen Lebensform als von derjenigen, die unser Herr selbst mir in seiner Barmherzigkeit gezeigt und gegeben hat» («Legenda antiqua»). An dieses Evangelium Christi gilt es sich zu halten, so wie sein rauher Buchstabe lautet, ohne Kommentar, ohne Distinktion, *sine glossa,* ohne jene Glossen, die, wie wir aus Erfahrung wissen, seinen vollen Gehalt zersetzen. In gleicher Weise erhält der neue Orden der Predigerbrüder seine Wesensbestimmung durch den Schock der frohen Botschaft, durch ihr schroff forderndes Zeugnis und durch jenes Zutrauen in die armseligen Mittel, das nicht die Wege der Macht und der Opportunität betritt. Und Dominikus wird von seinem Nachfolger und Biographen als *vir evangelicus* (Mann des Evangeliums)[4] bezeichnet. Die Verlockung, der Thomas gegen alle Familientradition nachgab, das unerhörte Ansehen, das die Gemeinschaften der Minoriten und Predigerbrüder in herzlicher und heiligender Eintracht mit der jungen Generation sofort erlangen, sind die Wirkung dieser erneuerten Gegenwart des Wortes Gottes.

Wenn wir schon den Schock dieses evangelischen Erwachens (nicht nur in den Seelen, sondern in den Institutionen) nicht mehr verspüren, so sollte die hartnäckige Opposition ihn uns zu Bewußtsein bringen, der die Predigerbrüder und Minoriten begegnen. Es ist nicht die geringste Wirkung der sich von Anfang an zeigenden Klarsicht des Bruders Thomas, daß er sehr bald denen die Stirn bietet, die diesen «neuen Aposteln» nicht nur dieses oder jenes Vorrecht, sondern überhaupt die Existenzberechtigung absprechen. Das ist für ihn Anlaß, die tieferen Gründe seiner Berufung darzulegen und die Rechtheit der Form des Ordenslebens wie des Apostolates bei den Mendikanten klarzustellen. Wilhelm von Saint-Amour, Magister an der Universität Paris, unternimmt, gestützt auf einige Prälaten, in diesen Jahren in der Tat nicht nur eine kanonistische, sondern lehrinhaltliche Kritik dessen, was er ein «neues Evangelium» bei diesen Pseudopropheten der neuen Zeit, des Endes der Zeiten nennt: *De periculis novissimorum temporum* (*Über die Gefahren der jüngsten Zei-*

*ten*) betitelt er in fünf Auflagen immer wieder seine Streitschrift. Seine Hauptanklagepunkte waren: Einsatz dieser Ordensleute in der Welt, von der sie kraft ihres Standes getrennt zu sein hätten, eine Armut, die einer guten Gesellschafts- und Eigentumsordnung zuwiderlaufe, apostolische Betätigung, zu der sie keinen Auftrag haben könnten, Anspruch auf Lehrtätigkeit, wo sie sich doch im Schweigen der Demut zu halten hätten. Über persönliche Animositäten hinaus ist das die Reaktion eines höchst kategorischen Konservativismus, der offenkundig sehr scharfsinnig ist. Bei diesen Förderern einer neuen Christenheit steht das Evangelium zur Debatte!

Die öffentliche Meinung ist erregt und leidenschaftlich, wie man lang und breit bei Rutebeuf oder Jean de Meung oder im «Fuchsroman» lesen kann. 1255, bei Wiederbeginn des akademischen Jahres, bedurfte es des Schutzes der königlichen Bogenschützen, um die Vorlesungen im Konvent Saint-Jacques eröffnen zu können, in solchem Ausmaß spaltete der Streit das Universitätspublikum! So hatte also Thomas von Aquin zweimal, 1256 in Gemeinschaft mit Bonaventura bei den Minoriten, und 1270, das Anliegen, die Institution, die Aufgaben der beiden Orden und mit ihnen die Gesetze der evangelischen Vollkommenheit zu verteidigen. Seine Antworten auf die langen Traktate und Streitschriften der Gegner – *dieser verderbten und hinterhältigen Menschen,* wie er heftig erklärt – sind der theologische Ausdruck seiner ersten Grundentscheidung an der Universität Neapel. Noch bevor die *Summa Theologiae* überlegen und organisch seine Gedanken über die «Lebensstände» umrissen hatte in einem Traktat, durch den Thomas für alle Jahrhunderte ein Meister des geistlichen Lebens bleibt,[5] gab der apostolische Stuhl diesem evangelischen Anliegen Recht, indem er nicht nur die neuen Orden bestätigte, sondern ihre Lehre anerkannte. Wilhelm von Saint-Amour mußte als Verurteilter die Universität Paris verlassen (1256).

Die evangelische Bewegung bringt nicht nur eine institutionelle Form hervor, sondern in Entsprechung zu dieser institutionellen Form auch eine Doktrin oder vielmehr «eine neue Art zu denken, Schlüsse zu ziehen, die Theologie zu begründen und die Religion zu erklären» (Daniel-Rops). Thomas, der Theologe, ist ein Sohn des heiligen Dominikus, des Predigers. Und die Predigerbrüder sind ohne Thomas von Aquin undenkbar.

Bruch mit der Welt und Gegenwart in ihr: dieses Paradox des Christen in der Welt, der Gegenwart seines Gottbezuges in jeder menschlichen Wirklichkeit, in der fleischlichsten wie in der geistigsten, kommt in der Tat nicht nur auf dem Feld des individuellen und kollektiven Handelns zum Austrag. Es erstreckt sich nach der totalen Logik der Inkarnation und des Heiligen Geistes auch auf die Kultur der Vernunft. Diese «Evangelischen» sind zutiefst hineingebunden in die Kultur ihrer Zeit und lassen sich auf alle ihre Probleme ein, angefangen beim Problem der lombardischen Städte, die auf den Rat der Mendikanten sich ihre Charta der Freiheit erringen, bis hin zu den Problemen, die die berauschende Ent-

*Indem der Illustrator des Rosenromans
in dieser Szene einen Dominikaner darstellt,
folgt er dem Verfasser Jean de Meung, der zu seiner Überraschung bei diesen
neuen Ordensleuten eine Begegnung von Evangelium und Welt wahrnahm*

deckung der griechischen Vernunft, deren Förderung die Theologie übernimmt und garantiert, beim Gläubigen aufwirft.

So führt die Gnade die Natur zu sich selbst und zu ihrer Vollendung, in der Gemeinschaft wie in den Einzelpersonen, in der Tätigkeit wie in der Kontemplation. Das ist das Paradox des Evangeliums, das ist nach seiner eigenen Formulierung die Lehre des hl. Thomas. So führt der Glaube die Vernunft zu sich selbst, sowohl in ihrer eigenen Ordnung wie in ihrem Bemühen um ein Verstehen dieses Glaubens. Eine Theologie ist evangelisch, wenn sie der Vernunft, ihren Methoden, ihren Gegenständen den ihnen eigenen Wert beläßt, besser: verleiht. Denn das ist der Weg, in der Freiheit des Glaubens die Transzendenz des Wortes Gottes zu wahren. Und andererseits «wird eine Philosophie um so christlicher, je mehr sie echte Philosophie wird» (E. Gilson).[6] Die Kultur kann sich dann christlich nennen, wenn sie im besten Sinne Kultur im menschlichen Gemeinwesen ist. Im Evangelium erfolgt der Bruch mit der Welt um der Gegen-

*Thomas von Aquin. Gemälde von Justus von Gent, 15. Jh., Louvre, Paris*

wart in ihr willen. Die evangelische Berufung des Bruders Thomas von Aquin steht am Ursprung seiner Theologie.

## Magister der Theologie

Endlich frei machte Thomas sich wieder auf den Weg nach Paris, auf den Weg nach der *Universität* von Paris. Denn wenn man auf diese Weise den jungen Novizen aus Neapel in die große Stadt schickte, dann deswegen, damit er wider alle monastische Tradition an den dortigen, vor allen anderen berühmten Stadtschulen seine Ausbildung erhielt.

Daß man einen Konvent mitten in der Stadt errichtete, in Neapel oder in Paris, das allein war schon bezeichnend. Der geographische Ortswechsel ist nur die institutionelle Übersetzung eines geistigen Ortswechsels. Dort, in der Stadt, trifft die institutionelle Form der Predigerbrüder und Minoriten mit ihrem Nachwuchs, ihrer Anhängerschaft, ihrer genossenschaftlichen Verfassung, ihrer juristischen und apostolischen Beweglichkeit auf die naturgemäße Umwelt, wo der soziale, kulturelle und spirituelle Aufbruch zugleich sein Genügen und seinen Ausgleich findet. Das Kloster wechselt über von den Bergen und aus den einsamen Tälern in das Herz der großen Städte: das ist mehr als ein Symbol! Aber für diese Städte sind gerade die Schulen der Ort der Bewußtwerdung und des Vorwärtsdranges. Mit diesem neuen Menschenschlag bevölkert, tragen sie in das intellektuelle Leben und in die Organisation des Bildungswesens dieselben Bestrebungen hinein, die die Zünfte und die städtischen Magistrate im sozialen Leben und in der Organisation des Stadtwesens verkörpern. Allein die äußere Tatsache der freien Vereinsbildung und des Wahlrechts genügen schon, um deutlich zu machen, wie weit wir bei diesen akademischen Kollegien entfernt sind von den alten Klosterschulen, die gebunden waren an ein gleichbleibendes Publikum, geleitet durch ein patriarchalisches Abtsystem, mit einem Wort: verflochten mit jenem herrschaftlichen Feudalismus, in dem das Mönchtum seine irdische Daseinsgrundlage gefunden hatte.

Man darf nicht unabgestuft vom Niedergang des mönchischen Studienwesens im 13. Jahrhundert sprechen; viele Meisterwerke waren aus ihm hervorgegangen und sollten noch aus ihm hervorgehen, die die Erzeugnisse der Stadtschulen weit unter sich ließen. Aber auch die schönsten persönlichen oder örtlichen Erfolge können nicht über die Umschichtung des Bildungswesens hinwegtäuschen, die sich zugleich mit der kulturellen und sozialen Entwicklung im Verlauf des Jahrhunderts vollzog. Es ist ein ausgesprochen anderer Menschenschlag, der in die Stadtschulen kommt, nach Paris, Bologna, Oxford, Köln. Zunächst ist es eine unorganisierte Schar, die rasch den Bereich der Kathedrale überschritten und sich in der Stadt einen Bezirk für sich geschaffen hat, in dem sie den Ton angibt, selbst auf der Straße, wo ihr Ungestüm sich breit macht. Schüler eines Abälard, nicht mehr Schüler eines Anselm! Die *universitas* der Studien, zu der sich diese Schulen spontan zusammenschließen, ist eine der Körperschaften der neuen Stadt nach dem Muster der handwerklichen Zünf-

*Szenen aus dem Pariser Leben (Legende des heiligen Dionysius, 1307)*

te; ebenso ist es der gleiche humanistische Geist, der die *artes liberales* (freie Künste) und die *artes mechanicae* (handwerkliche Künste) beseelt. Magistri und Studenten bilden eine wahrhafte intellektuelle «Internationale», die sich aufteilt in vier *nationes*, die französische, die englische (England und Deutschland), die pikardische (Niederlande) und die normannische. Diese Universität stellt ein juristisches Kollektiv dar, bevollmächtigt, im Namen der Berufsgemeinschaft zu handeln, also aufgerückt zum Rang einer «Behörde» in der Stadt. Sie hat, ohne selbst vor dem Streik zurückzuschrecken, sich das Recht erobert, ihr Leben nach eigenem Ermessen zu organisieren bis hin zu eigener Polizei, wofern sie nur die Rechte der übergeordneten Gemeinschaft achtet. Da sie unmittelbar die geistigen und kulturellen Belange zum Gegenstand hat, strebt sie danach, den Rahmen des Stadtwesens zu überschreiten und ihren Einfluß bis in die hohe Politik geltend zu machen, in dem richtigen Bewußtsein ihrer universellen Bedeutung. Lehrer und Schüler erfreuen sich der Zugehörigkeit zu einem «Stande», der nicht nur seine *jura et libertates* (Rechte und Freiheiten) genießt, sondern dazu einen moralischen und bald auch politischen Einfluß aus-

übt, zum Vorteil oder zum Schaden der hohen Gelehrsamkeit. Das aristo-
kratische Gebaren der Renaissance-Akademien wird für lange Zeit eine
solche Verwurzelung der Intellektuellen und der Theologen im Volk zunichte machen.

Als der heilige Bernhard seinerzeit in einem berühmt gewordenen,
heftigen Angriff die Studenten von Paris apostrophierte, da war das nicht
nur die Auswirkung eines moralischen Rigorismus, der die üblichen
Zuchtlosigkeiten der Jugend verdammt, sondern es war die Reaktion eines religiösen Ideals auf das Ärgernis einer äußersten Verbrüderung mit
der Welt: auf das Ja zu *ihren* Entwicklungen, auf die «Profanierung» der
Kultur des Geistes selbst. In der Tat, Cîteaux, das eben erst der mönchischen Lebensform erhabenen Glanz verliehen hatte, hatte den Bruch mit
der neuen Welt vollständig gemacht. Fern von den Städten erbaute es
seine Abteien, verpflichtete den Mönch wieder zur Handarbeit, be-
schränkte das Studium auf die geistliche Lesung, verurteilte die Dialektik
und die anderen profanen Wissenschaften. Die Schule, die wahre Schule,
das war «die Schule des Gottesdienstes», nach der vollkommenen Defini-

23

tion, der die heilige Benedikt vom Kloster gegeben hatte. Im Sinne der klösterlichen Lebensordnung hatte er den Lehrstoff und die Formen der Schule umgeprägt; Christus war hier künftig der Magister. Der Aufschwung der Stadtschulen hatte als pädagogische und mehr noch als spirituelle Konkurrenz den Vergleich mit ihnen zur Antinomie gewandelt: der Mönch mußte sie fliehen, ja, sich geradezu rühmen, nicht wie Abälard auf der Suche nach Wissenschaft und Kultur von Stadt zu Stadt herumgereist zu sein, immer angewiesen auf berühmte Lehrstühle. Rupert, der Abt von Deutz (1120), ein scharfer Gegner der Schulen von Laon, einer der ersten Kommunen, die sich selbständig gemacht hatten, legt seine ganze Treue zur Regel des heiligen Benedikt in die Ablehnung dieser reichen «Händler in Wissenschaft», die mit ihrer Wanderkundschaft ihn als armen Ignoranten behandelt hatten. Petrus Cellensis, der Abt von Saint-Rémy zu Reims (1162–80), ein Mann von feiner persönlicher Kultur, verteidigt in einem Brief an seinen Freund Johannes von Salisbury, den großen Meister der Schulen von Chartres, den absoluten Wert der wahren Schule, wo man seinen Magister nicht bezahlen muß, wo man sich nicht in nutzloser Neugier verstrickt, wo man sich nicht der Diskussion ausliefert, wo jede Frage entschieden und jeder Grund verstanden wird, der seligen Schule Christi, die den trügerischen Verführungen von Paris weit entrückt ist.

# Die Universität Paris

Bruder Thomas wird also an diese verführerischen und trügerischen Schulen von Paris geschickt. Das ist keineswegs das zufällige Schicksal eines jungen, frühreifen Intellektuellen, sondern die Logik der institutionellen Form dieser Predigerbrüder, deren Gründer Dominikus schon die gesamte Schar der ersten Jünger an die Stadtschule von Toulouse geschickt hatte, damit sie dort an den Vorlesungen teilnähmen (1215) und deren erste Pariser Gruppe aufgenommen, untergebracht und unmittelbar zugelassen wurde von den Magistri der Universität Paris (1221).

Denn Paris war um 1200 die Schule der Schulen geworden. Seit dem letzten Drittel des 12. Jahrhunderts ist sie die Ratgeberin von Fürsten und Prälaten: 1169 hatte Heinrich II. von England vorgeschlagen, seine Streitsache mit Thomas Becket dem Urteil der Versammlung der Magistri von Paris zu unterbreiten. Sie ist nach dem Wort des Papstes der Herd, wo das geistige Brot für die lateinische Welt gebacken wird; anderswo stillt man Säuglinge, hier nährt man starke Geister. Sie ist, wie die *magistri artium* (Professoren der Literatur und Naturwissenschaften) gerade im Hinblick auf ihren Kollegen Thomas von Aquin sagen werden, «die höchst vornehme Stadt allen Geisteslebens», zu einer Zeit, da zum erstenmal in der Geschichte der Menschheit das Leben des Geistes sich einen kollektiven Organismus gebildet hat, in dem Tradition und schöpferische Findung institutionell geformt ihre gemeinsame Kraft entfalten: die Universität.

Die Auswirkungen einer während der zweiten Hälfte des Jahrhunderts notwendig gewordenen Dezentralisation haben, als Thomas hier lehrt, noch nicht den spirituellen und institutionellen Vorrang der französischen Universität angetastet, zumindest noch nicht in der Philosophie und in der Theologie. Ihre reichen Mittel, ihr Lehrpersonal, ihr internationales Publikum, ihre ständische und pädagogische Organisation, ihre Schultraditionen, ihre unterrichtstechnische Qualität, ihre Wißbegier, ihre schöpferische Inspiration machen sie zum geistigen Zentrum der Christenheit, zum Feld hoher Kultur schlechthin, zur «Stadt der Philosophen» (Albert der Große, der Lehrer des Thomas), zum «neuen Athen». Es ist kein bloßer Zufall, wenn der Bruder Thomas nach Paris geschickt wird und dort Karriere macht. Er befindet sich dort wie durch eine Zwangsläufigkeit, in der die Gesetze seines Ordens, die Direktiven der Kirche und selbst die Entwicklung der Gesellschaft zusammenspielen. Thomas ist geistig und institutionell außerhalb von Paris nicht zu verstehen; Viterbo, Rom, Neapel sind in seiner Geistigkeit wie in seiner Karriere nur Episoden. Paris ist sein natürlicher Ort.

Thomas findet zu Paris nicht nur eine Umwelt, sondern in dieser Umwelt einen Menschen, der im Denken den Weg eröffnet und im Werk den Boden geebnet hat: Albert von Köln, der sich schon 1245, zur Zeit ihrer ersten Begegnung, eines zugleich weitverbreiteten und – selbst unter seinen Anhängern – umstrittenen Ansehens erfreute. Albert machte nämlich keinen Hehl aus seinem Plan, die griechische Wissenschaft und das

*Ein Monasterium der Benediktiner.*
*Fresko von Spinello Aretino, San Miniato, Florenz, 14. Jh.*

*Eine Schule der Theologie. Miniatur aus der Bibliothek von Troyes, 15. Jh.*

griechische Denken, personifiziert in dem gerade neu entdeckten Aristoteles, den Lateinern verständlich zu machen. Er widmete sich eifrig, fast fieberhaft dieser Aufgabe. In der Zeit von 1240 bis 1248 hatte er, gedrängt von den einen, getadelt von den anderen, in die Pariser Schulen, wo man offiziell noch nicht Aristoteles vortragen durfte, fünf Kommentare zu den Werken der Naturphilosophie, von der «Physik» bis einschließlich *De anima*, hineingeworfen. Diese Vorlesungen, oder vielleicht erst ihre Veröffentlichung, hatten Aufsehen erregt, so sehr, daß bald zum großen Ärger Roger Bacons Albert gleichberechtigt mit den herkömmlichen «Autoritäten» zitiert wird. Die Vorsicht, mit der er sich als bloßen Interpreten hinzustellen sucht, und die lebhafte Zurückweisung seiner Verleumder unterstreichen die Unerschrockenheit dieses Werkes. Es war eine Unerschrockenheit, die sich ihrer methodologischen Tragweite wohl bewußt war, denn er forderte ausdrücklich die Freiheit der Forschung gemäß der Eigengesetzlichkeit jeder Disziplin: «In Sachen des Glaubens und der Sitten muß man Augustinus mehr glauben als den Philosophen, wenn beide uneins sind; aber wenn wir von Medizin reden, halte ich mich diesbezüglich an Galen und Hippokrates, und wenn es um die Natur der Dinge geht, wende ich mich an Aristoteles oder an einen anderen, der auf diesem Gebiet bewandert ist.» Und eine Bemerkung am Anfang seines Kommentars zur «Analytik» zeigt, für welch vielfältige Perspektiven von Verstehbarkeit und Fortschritt sein Geist sich offen hält: «Nicht alle beweisfähigen Wissenschaften sind bereits entwickelt, es bleiben ihrer noch

26

viele zu entdecken.» Albert hat als erster in der Geschichte des abendländischen Geistes «das Statut der Wissenschaften innerhalb der Christenheit umrissen» (F. van Steenberghen).[7]

Die Chronisten haben die Erinnerung an das herzliche und vertrauensvolle Einvernehmen aufbewahrt, das sich von Anfang an zwischen Meister Albert und seinem Schüler einstellte, zuerst in Paris von 1245 bis 1248, dann zu Köln von 1248 bis 1252, wo Thomas eine Vorlesungsnachschrift (*reportatum*) von Disputationen seines Lehrers über die «Ethik» des Aristoteles anfertigte. Das Einvernehmen der beiden Männer sollte nicht mehr aufhören. Es genügt, daran zu erinnern, mit welchem Eifer sich Albert 1277 nach Paris begab, um das Andenken und das neuerlich verurteilte Werk des Thomas zu verteidigen. Dennoch zeigten sich Lehrunterschiede zwischen Lehrer und Schüler, sei es in ihren Ergebnissen, sei es überhaupt in ihrer allgemeinen geistigen Grundhaltung; denn das Anliegen Alberts, nämlich die erfahrungsbegründete aristotelische Wissenschaft mit einem platonisierenden Spiritualismus zusammenzubringen, wurzelte bei ihm in einem Temperament, in einem philosophischen und theologischen Gespür, die beide sehr verschieden von der Art des Thomas sind. Es ist daher schwer, den Einfluß abzuwägen, den er auf Entwurf und Ausarbeitung der Lehre des Thomas ausgeübt hat. Aber die Beziehungen, von denen das Schicksal ihres Unternehmens Zeugnis ablegt, knüpfen sich bei solchen Menschen auf einer mehr spirituellen Ebene.

Auf jeden Fall hatte das Eingreifen Alberts in das Studienleben bei den ersten Predigerbrüdern ein Statut der philosophischen Arbeit und einen wissenschaftlichen Geist grundgelegt, die ihrerseits die ursprüngliche Stellung des Ordens in der akademischen Bewegung und der sich vollziehenden kulturellen Entwicklung bekräftigten. Institution und Lehre bedingen künftig einander. Von Anfang an ist Thomas getragen von der Gunst des Ordens, der sich in ihm wiedererkennt.

# Glaube und Theologie

1252 kehrt Thomas nach Paris zurück und beginnt seine Lehrtätigkeit, wie vorauszusehen war, in gespannter und erhitzter Atmosphäre. Seit 1256 ist er Magister. Papst Alexander IV. hatte durch sein Drängen und durch das außerordentliche Lob, das er Thomas zollte, diese frühzeitige Erhebung durchgesetzt. Thomas übernimmt nun die Leitung einer der beiden Schulen am Konvent und Universitätskolleg Saint-Jacques.

In diese Tätigkeit muß man sein Werk von vornherein hineinstellen und von ihr her die literarische Gattung voraussehen, in der seine Spiritualität sich ausdrückt. Nicht Mitteilung einer persönlichen Erfahrung, noch Zeugnis eines «Bekenntnisses» im Sinne Augustins und auch nicht der gefühlvolle Erguß eines Mystikers, sondern Unterricht, mit seinen Techniken, seinen Formeln, seiner speziellen Hörerschaft, seinen Ge-

*Der heilige Albert der Große. Von Thomas von Modena, 1352. Seminar zu Treviso*

bräuchen und jener Art von Abstand, den auch die beste Pädagogik nicht völlig überbrückt! Die Theologie setzt sich ab von der Seelsorge; das bedeutete kein geringes Wagnis, aber es lag in der Natur der Sache und entsprach den Gesetzen geistigen Fortschritts. Das Genie und die Heiligkeit oder einfachhin der Glaube werden beim Theologen das «Handwerk» übergreifen. Aber das «Handwerk» wird das normale Instrument bleiben. Die mittelalterliche Universität wird seinen Gebrauch bis zum Raffinement perfektionieren. Auch in dieser technischen Dichte ist das Werk des Thomas meisterhaft, und es genügt, an ein Kapitel aus *Contra Gentiles* oder an das «Itinerarium mentis» des Bonaventura zu denken, um zu wissen, daß höchst geläuterte geistige Werte in diesem Stil Gestalt annehmen können.

Offensichtlich sind wir in diesen Vorlesungen, in diesen *lecturae*, wie die Mitglieder der englischen Landsmannschaft noch sagen, weit entfernt von der geistlichen Unterweisung, die der Abt seinen Mönchen gibt. Der Übergang von dem einen zu dem anderen Bildungsweg vollzieht sich aber nicht zunächst auf dem Feld verschiedener Techniken, sondern viel tiefer auf dem Feld der geistigen Grundhaltung. Meister, *magister,* bezeichnet seit dem 12. Jahrhundert den Führer einer Gruppe von Wanderpredigern, einen Robert von Arbrissel, einen Norbert von Xanten und selbst einen Dominikus. Denn diese evangelischen Prediger lehnen den Namen «Abt» oder «Herr» (*Dom*) ab, weil er verknüpft ist mit zeitlicher Macht und zeitlichen Aufgaben. Der Titel *magister* bedeutet die ganzheitliche und fortschreitende Verarbeitung des Wortes Gottes in den drei miteinander verbundenen Tätigkeiten: Lesen (nämlich einen Text als Grundlage), Disputieren (nämlich eine *quaestio* [Frage], ein Problem), Predigen. Und in der Tat, es ist schwer, während der ersten zwei oder drei Generationen die literarische Gattung von Werken zu erkennen, wo die «Lesung» zugleich Unterricht und Predigt ist. Gerade innerhalb dieser apostolischen Verbindung treten die Funktionen des Magisters deutlich hervor als Tätigkeiten, die ganz normal einem gottbezogenen Leben entspringen: Das wahre *magisterium in sacra pagina* (Magisteramt in der Heiligen Schrift), wie man damals sagte, begreift die Predigt in sich. Die Theologie des Wortes Gottes erfüllt sich nur in der Weitergabe der Botschaft. Exegese, Dogmatik und Seelsorge gehören zusammen für den, der das Evangelium verstehen will, denn dieses Verstehen verwirklicht sich vollgültig nur in einer Teilhabe an der gegenwärtigen Wirksamkeit des Wortes. Die Theologie wird geboren, entwickelt sich, vollendet sich im Innenraum dieses Wortes, das im Glauben aufgenommen wird. Der Magister Thomas doziert fortlaufend über den Text der Bibel, die das Grundbuch an der theologischen Fakultät ist. Man kann seine *Summa* weder begreifen noch überhaupt über das rein Technische des Textes hinaus lesen, es sei denn als lebendigen Niederschlag der *pagina sacra.*

Aus dem Evangelium entspringt so die Theologie, die theologische «Wissenschaft». Weder der institutionelle Rahmen der Universität noch die Technik einer berufsmäßig betriebenen Wissenschaft dürfen dazu verführen, diesen pädagogischen und spirituellen Zusammenhang zu

*Paris. Im Vordergrund links, dicht bei der Stadtmauer, der Konvent
der Dominikaner, an der Rue Saint-Jacques liegend, die Paris
in Nord-Südrichtung durchquert. Stich, um 1600*

übersehen. Auf jeden Fall und wie man auch immer darüber denken mag, hier ist der Zug, durch den die Spiritualität des heiligen Thomas gekennzeichnet ist; Thomas ist Lehrer der Kirche, weil er Magister in der Theologie ist. Dieser heiligen Qualität der Theologie ist er sich vollauf bewußt. Mehr noch, in diesem Bewußtsein hat er ausdrücklich ihre Gesetze bestimmt. Wie immer freilich überschreitet die tatsächliche Erarbeitung dieses hohen Wissens und die Anwendung dieser Gesetze die theoretischen und methodologischen Aussagen, die darüber gemacht werden, und erlaubt uns so, sie im lichtvollen Umkreis des Geistes zu lesen, der sie erarbeitet. Erst in einer liebevollen Vertrautheit mit dem fortlaufenden Unterricht des Lehrers können wir seinen Geist auf der Höhe seiner theologischen Meisterschaft erfassen. Immer sind die ausdrücklichen und überlegten Aussagen über seine Methoden, die Thomas uns an die Hand gibt, die solide Basis unserer Analysen.

Das Wort Gottes wird im Glauben gehört. Und nur im Glauben kann es aufgenommen werden. Schon bei einem menschlichen Partner ist ein Minimum an «Glauben» die Grundbedingung des Dialogs, angefangen bei den Worten, die man gebraucht. Thomas greift hier das große augustinische Thema von der Notwendigkeit des Glaubens für die menschliche Begegnung wieder auf. Wenn aber Gott der Partner ist, dann tritt zu dieser psychologischen Notwendigkeit ein radikales Erfordernis aus dem Wesen meines Geistes selbst hinzu: er muß innerlich auf die Ebene eines solchen Partners erhoben werden, dessen Leben mir nur gänzlich geheimnisvoll sein kann. Der Glaube bedeutet also in mir eine Erhöhung meines Geistes zum Geheimnis dieses Über-Seienden, der mich anspricht. Eine Tugend, die man «gotthaft» nennt im genauen Sinn des Wortes, weil sie mir von Anfang an eine Teilhabe an der göttlichen Natur gewährt. Wie soll man auch anders ein Gespräch führen?

Ein Wunder im übrigen, das gleich zweifach in Erstaunen versetzt! Um diesen Dialog zu eröffnen und zu verwirklichen, wird Gott Mensch; und auf Grund dieser bestürzenden Initiative – denn er will menschlich zu mir reden, schon in seiner Schrift, aber in höchster Weise in seiner Menschwerdung, und schließlich in seiner Kirche, die seine Leiblichkeit weiterführt – kann ich nun als Mensch einen Dialog führen. Mein Glaube ist kein mystischer Überstieg über meine Lage hinaus, sondern eine Vereinigung auf meiner psychologischen Ebene, realisiert in menschlichen Worten, die befähigt sind, gemäß ihren Gesetzen und ihrer Beschaffenheit Gott in meinen irdischen Formeln auszusagen. In Christus ist das Wort Gottes zu mir gesprochen in einem Dialog, der meinem Menschsein wesensgleich ist. Gewiß täusche ich mich nicht über die Schwäche meiner Worte, die in ihrer Gebundenheit einem solchen Inhalt nicht entsprechen können. Aber so zerbrechlich sie auch sein mögen, ich weiß, daß sie, in unterschiedlichem Maße und auf Grund der Garantie der Kirche, authentisch die Wahrheit des Wortes Gottes enthalten.

Hier, im Innenraum dieses Glaubens, entspringt die Theologie. Denn solchermaßen eingewurzelt in mein Wesen, ist der Glaube offensichtlich

*Anfang der «Metaphysik» des Aristoteles in einer Handschrift des 13. Jahrhunderts*

nicht mehr wie ein Fremdkörper im Organismus, wie eine Ansammlung unbeweglicher Lehrsätze in meinem Geiste, in meinem «Herzen», wie die Schrift sagt. Er ist eine Kraft in mir; seine Quellgründe lebendigen Verstehens werden in Besitz genommen in einer Art biologischen Hungers nach seiner Fülle, sagen wir nach der beseligenden Schau Gottes, deren irdischer Ansatz der Glaube ist. Alle Gesetze der Erkenntnis werden wirksam wie in jeder Begegnung eines Subjektes mit einem Objekt – hier Gott als Objekt und ich, der Mensch, als Subjekt –, und zwar so, wie die Philosophen sie in jener Tätigkeit des Geistes beobachten, die den Akt der Erkenntnis ausmacht.

Fruchtbarkeit des Objektes als erstes! Aber in dieser Offenbarung, in der das Licht des Glaubens mich auf eine Ebene von solcher Transzendenz stellt, in dieser Einweihung in sein Geheimnis und sein fleischgewordenes Erbarmen ist der lebendige Gott, die subsistierende Wahrheit, nicht in mir wie ein bloßes Objekt meines Geistes. In wachsender Einswerdung bietet er sich mir dar als eine Gabe des Heiligen Geistes, die die Liebe aufnimmt. Wenn ich hier «gläubig» bin, wenn mein Glaube dieser Selbsterschließung und dieser Botschaft zustimmt, dann nährt er mich mit seiner Gegenwart: Es ist dies die Weiterführung des Geheimnisses, das mir als Nahrung gegeben ist für mein Erkennen Gottes, seiner Herrschaft über die Welt, über die Menschheit, über mich selbst innerhalb dieser Menschheit.

Hunger des Subjektes auf der anderen Seite, durch eine solche Nahrung, in der höchsten Wißbegier meines Geistes geweckt! Ist der bezeichnendste und tiefste Akt des Verstandes nicht die Suche nach den Ursachen, und unter ihnen wiederum nach der höchsten Ursache? Mein Glaubensakt weckt ein unersättliches und brennendes Verlangen, diese Ursache zu schauen und zu berühren, von ihr, wenn ich so sagen darf, ein Wissen zu haben, ein Wissen um Gott in sich selbst und in seinem Heilswerk. Mein ganzer Glaube ist getrieben von dieser Spannung auf eine Schau hin, in der die göttlichen Energien, die hier die Menschen aus dem inneren Leben Gottes zu Adoptivsöhnen zeugen, angesichts der unbegreifbar bleibenden Gottheit zur vollen Entfaltung gelangen. Der Glaube ist also wahrhaft der Anbeginn der seligen Schau, das Vorausverkosten der künftigen Anschauung, «der Grundbestand dessen, was man erhofft, die Überzeugung von dem, was man nicht sieht» (Hebr. 11,1).

Ein solcher Vollzug kann offensichtlich nicht ein anonymes Tun im Rahmen einer kollektiven Einverleibung sein, wo Christus die Einzelperson auflösen würde, um sie zu vergöttlichen. Er geschieht in einer inneren Beziehung von Person zu Person, wie sie die Liebe unabdingbar erfordert. Die Gemeinschaft der Menschen mit Gott in Christus ist eine Gemeinschaft von Personen durch den Glauben und im Glauben, in dem die Freiheit eines jeden nicht nur die Grundbedingung der Begegnung ist, sondern das köstliche Gesetz gegenseitiger Liebe. Es ist eine radikale Innerlichkeit, die durch rationale Untersuchungen im Rahmen einer Prüfung der Glaubwürdigkeit vorbereitet werden kann, zuweilen sogar muß, die jedoch in den Motiven ihrer Zustimmung lauter bleibt, weil diese allesamt herrühren aus dem Wohlgefallen am Worte Gottes, das an mich ergangen ist. «Der Glaube würde seinen Wert verlieren», sagt Gregor der Große, «wenn die menschliche Vernunft ihm die Beweise lieferte.»

Gewiß – und das sei auch auf die Gefahr hin gesagt, eben den Gegenstand dieser Über-Einung aufzulösen –, der Glaube hat einen darstellbaren Inhalt, der ihm immanent ist. Er spricht sich aus in einer Gesamtheit von Sätzen, die «prädikativ», das heißt nach dem logischen Typus menschlicher Aussagen konstruiert sind. Es sind «dogmatische Formeln», die die Kirche, die irdische Lehrerin dieser Offenbarung und Erzieherin zu ihr, vorlegt und definiert. Aber diese Formeln sind nicht der Endgegenstand des Glaubens. Über sie hinaus ist der Glaube ganz hingespannt auf die geheimnisvolle Wirklichkeit Gottes, so wie er in sich selbst ist. Diese «Hinspannung» des Glaubens belebt erst die Formeln, und durch sie hindurch öffnet sie die Seele für Gott. So ist der Glaube ein Licht, das der göttlichen Wirklichkeit entspricht.

In diesem Licht erscheint mir Gott nun als die «erste» Wahrheit in der höchsten Bedeutung, die die Sprache der Metaphysik dieser Bestimmung gibt: subsistierende Wahrheit, personhafte Wahrheit. Sie hat Autorität, eine unzerbrechliche Autorität, und sie fordert Gehorsam des Geistes. Aber nicht als bloße passive Unterwerfung unter eine fremde Stimme! Wenn wir dieser Gott-Wahrheit anhangen, wenn wir hernach in der Theologie sie zu verstehen suchen, dann nicht nur weil Gott sie gesagt hat, sondern weil er sie weiß; nicht nur weil er sie weiß, sondern weil dieses Wissen die Erkenntnis ist, die er von sich selbst hat und an der er mich teilnehmen läßt. So nimmt der Glaube – und vom Glauben her die Theologie – die Gestalt eines persönlichen Engagements von Geist zu Geist an. Die Zustimmung wird in mir gnadenhaft geweckt durch ein Verlangen nach dem Heil. Wenn Gott mir mathematische, physikalische oder historische Wahrheiten offenbaren würde, so hätte man dem Willen in der persönlichen Innerlichkeit nicht diese Rolle zuzugestehen, weil es dieses Engagement nicht gäbe. Die zeitgenössischen Philosophen würden sagen, es handle sich um eine existentielle Erkenntnis; sagen wir es in der Sprache des Thomas: es ist das Zeugnis des Heiligen Geistes in mir. Das Zeugnis fordert Gläubigkeit, ein unrückführbar innerlicher Akt, der – wenn es sich auch um einen Vollzug des Geistes handelt und nicht um eine vage gefühlsmäßige Erfahrung – von völlig anderer Art ist als die unpersönliche, «objektive» Zustimmung zu einem Theorem der Mathematik, einem Naturgesetz oder selbst einer philosophischen Beweisführung. Damit ist von vornherein der spirituelle Ort der Theologie benannt. Sie ist ein Verstehen dieses Glaubensobjektes, ein *intellectus fidei*.

So trägt der Glaube von Natur aus und unter dem spontanen Antrieb seiner Gnade eine Theologie in sich. Man verstehe das Wort «Theologie» in seinem vollen Sinne und in seiner ganzen Erstreckung: Theologie, das heißt Erkenntnis von Gott, mag es sich um die ganz schlicht hinblickende Einschau handeln oder um die Fülle eines Glaubens, der gereift ist im

*Kontemplation*

bewußten Besitz seines Gegenstandes, mag es sich handeln um eine gegliederte und methodische Erkenntnis nach dem Muster einer menschlichen Wissenschaft oder um die Weitergabe der evangelischen Botschaft in der Seelsorge. Es ist dem strengen Sinn von «Theologie» als Wissenschaft nicht abträglich, wenn man ihn einordnet in den allgemeinen, zugleich einheitlichen und vielgestaltigen Sinn, dem die Alten den Ausdruck *theologia* geben und dabei mehr ihren mystischen Charakter als ihren methodischen Apparat betonen. Thomas bleibt in diesem Punkt dem Dionysius treu, denn er kennt sein Werk und hat es in seinen Vorlesungen eingehend kommentiert.

So entfaltet sich in dieser Fruchtbarkeit des Glaubens eine Aktivität des Geistes gemäß den verschiedenen Anlagen seiner Natur, denn das göttliche Licht des Glaubens hat sich in diesem Geist gleichsam verleiblicht. Diese *cogitatio* (Überdenken), wie Thomas Augustinus folgend sagt, entwickelt sich also – sei es durch eine Art innerer Gärung, sei es durch die gekoppelte Einschaltung der vielfältigen Triebkräfte meines Verstandes, oder sei es noch besser durch beides zusammen – im Innenraum der dem Worte Gottes gegebenen Zustimmung, in einer liebevollen Hinspannung auf ein Verstehen dessen, was man glaubt. Die Zustimmung begnügt sich nicht mit einem «objektiven» Gehorsam, sondern weckt eine Wißbegier, in der Natur und Gnade, die Natur meines Geistes und die Gnade des Glaubens zum Zuge kommen. Eines Tages, am Ende der Sitzung eines akademischen Streitgesprächs, in dem die Legitimität dieser Arbeit durch die Verfechter eines bloßen Gehorsamsglaubens angegriffen worden war, verteidigte Thomas von Berufs wegen den Wert und, im Hinblick auf die Gemeinschaft der Gläubigen, die Notwendigkeit dieser rationalen Erforschung der «Wurzeln» der göttlichen Wahrheit: *Wenn wir die Probleme des Glaubens nur auf dem Wege der Autorität lösen,* sagt er, *werden wir gewiß die Wahrheit besitzen, aber in einem leeren Kopf!* (*Quodlibetum IV* Art. 16, gehalten 1271 zu Paris.) *Fides quaerens intellectum,* der Glaube auf der Suche nach Einsicht: Man sieht nun die Kraft und das Fordernde dieses Ausdrucks, durch den Anselm, der große Mönch und Theologe, ein Jahrhundert zuvor die Arbeit der Theologie umrissen hatte. Es ist dies also in keiner Weise – wenigstens von Haus aus – ein regelloses, zu wenig verpflichtendes, vielleicht sogar gefährliches Bemühen. Sondern es ist, wenn man so sagen darf, ein Tun, das einem Glauben von bester Gesundheit entspringt, dessen Hunger wie im biologischen Leben das sicherste Zeichen seines wahren und gesunden Gleichgewichts ist. Der Hunger kann ein unreflektierter, einfacher, physischer Instinkt sein; wenn ich ihn wahrnehme und sein Verlangen in den Griff bekomme, so ist er für mich der Ausdruck meiner eigenen gegen alle Blutleere gefeiten Vitalität. So auch der Hunger des Glaubens im Werk der Theologie!

Gesundheit? Gleichgewicht? Ja, selbst wenn diese gotterfüllte und theologische Euphorie in gewissen Stunden der Gnade bis zu einer Art Trunkenheit führt, die auf dem Höhepunkt einer unvermeidlichen Gleichgewichtsstörung – bei der Einswerdung mit solch hohen Realitäten! – legitimiert wird gerade durch das trunkenmachende göttliche Objekt selbst. Der Theologe verliert sich im «unendlichen, grenzenlosen Meer des (göttlichen) Seins» (Johannes von Damaskus[8], zitiert von Thomas), denn je mehr er mit diesem Leben eins wird, desto mehr spürt er, wie es unfaßlich ist kraft einer unaufhebbaren Unähnlichkeit, in deren Spannung er lebt. *Sobria ebrietas:* der alte Ausdruck der platonischen Philosophen realisiert sich hier buchstäblich in der menschlichen und göttlichen Wahrheit. Nun, da Gott Mensch geworden ist und wir Söhne Gottes sind auf Grund der irdischen Bruderschaft mit seinem Sohn, wird die Trunkenheit der heidnischen Mystiker zur Weisheit.

Nirgendwo finden wir in einer Schrift des Thomas ein gefühlvolles Echo dieser Trunkenheit. Manche Episoden, die uns die zeitgenössischen Chronisten berichten, offenbaren jedoch unter der hagiographischen Hülle die intensive Konzentration seines Geistes in einer Kontemplation, die ihn auch durch den alltäglichen Gang seiner Beschäftigungen und seiner Berufsarbeit hindurch in Verzückung hielt. Auf diesem Hintergrund muß man unter vielen anderen jenen schmucklosen und dicht gefüllten Satz über den arbeitenden Theologen lesen und werten: *Wenn der Mensch einen entschiedenen Willen zum Glauben besitzt, so liebt er die im Glauben erfaßte Wahrheit, denkt darüber nach und greift nach allen Gründen, die er dazu nur auffinden kann.*[9]

Gründe suchen! Unter den Hilfsmitteln des Geistes, der das Objekt seiner Liebe berührt, angefangen beim ursprungsfrischen Bild bis hin zur

Kontemplation in der feinen Spitze der Seele, bedeutet dies eine ganze Zone dessen, was wir in einem ganz präzisen Sinn und mit einem etwas belastenden Wort den (diskursiven) Verstand nennen, den Verstand, der nach den Gründen sucht, der sich Fragen stellt, der alles «in Frage» stellt. Warum das? Dieses Fragen füllt in der Tat das gesamte Feld unseres Verstehens, von der einfältig-indiskreten Frage des Kindes an seine Mutter bis zum methodischen Forschen des Gelehrten, der damit rechnet, so zum inneren Gehalt der Dinge vorzudringen. Diese ganze rationale Skala entwertet nicht – auch wenn sie manchmal bei ungeschickter Anwendung wie austrocknend wirkt – die vielförmige Lebendigkeit anderer mehr spontaner Quellen gefühlshafter Intuition, in denen das gröbere oder feinere Empfinden zum Zuge kommt. Aber in ihr kommt die charakteristische Funktion des menschlichen Geistes zum Austrag, der im Gegensatz zum reinen Geist sein Objekt nur durchdringt und seiner selbst nur mächtig wird mittels des (diskursiven) Verstandes.

Man betrachte also den gläubigen Theologen auf seiner Suche nach Gründen! Mit den vorauszusehenden Unterscheidungen und mit der nötigen Diskretion werden alle Techniken des Verstandes innerhalb und zum Vorteil der mystischen Erfassung in Anwendung gebracht: begriffliche Zerstückelung, vielfältige Analysen und Urteile, Definition, Einteilung, Vergleich und Einordnung, Folgerung, Mittelbegriff, und schließlich, fast hätte ich gesagt: besonders, der deduktive Beweis, um so mehr, als die Deduktion das charakteristische Vorgehen der Wissenschaft ist, der Ort, wo der Prozeß des Rationalisierens seine eigentümliche Wirksamkeit erreicht. Dasselbe Gesetz, das uns veranlaßt, eine Verleiblichung des Wortes Gottes in menschlichen Worten im Laufe der Geschichte zu fordern, drängt uns nun, die Erkenntnisordnung, wie sie diese Verleiblichung einschließt, bis zu Ende hinzunehmen. Die Theologie ist solidarisch mit dem gottmenschlichen Geheimnis des Wortes Gottes, des Logos, der Fleisch wurde. Hier allein kann sie den Grund für ein so kühnes Vertrauen in den Zusammenklang von Glaube und Vernunft finden.

Man mag dieses Vertrauen nicht teilen und in diesem Zusammenklang eine Einmischung des Verstandes befürchten. Bonaventura, der Magister der Minoriten in der Schule, die der des Thomas von Aquin benachbart war, zeigte sich in einer berühmten Stellungnahme empfindlicher für die Einmischung als für den Zusammenklang; er führte den Traum des heiligen Hieronymus an, wie dieser beim Jüngsten Gericht gegeißelt wurde, weil er an Cicero sein Gefallen gefunden hatte, und er prangerte in der Nachfolge vieler anderer, Predigerbrüder nicht ausgeschlossen, den Rückgriff auf die Philosophen an. Das heißt Wasser in den reinen Wein des Wortes Gottes gießen, rief er aus. Thomas griff diese Ausdrücke aus dem Bericht über das Wunder von Kana auf und antwortete nicht ohne Humor, *es heiße nicht Wasser in Wein gießen, sondern Wasser in Wein verwandeln.*

Am Anfang dieser theologischen Verstandesarbeit steht das «Warum», das zugleich die anfänglich-primitive Wißbegier zum Ausdruck bringt und die Fragestellung eines kritischen Erwachsenen eröffnet. Es ist somit die *quaestio* (Frage), die das Arbeitsgebiet dieser «Scholastik» ist. In der Tat umreißt schon dieses Wort selbst mit all seinem technischen Gehalt die literarische Form der Hauptwerke des Thomas und läßt ihre Struktur begreifen. Die Artikel der *Summa Theologiae* mit ihrem beständigen *Utrum* zu Beginn sind nur die für die Zwecke eines Kompendiums vorgenommene Rückbildung der Arbeitseinheit, deren normales Modell die *quaestio disputata* (disputicrte Frage) ist. Das Meisterwerk aus der Lehrtätigkeit des Thomas als Magister ist tatsächlich zusammengestellt aus *quaestiones disputatae*, die in dem um 1250 sich vollziehenden Umbruch an der Universität eine Sensation waren. Es waren feierliche Sitzungen, in denen der Magister ein Diskussionsthema, das er mit seinen wichtigsten Unterteilungen vorher angekündigt hatte, mehrere Stunden lang dem Streitgespräch mit seinen Partnern unterbreitete. Dazu gehören besonders zu Paris in den ersten drei Jahren seines Magisteriums die 29 Quästionen *Über die Wahrheit* (*De veritate*), so benannt nach dem Titel der ersten.

Wir überschreiten damit offenbar die private Durcharbeitung des Glaubens aus persönlicher Wißbegier. Der offiziell qualifizierte und beauftragte Theologe erfüllt eine Funktion der Kirche, freilich nicht auf der Ebene des Lehramtes, das in Episkopat und Pontifikat auf der apostolischen Nachfolge beruht, wohl aber auf dem Feld einer Forschung, die unter der Jurisdiktion der Kirche notwendig ist für das tägliche Atemschöpfen der Gemeinschaft der Gläubigen in der Welt. Immer schon hatte es in der Theologie wie in der Katechese «Meister» gegeben, die dem Bischof zur Seite standen. Nun aber handelt es sich um Berufslehrer, deren juristischer Titel von der Körperschaft der Universität abhängt und nicht im eigentlichen Sinne eine hierarchische Funktion ist. Die «Meister» in der Theologie, die *magistri* haben unter diesen Umständen die offizielle Qualifizierung, Glaube und Lehre vorzutragen. Sie legen nicht nur dar und interpretieren nicht nur, was schon nicht ohne Lehrunterschiede vor sich geht, sondern im Rahmen äußerster Rechtgläubigkeit sehen sie sich veranlaßt, den Inhalt des Glaubens in höchst unterschiedlicher Weise durchzugliedern, ihre Konzeption vom Menschen und von der Welt auf ihr göttliches Objekt rückwirken zu lassen, diesen oder jenen Aspekt des Geheimnisses hervorzuheben, seine Fülle unterschiedlich zur Ausgewogenheit zu führen: eine ganz delikate Freiheit, die die Kirche stets schützte, selbst da, wo sie eine Richtung bevorzugt; diese Freiheit ist das Merkmal einer Vernunft, die sich selbst in der Gewalt hat noch bis hinein in die gelehrige Haltung im Religiösen. Thomas von Aquin kritisiert Anselm und setzt sich zuweilen auch von Augustinus ab. Und er selbst erfährt häufig Widerspruch von Bonaventura. Die Magistri «determinieren», wie man damals sagte, nachdem die Probleme aufgeworfen und diskutiert worden sind. Sie sind keine «Autoritäten» im technischen Sinne des Wortes, weil das weder ihrer Stellung noch ihrer eigentlichen Arbeit zukommt. Aber sie sind ein theologischer «Ort», unterhalb der Kirchenväter. Thomas von Aquin wird im Abendland der Lehrer der Kirche *par excellence* sein.

*Heiligkeit des Geistes*

Muß man noch sagen, daß diese rationale Unerschrockenheit sehr wohl im Bereich des Glaubens um ihre Schwäche weiß? Sich im Innenraum des Geheimnisses halten, also in einem unverletzlichen Dunkel der Erkenntnis, in der Gelehrigkeit gegenüber dem gehörten Wort Gottes, das ist das absolute Gesetz dieses Wissens. Die theologische «Wissenschaft» umschließt diese Unvollkommenheit und diese Größe. Es ist die Dialektik des Glaubens, in der seine Kraft über seine Schwäche triumphiert.

Unter Wahrung der rechten Proportion finden wir aber hier nach allem Gesagten das Gesetz des Verstandes selbst, der sich im Leben des Geistes nicht mit seinen Fragen und seinen Konstruktionen begnügen kann, sondern sich normalerweise, und wenn er gesund ist, entfaltet zwischen zwei «Einsichten», dem lebendigen Ergreifen am Anfang und dem Wohlgefallen am Ende in der Einswerdung mit dem endlich besessenen Gegenstand. Wenn dem so ist auf dem Gebiet des irdischen Verstehens, um wieviel mehr muß dann der Glaube als ein göttliches Erkennen kraft seines Objektes und seines inneren Verlangens alle Fragen und diskursiven Schritte auffangen in einem einfachen Anschauen, in einem höchsten Wohlgefallen und in einer unaussprechbaren Einung mit dem Geheimnis.

Einmal bis hierhin gelangt, verspürt der Theologe bis in das rationale Geflecht seiner Arbeit hinein die absolute Transzendenz des Glaubens. Gewiß hält er daran fest, daß seine Arbeit Wahrheit erbringt und nicht eine unbegründete Tagesmeinung. Aber diese theologischen Wahrheiten werfen keinen Schatten auf das jungfräuliche Wort Gottes, das in seiner ungeschuldeten und gnadenhaften Offenbarung lauter und unbelastet bleibt. Der Glaube ergeht sich frei und herrscherlich in den Begriffen, den Folgerungen, den Deduktionen des ihm zugehörigen Wissens. Die Vernunft und ihre Philosophie sind hier Dienerinnen der göttlichen Lehre. Der Triumph des Glaubens liegt gerade darin, der Vernunft die Eigenwirksamkeit ihrer Gesetze zu erhalten, ohne apologetisches Pfuschen, und ohne daß dem göttlichen Licht etwas hinzugefügt würde. Das ist gerade das gottmenschliche Geheimnis des Wortes Gottes, des Logos, der Fleisch wurde. Man muß ein Heiliger sein, um dieses Geheimnis in der Theologie zu realisieren. In Thomas ist der Lehrer ein Heiliger, so sehr, daß dieser Heilige heilig ist, weil er Lehrer ist, und daß dieser Lehrer Lehrer ist, weil er heilig ist. Das ist die Heiligkeit des Geistes! Denn im Herzen der Spiritualität des Thomas von Aquin steht diese Überzeugung, daß der Geist ein Ort der Heiligkeit ist, weil die Wahrheit heilig ist.

# Texte

## Lobpreis der Theologie

*Als ein gewisser Simonides durch Überredung dazu verführte, der Mensch solle das Gotterkennen beiseite lassen und seine eingeborene Begabung menschlichen Dingen zuwenden, indem er sagte, «es müsse der Mensch Menschliches wissen und der Sterbliche Sterbliches», da sagt der Philosoph [Aristoteles] wider ihn, daß der Mensch sich zum Unsterblichen und zum Göttlichen hinziehen soll, soviel er vermag ... Wenn schon es ganz wenig sei, was wir von den höheren Substanzen erfassen, werde dennoch dies Bescheidene mehr geliebt und ersehnt als alle Erkenntnis, die wir von den niederen Substanzen haben ... Sobald [etwa] Fragen über die Himmelskörper [auch nur] mit einer kleinen und gemeinverständlichen Lösung gelöst werden könnten, sei es dem Hörer beschieden, daß seine Freude heftig ist!*

*Aus diesem allen wird offenbar, daß eine wenn auch noch so unvollkommene Erkenntnis von den edelsten Dingen größte Vollkommenheit der Seele herbeiführt. Und mag deshalb die menschliche Vernunft das, was über die Vernunft ist, nicht voll zu fassen vermögen, dennoch erwirbt sie sich viel von der Vollkommenheit, wenn sie es wenigstens, wie auch immer, im Glauben festhält.*

*... Die menschliche Vernunft verhält sich zum Erkennen der Wahrheit des Glaubens, die allein denen, so die göttliche Substanz schauen, ganz und gar bekannt sein kann, dermaßen, daß sie irgendwelche Wahrscheinlichkeitsgründe für sie zu gewinnen vermag, welche jedoch nicht dafür ausreichen, daß die vorgenannte Wahrheit gewissermaßen auf dem Wege der beweisenden Darstellung oder als durch sie verstanden begriffen wird. Dennoch ist es nützlich, daß in derlei Vernunftgründen, mögen sie auch noch so schwächlich sein, der menschliche Geist sich übt, wofern nur die Anmaßung des Begreifens und Beweisens entfällt. Denn von den höchsten Dingen auch mit bescheidener und unzulänglicher Betrachtung irgend etwas erschauen zu können ist das Allerangenehmste ...*

*... Das heißt den starken Wein der Wahrheit mit Wasser verschneiden, wirst du sagen, nämlich den Wein des Wortes Gottes mit dem Wasser der Vernunfterkenntnis – eine verderbliche Mischung! Aber nicht doch, wenn du ein guter Theologe bist! Denn dann handelt es sich nicht mehr um Wein, der mit Wasser verschnitten, sondern vielmehr um Wasser, das in Wein verwandelt wird, wie bei der Hochzeit zu Kana.*

*... Mit dieser Ansicht nun findet sich die Autorität des Hilarius in Eintracht, der im Buch von der Dreieinigkeit sagt: «In diesem Glauben beginne, eile voran, halte durch! Wenn ich auch weiß, daß ich nicht hingelangen werde, werde ich mich dennoch beglückwünschen, daß ich vorankommen werde. Wer nämlich fromm auf das Unendliche zustrebt, der wird, mag es auch nicht irgendwo gelingen, doch immer im Vorwärtsgehen Nutzen haben. Aber begib dich nicht in jene Verborgenheit, und versenke dich nicht in das Geheimnis der unbegrenzten Geburt, indem du dich vermis-*

*sest, die Gesamtheit der Erkenntnis zu umfassen, sondern sieh ein, daß es Unbegreifliches gibt!»*

*Summa contra Gentiles*, I 5 u. 8. Kommentar zum Traktat *De Trinitate* des Boethius, 2, 3, Einwand 5 u. Zu 5 (Zusammenfassung). Texte aus *Contra Gent.* nach der Übersetzung von Hans Nachod und Paul Stern, Leipzig 1935 f., I, S. 84 f. u. 90 f.

*Thomas von Aquin. Detail aus dem Fresko «Die Kreuzigung» von Fra Angelico. San Marco, Florenz*

## Weisheit und Wissenschaften

Die Theologie ist das höchste Wissen. Sie ist *Weisheit* inmitten der *Wissenschaften*. Thomas greift hier, um die Würde der Theologie herauszustellen, auf Kategorien zurück, die der griechischen Philosophie entnommen sind und die schon von Augustinus verwendet wurden, wenn auch in ganz anderer Weise. Während für Augustinus die *Weisheit* kraft der Überlegenheit ihres Gegenstandes und ihrer Methode die menschlichen *Wissenschaften*, die nur eine zeitliche Werthaftigkeit besitzen und mit Gebrechlichkeit behaftet sind, entleert, erkennt Thomas diesen Wissenschaften ihre eigene Dichte und selbständige Methode zu in der Ordnung und auf der Stufe rationaler Gewißheit, wie sie ihre Formalobjekte je mit sich bringen. Je auf ihrer Ebene führen auch sie zu einer «Weisheit» (vgl. S. 101 f). Der theologischen Weisheit geschieht dadurch kein Abtrag. Ihre Überlegenheit rührt daher, daß sie in der Hierarchie der Stufen des Wissens und der Hierarchie der Ursachen Gott zum Gegenstand hat, die höchste Ursache der Dinge in ihrem Werden wie in ihrer Zielstrebigkeit. Gerade die Transzendenz eines solchen Gegenstandes ist der Grund für die erkenntnistheoretische Schwäche eines solchen Wissens – wie es der oben angeführte Text aussprach. Vor der unbegreiflichen Gottheit ist diese Schwäche angewiesen auf eine Zustimmung des Glaubens, die sich auf die Autorität des Wortes Gottes verläßt!

*Die Gewohnheit der Menge, der bei Benennung der Dinge der Philosoph [Aristoteles] zu folgen für zweckmäßig hält, hat gemeinhin bewirkt, daß Weise die genannt werden, die die Dinge geradhin ordnen und gut steuern; weshalb unter anderem, was die Menschen unter dem Weisen sich vorstellen, vom Philosophen gesetzt wird, «daß es Sache des Weisen ist, zu ordnen».*

*Für alles aber, was auf ein Ziel hingeordnet wird, ist es notwendig, den Maßstab des Steuerns und Ordnens vom Ziel her zu nehmen. Dann nämlich ist ein jedwedes Ding aufs beste bereitet, wenn es angemessen auf sein Ziel hingeordnet ist; ist doch das Ziel das Gute eines jedweden Dinges. Deshalb sehen wir denn auch, daß unter den Künsten die eine die Lenkerin und gleichsam Fürstin der anderen ist, deren Ziel in ihrem Bereich liegt, so wie die Kunst der Medizin über die des Salbenreibens fürstlich herrscht und sie ordnet, deswegen weil die Gesundheit, mit der sich die Medizin befaßt, das Ziel aller Salben ist, die von der Salbenreibekunst hergestellt werden. Und Ähnliches wird in der Kunst des Steuerns mit Hinblick auf die des Schiffbaus offenbar und in der Kriegskunst mit Hinblick auf die des Reitens und die jedweder kriegerischen Zurüstung.*

*Die Künste nun, die über andere herrschen, werden architektonische genannt, gleichsam fürstlich herrschende Künste, weswegen auch ihre Künstler, welche Architekten genannt werden, den Namen Weise für sich in Anspruch nehmen. Da jedoch vorgenannte Künstler, insofern sie auf die Ziele irgendwelcher Einzeldinge hinarbeiten, nicht zu dem gemeinsamen Ziel hingelangen, werden sie wohl Weise in dieser oder jener Sache genannt . . .*

*Der Name des schlechthin* Weisen *jedoch wird für den allein aufgespart dessen Betrachtung um das Ziel des Alls kreist, das zugleich des Allgesamten Urgrund ist. Und deshalb ist es nach dem Philosophen Sache des Weisen, die höchsten Ursachen zu betrachten.*

*Summa contra Gentiles,* I 1. Nach Übersetzung Nachod/Stern I, S. 71 f.

# Der Kontemplative

«Als [der Bruder Thomas] über Isaias schrieb und die tiefen Geheimnisse des Propheten erklärend und schreibend ans Licht hob, stieß er auf einen Text jenes Buches, den er nicht verstand. Und da er keine Erklärung der Worte fand, die ihn befriedigte, legte er sich viele Tage lang Fasten und Gebet auf. Sein inständiges Gebet erlangte, daß Gott ihm mündlich seinen Zweifel löste, wo er es fromm im Gebete erfleht hatte. Denn eines Nachts hörte der vorgenannte Gefährte [Reginaldus] ihn, der tagsüber fromm gefastet hatte, mit jemandem sprechen, wußte aber nicht mit wem. Er vernahm zwar den Laut der Rede, verstand aber den Gegenstand nicht, um den das Gespräch sich drehte. Als das Gespräch beendet war, sagte der vorgenannte Lehrer zu seinem Gefährten: ‹Mein Sohn Reginald, steh auf, zünde die Kerze an, nimm das Heft, in dem du über Isaias geschrieben hast, und mache dich noch einmal fertig zum Schreiben.› Dieser schrieb rasch auf, was der Lehrer mit solcher Leichtigkeit diktierte, als läse er in einem Buche. Nach einer Stunde sagte der Lehrer seinem schreibenden Bruder: ‹Mein Sohn, geh nun schlafen, denn es bleibt noch viel Zeit übrig zur Ruhe!›» [10]

Diese Szene, die der Biograph überliefert, ist recht anregend, um so mehr, als wir noch das Autograph besitzen (Vatikan, ms. lat. 9850), wo die Schrift des Sekretärs die Feder des Meisters ablöst. Wir erfassen sehr lebendig, wie sich bei Thomas die technische Arbeit entwickelt im Zusammenhang und Innenraum einer tiefreligiösen Kontemplation, im Dienst des Verständnisses des heiligen Textes, des Nährbodens der Theologie. Nach allem, was wir gesagt haben, ist es offenbar, daß die Kontemplation bei Thomas von Aquin Anfang und Ende seines Lebens ist – seines Lebens-«Standes», wie er selbst es ausdrückt – und ebenso seiner Theologie. Indem Thomas die Struktur und die Gesetze dieses kontemplativen Lebens bestimmt, hat er uns unter dem unpersönlichen Objektivismus der Lehre das Geheimnis seiner Persönlichkeit anvertraut, genauso wie wenn er uns in «Bekenntnissen» im Stile Augustinus' davon mitgeteilt hätte.

*Die Handschrift von Thomas von Aquin, darunter die seines Sekretärs (Manuskript des Sentenzenkommentars)*

# Kontemplation: gotterfüllt und evangelisch

Bestimmen wir zunächst die grundsätzliche Natur dieser Kontemplation. Das müssen wir tun, um in Abwehr eines allzu leichtfertigen Gebrauchs dem Wort den eigentümlichen Sinn zurückzugeben, den Thomas ihm unterlegt. Kontemplation ist ein Akt des gotterfüllten Lebens, das heißt des göttlichen Lebens in uns, an dem wir teilhaben gemäß der dreifach-einen Kraft des Glaubens, der Hoffnung, der Liebe. Das kontemplative Leben ist nichts anderes als die eigentümliche und kombinierte Entfaltung dieser drei göttlichen Energien. Es steht damit von vornherein, in der psychologischen Realität wie in der wissenschaftlichen Betrachtung, nach Wert und Struktur jenseits der Zone, in der die persönlichen und gemeinschaftlichen Betätigungen der *religio* (Tugend der Gottesverehrung) statthaben. Indem Thomas die *religio* als eine Tugend definiert, der gemäß wir Gott den ihm geschuldeten Kult erweisen, bezeichnet er zugleich und in richtiger Ausgewogenheit die Größe und die Grenzen jener Ordnung von Beziehungen zu Gott, die sie erstellt. Der Kult Gottes bringt das Bewußtsein zum Ausdruck, das wir von unserer geschöpflichen Situation haben. Die religiöse Bewegung der Seele nimmt gerade in der Unterwerfung unter die göttliche Oberhoheit eine in gewisser Weise kosmische Weite an. Vor dem Schöpfer stellt sich der religiöse Mensch mitten in ein Universum, das er auf seine Quelle zurückbezieht. Im Kult, in dem diese großen Haltungen sinnfällig dargestellt werden, sind die Wirklichkeiten der Welt und des Lebens wie die der Seele und des Leibes zugleich aufgerufen. Dieser Rückbezug auf einen solchen göttlichen Bezugspunkt offenbart eine hervorragende Fähigkeit unseres Geistes. In seiner Tiefe verwurzelt, ist die Gottesverehrung von spiritueller Größe. So schwankend dieses Bewußtsein radikaler Abhängigkeit in gewissen Fällen auch sein mag, so umnebelt von Mythen, verstellt von Aberglauben oder pervertiert und veräußerlicht, ja selbst da, wo es in einer ganz im Sinnlichen befangenen Erregung nur noch oberflächlich die Wirklichkeiten erfaßt, es ist dennoch von Haus aus darauf angelegt, den Menschen und die Welt zu übersteigen; es entdeckt im tiefsten Geheimnis des Seins und des Lebens eine Dimension, in der das sichtbar wird, was man den Sinn für das *Heilige* nennt.

Dennoch hat die christliche Kontemplation, weil eingewurzelt in das gotterfüllte Leben, eine andere Spannweite, auch da, wo sie jene Betätigungen und den Wertbereich des Heiligen zu ihrer Aufgabe macht. Thomas macht aus der Tugend der Gottesverehrung entschlossen eine sittliche Tugend, das heißt eine solche, die unmittelbar die Aufgabe hat, uns nach dem Richtmaß, das aus der Gottheit stammt, auszurichten, und nicht, in köstlichem Erfahren die Akte des in Teilhabe besessenen göttlichen Lebens selbst zu vollziehen. Ja, eigenartigerweise und zum Erstaunen gewisser Theologen weist Thomas unter Rückgriff auf eine Analyse Ciceros die *religio* und die von ihr besorgte Ordnung des Kultes der Kategorie der Gerechtigkeit zu. Nicht so, als ob *Gott* irgend etwas seinem Geschöpf schulde, und auch nicht, als ob dieses jemals *seiner* Schuldigkeit

*Originalhandschrift des Isaias-Kommentars*

*«Venit mulier de Samaria haurire aquam. Dicit ei Jesus: Da mihi bibere ...» [Es kam eine samaritanische Frau, um Wasser zu schöpfen. Jesus sagte zu ihr: «Gib mir zu trinken»]. Text des heiligen Johannes (4,7, Bericht über den Vorfall mit der Samariterin) im Kommentar des heiligen Thomas (Handschrift aus dem 14. Jh.)*

zum Gleichwert nachkommen könne, da es doch alles ungeschuldet von ihm empfangen hat. Aber das Geschöpf muß sich gegenüber Gott «gerecht» verhalten, und gerade seine ins Bewußtsein getretene Unfähigkeit bringt seine Huldigung und seine Verfügbarkeit für den Dienst des Herrn zum Ausdruck. Es ist dies ein Grunderfordernis, das für die religiösen Gemeinschaften die Gesetze über die Ordnung des Kultes und für die Einzelwesen das Bewußtsein des Gott Geschuldeten in fest umrissene Pflichten umsetzt.

An diesem Punkt angelangt, erkennt man bald, wieso die kontemplative Bewegung, die dem lebendigen Glauben entspringt, einer anderen Ordnung angehört. Gewiß kann es beim Gläubigen, beim Christen schwer sein, im Kult, den er seinem Gott erweist, die eigentümlichen Akte der *religio* von denen zu trennen, die dem Glauben, der Hoffnung und der Liebe entspringen. Der Gott, dem er seine kultische Huldigung erweist, zu dem er im Gebet spricht, ist der Gott seines Glaubens und seiner Liebe. Der Gott der *religio* ist derselbe persönliche Gott, der sich offenbart und im Herzen gerade jener spricht, die ihn demütig hören. Er ist nicht nur der Gott der Natur, sondern der Gott Abrahams, Isaaks und Jakobs, der Gott der Geschichte, der in Jesus Christus sich als Vater offenbart. Gerade wo die Offenbarung des Erbarmens und der Annahme als Kind die Ungeschuldetheit der «übergroßen Liebe» uns gleichsam betäubt, erreicht die Pflicht der Gottesverehrung ihren Gipfel, und nur die Hingabe unseres Herzens vermag ihr zu genügen. Je mehr Gott sich uns offenbart in einer Lebensgemeinschaft, um so mehr wächst dieses Gespür für den «Ganz Anderen», das noch in der Vereinigung mit ihm uns erfahren läßt, in welchem Mißverhältnis wir zu ihm stehen. Noch das höchste Gefühl der Kindschaft, das wir haben können, begreift eine Art Erschrecken in sich gerade in dem Bewußtsein, so sehr geliebt zu werden. Genau damit aber ist gesagt, daß die *religio* mit ihrem äußeren und inneren Kult geweitet und gleichsam übergeführt wird in eine lebendige Aktivität, die, ohne die Erfordernisse des unsererseits Gott Geschuldeten aufzuheben, uns doch von vornherein auf eine andere Ebene stellt. Es handelt sich also nicht mehr nur darum, *für* Gott, sondern *aus* Gott zu leben, besser: das göttliche Leben zu leben; nicht mehr nur darum, sich Gott gegenüber «gerecht» zu verhalten – was ohne Zweifel eine Grundbedingung bleibt –, sondern mit Gott eins zu werden.

Verachtet also der kontemplative Mensch die kultischen Übungen, die Observanzen und Riten, zu denen die *religio* auffordert? Nein, ohne Frage nicht! Thomas von Aquin konnte seine Jugend auf Monte Cassino nicht vergessen. Aber, besonders wenn das kontemplative Leben in einem «Stand» seine Form findet, bewahrt es den Christen gegen eine gewisse Hypertrophie, die der Tugend der Gottesverehrung zustoßen kann, und der damals der vom Mönchtum geschaffene kultische Apparat zum Opfer fiel. Es schützt ihn gegen ein in solchem Maße festgehaltenes Gefallen am Kult, daß der Mönch seine Anbetung seligpreist und Gefahr läuft, in einem vorweggenommenen «himmlischen Jerusalem» die irdische Not der menschlichen Gemeinschaften nicht mehr zu verspüren. Man erzieht noch das einfache christliche Volk, man spendet ihm die Sakramente, man heiligt es; aber man erfaßt in dieser Christenheit nicht mehr die Gelegenheiten, ihm das Evangelium zu künden, ihm in der Bruderliebe Christi die frohe Botschaft zu bringen.

Die Liebe inspiriert und reguliert so alles. Keiner bemißt besser alle seine Akte an ihr als der kontemplativ auf Gott gerichtete Mensch. Im Herzen seiner Liebe entspringen alle hohen Gefühle, die die Seele «religiös» (d. h. zur Tugend der Gottesverehrung geneigt) machen, «religiös» im wachen Sinn für die Transzendenz des Vaters, im tiefen Gefühl für sein Erbarmen! Aber gleichzeitig werden die großen apostolischen Berufungen geboren, wie sie das Feingefühl für das Elend und die Hoffnung der Menschen weckt – ein Zeugnis für das Evangelium!

Man sieht, wir sind weit entfernt von der Religion der Furcht, von ihren soziologischen Gleichschaltungen, ihrer Veräußerlichung, ihrem rituellen Legalismus, überhaupt von allem Moralismus. Es ist die «Anbetung im Geist und in der Wahrheit», in der die Freiheit der Kinder Gottes die sklavische Befolgung des Gesetzes überwindet. Es ist eine Freiheit, die in der Liebe bereit ist zur Ganzhingabe und darin zu einer sittlichen Vollendung gelangt, die größer ist denn je. Da ist keine Auflösung des göttlichen und anderer Gesetze, wohl aber der Bruch mit einer gewissen Art und Weise, sie zu verstehen. Anbetung im Geist und in der Wahrheit: dieses Wort des Evangeliums (Joh. 4, 23–24, am Ende des Gesprächs zwischen Christus und der Samariterin) enthält in der Tat eine ausdrückliche Spitze gegen die Kultpraxis des Alten Bundes, gegen den Absolutismus des Gesetzes, das eben dieses Gespräch mit der «gottlosen» Samariterin verbot.

Der Gläubige des Neuen Bundes «erfüllt» gewiß den Alten, und sein Glaube ist immer noch der Glaube Abrahams. Aber diese Erfüllung der Verheißungen in Christus, in der Vermählung zwischen Gott und Mensch geht doch nicht ab ohne eine gewisse Diskontinuität. Künftig sind wir Adoptivsöhne im Sohne Gottes, der Mensch wurde auf unserer Ebene, und der Gott des Sinai läßt sich in Wahrheit Vater nennen. Künftig sind wir herausgetreten aus der Knechtschaft unter dem Joch des Gesetzes mit seinem äußeren Imperativ auf Tafeln aus Stein, mit seinen Schutzverboten gegen die «Heidenvölker». Wenn es künftig noch ein Gesetz gibt, dann das Gesetz des Glaubens, das im inneren Zeugnis des Geistes sich kundgibt. Die Gebote sind nur mehr eine Hilfestellung, und ihre geschriebene Formulierung ist sekundär. Aussagen und Gebote wären sogar tödlich, würden sie sich vordrängen. Sie sind ein Erziehungsweg für die Kinder. Wir aber sind nun erwachsen zum Alter der Liebe, welches das Alter der Vollkommenheit ist; wir sind hinausgewachsen über den Apparat der Vorschriften zum Alter der Freiheit. Es ist gewiß ein «neues» Gesetz: das Gesetz des *Evangeliums*.

Nirgendwo treffen sich die theologischen Texte des Thomas so genau mit den Worten des Evangeliums selbst, des Evangeliums Christi, des Evangeliums Pauli. Wir begegnen hier ausdrücklich auf der theologischen Ebene der evangelischen Prägung, die von Grund auf die apostolische und spirituelle Initiative der Prediger- und Minderbrüder bestimmt hat. Dieses erneuerte evangelische Anliegen hatte schockhaft in die einheitliche Form des Ordenslebens eine Diskontinuität gegenüber der bestehenden monastischen Ordnung hineingetragen, und das zu einer Zeit, da der Glanz von Cluny hell strahlte – gerade wegen der engen Solidarität zwischen der Pracht seines Kultes und seiner theokratischen Machtentfaltung. Franz von Assisi hatte bewußt die Regel des heiligen Benedikt ausgeschieden und als «Armer Christi» auf die kultische Theokratie, die sie hervorgebracht hatte, verzichtet. Dominikus hatte das Chorgebet auf die Funktion eines «Mittels» im Dienst des apostolischen Zieles zurückgeführt. In beiden Fällen ist die Konsequenz: Relativierung des feierlichen Gottesdienstes, dieses höchsten *opus Dei* des Mönches, und Relativierung der Regel durch ein funktionales (das heißt den Aufgaben angepaßtes) Dispenssystem. Die brüderliche Liebe, sei sie apostolisch ausgerichtet oder nicht, der Glaube als kontemplativer Vollzug, zunächst für die eigene Person geleistet und hernach anderen Menschen weitervermittelt; das ist nun das höchste Tun, das kein Maß kennt. Es ist ein zweifacher und doch einfacher, gotthafter Vollzug, der die evangelische Vollkommenheit verwirklicht und auf Erden zum Abbild der seligen Schau und des allumfassenden Bruderseins wird. Die *religio*, die religiöse Schuldigkeit, mag es sich um persönliche Frömmigkeit oder um öffentlichen Kult handeln, ist nur der Untergrund des Glaubens und der Liebe, der Ort, an dem sie zum Austrag kommen. Das ursprüngliche Evangelium: Thomas sagt es aus in seiner Lehre und er verwirklicht es in seinem Leben. *Es gibt kein ausdrücklicheres Zeichen der Liebe als daß jemand ... seine einzige Wonne darin findet, für die göttliche Kontemplation frei zu sein.*[11]

# Kontemplation und Tätigkeit

Kontemplation: das Wort stammt freilich nicht aus dem Evangelium. Und die «Erkenntnis» des heiligen Johannes ist etwas ganz anderes als die *theoria* der Philosophen! Thomas führt hier tatsächlich in das ursprüngliche evangelische Anliegen der Predigerbrüder und sogar in dessen Vokabular eine Analyse ein, deren Methode und Inhalt zur Überraschung vieler ausdrücklich Bezug nehmen auf ihre griechische Quelle. Es sind in der Tat die Philosophen, die ohne Zweifel genial, aber doch auf rationalem Wege dieses höchste Verhalten des Menschen gekennzeichnet haben, wobei die Unterscheidung zwischen Tätigkeit und Kontemplation in den Einzelakten wie in den Lebensständen noch deutlicher den Unterschied zur Realität des Evangeliums wie zur *vita apostolica* spüren läßt. Wenn Thomas das dominikanische Leben als eine *vita mixta* (gemischte Lebensform) definiert – das heißt eine Lebensform, in der Kontemplation und Tätigkeit über ihre eigentümlichen Akte hinaus ein Eines bilden –, dann führt er damit tatsächlich lehrinhaltliche Kategorien ein, die der Verstand erarbeitet hat. Wir finden hier, im Niederschlag eben seines spirituellen Ideals, das wieder, was wir schon ganz allgemein in seiner Theologie beobachtet hatten: der Unterschied zwischen Natur und Gnade wird wirksam innerhalb und zum Vorteil eines Zusammenklangs, und zwar so, daß der Glaube, der evangelische Glaube, die rationale Analyse auf seine Rechnung übernimmt, um in das volle Verständnis und den Vollbesitz seiner selbst einzutreten. Der Predigerbruder Thomas von Aquin bleibt dem evangelischen Ansatz eines Dominikus treu, wenn er sich als Kontemplativen kennzeichnet. Ebenso liegt die Welterfahrung der echtesten Christen dieser Kennzeichnung zugrunde: Gregor der Große, nach Augustinus *der* geistliche Meister des Abendlandes, hatte diese Kategorien des griechischen Humanismus eingeführt und die christliche Spiritualität ausdrücklich auf die beiden Achsen des kontemplativen und aktiven Lebens aufgebaut. Es liegt hier eine reiche, in ihren monastischen und sonstigen Varianten sehr vielfältige Tradition vor, die Thomas zur Stütze seiner Lehre aufgreift, nachdem er zuvor daraus Nahrung für sein persönliches Leben geschöpft hat. Seine Analyse garantiert ihr künftighin klassische Bedeutung. Ihr Erfolg wird – wie das bei der Popularisierung eines so hohen Gedankens immer der Fall ist – mit vielen Verwässerungen bezahlt. Aber das stets neue evangelische Erwachen in der Kirche erneuert von Zeitalter zu Zeitalter ihre Forderungen und ihre ursprüngliche Reinheit.

Es ist dennoch wichtig, ihre Grundlagen aus der Nähe zu betrachten. Durch die Wirkung dieser übernatürlichen Erhöhung im Evangelium Christi erfährt die Kontemplation nach Inhalt und Struktur eine wesentliche Wandlung, die Thomas sehr genau beschreibt, indem er die Erfahrung der Christen und ohne Zweifel auch seine eigene betrachtet. Man würde sich schwer täuschen, wenn man in den Texten, in denen er den Unterschied zwischen der Kontemplation des Philosophen und der des Glaubenden als einen grundsätzlichen herausstellt, nur das Ergebnis schulmäßiger Spitzfindigkeit sehen wollte. Es handelt sich nicht nur um eine akzidentelle Aufwertung. Das Objekt der Kontemplation ist nicht mehr nur die Gottheit als Ort der Ideen und Ursache der Dinge, sondern Gott als mein Vater, dessen Liebesinitiative mich eingeweiht hat in sein Geheimnis. Die kontemplative Schau ist, ohne ihre intellektuelle Qualität einzubüßen, die Wirkung einer lebendigen Einung, in der das Geschenk der Liebe Prinzip der Erkenntnis ist. Das Ergötzen, das ich so verspüre, geht nicht nur hervor aus der bloßen Entdeckung der Wahrheit, sondern aus dem Wohlgefallen an der Glückseligkeit Gottes. Die Liebe zum Objekt ist beherrschend, und nicht mehr das Streben nach der Erkenntnis selbst. «Es ist etwas Köstliches, zu sehen; es ist noch köstlicher, den zu sehen, der mich liebt.» Die lateinische, französische und deutsche Sprache haben leider nur das eine Wort Wahrheit zur Bezeichnung des Objektes dieser beiden so verschiedenen Erkenntnisweisen. Andere Sprachen, zum Beispiel die slawische und schon die Sprache der Heiligen Schrift haben den Vorteil eines viel geschmeidigeren Wortschatzes. Thomas benötigte besonders in seinen Schriftkommentaren ein Netz einander ergänzender Ausdrücke, um in der Beschreibung der Kontemplation den Stil der Heiligen Schrift zu treffen, ohne jedoch damit einer pietistischen Rhetorik zu verfallen.

Es ist diese Ebene des Evangeliums, auf der in der thomasischen Theologie, dank eines rechten Verständnisses für den tiefen Zusammenklang zwischen Aktivität und Kontemplation, eine Kritik des Moralismus gründet, also jener Haltung, der gemäß die Vollkommenheit des Menschen in den guten Sitten (*mores*) besteht. Ebenso wie das Evangelium nicht zunächst dazu verkündet wird, um Ordnung in die privaten und öffentlichen Sitten der Menschen zu bringen, sondern um die Liebe Gottes gerade zu den Sünden zu offenbaren, so hat auch die gottbezogene Kontemplation nicht den Zweck, zu «Vorsätzen» über das gute Benehmen oder zur Erfüllung der «Pflichten» unseres Standes zu führen. Die Kontemplation ist ein absoluter Wert. Sie ist Objekt des Wohlgefallens, jenseits der Moralität und durch das Elend der Sünde hindurch. Es ist die Samariterin, der Christus die Anbetung im Geist und in der Wahrheit ankündigt! Der Kommentar, den Thomas zu dieser Episode gibt, ist vielleicht die schönste Darlegung über die Transzendenz des Glaubens, die er gegeben hat.

Aber verfällt man mit diesem Lobpreis der Kontemplation nicht dem Intellektualismus der Griechen? Und damit der für den Christen unerträglichen Konsequenz, daß der Weise ein Aristokrat des Geistes ist, dessen Privileg bezahlt wird mit der Knechtschaft der «Mechaniker», wie man im Mittelalter und noch bis ins hohe 17. Jahrhundert hinein sagte, also jener unseligen Handarbeiter, die im Gegensatz zu den «freien» Künsten zur Arbeit an der Materie verdammt sind?! Doch damit würden wir uns gegen die evangelische Umkehr stellen, wie sie Thomas gerade beschrieben hat! Die Kontemplation ist künftig die Tat, häufig sogar das Privileg der Demütigen in der Reinheit ihres Glaubens, der sie innerlich befähigt, in das Geheimnis Gottes einzudringen. Selig, die reinen Herzens sind, denn sie werden Gott schauen.

So muß also paradoxerweise das griechische Menschenbild bei Thomas den Anspruch des Evangeliums unterstützen, im Gegensatz zu einer pietistischen Seelenberatung und einer moralisierenden Interpretation der acht Seligkeiten. Die sittlichen Tugenden, sagt Aristoteles, sind nur die vorgängige Disposition für die vollkommene Kontemplation des Menschen. Lange Zeit bedeuten sie infolge des aszetischen Kampfes sogar ein irdisches Hindernis für die Glückseligkeit, die mit solcher Anstrengung unvereinbar ist. Ihre Ausgewogenheit, selbst wenn sie tatsächlich besteht, realisiert noch lange nicht den «schönen und guten Menschen» (im Sinne des griechischen Menschenbildes), denn ihre Schönheit ist nur entliehen. *Die Schönheit besteht in einer gewissen Strahlungskraft und in gebührendem Ebenmaß. Beides aber findet sich wurzelhaft in der Vernunft, der das offenbarende Licht und die Herstellung des gebührenden Ebenmaßes in den anderen Bereichen zugehören. Darum findet sich im* kontemplativen *Leben, das im Vollzug der Vernunft besteht, an sich und wesenhaft Schönheit. Aus diesem Grunde wird von der Kontemplation der Weisheit gesagt: «Ich bin ein Liebhaber ihrer Wohlgestalt geworden»* (Buch der Weisheit 8,2).[12]

Die Seligpreisungen des Evangeliums stehen über aller Tugend und halten sich nicht im Rahmen der Gebote. Ist das Seligsein der reinen Herzen nicht etwas ganz anderes als die «geistige Gesundheit» der Maßvollen? Und läßt sich das Seligsein der Armen einschränken auf die gute Verwaltung der irdischen Güter? Die Armut ist die «Braut» eines Franz von Assisi. Sehr bezeichnend ist die theologische Konstruktion der Spiritualität des Thomas: In der *Summa Theologiae* haben die Seligpreisungen ihren Ort nach den Traktaten über die Tugenden; sie gehen über die Gebote hinaus als Angeld der seligen Schau und der vollendeten Liebe. Ein einzigartiger Fall, und leider von all denen nicht beachtet, die die Seligpreisungen der Bergpredigt aus dem Rahmen ihrer Theologie verbannen (die somit gerade dessen beraubt wird, was kontemplativ und im Sinne des Evangeliums ihr höchster Ausdruck ist) und sie den Erfahrungen einer entintellektualisierten Spiritualität überlassen.

Von neuem aber und gerade hier sieht sich der griechische Intellektualismus von seiner aristokratischen Konsequenz abgelöst, deren höchst gefährlicher Ausdruck der Dualismus Aktivität-Kontemplation ist. Bei dem Predigerbruder Thomas von Aquin findet sich diese für die menschliche Seinsbefindlichkeit und ihr Elend konstitutive Aufteilung nicht nur in ihren Wirkungen, sondern in ihrer Struktur überwunden durch die Einheit eines Lebens (das er demgemäß *vita mixta* nennt), in dem das Tätigsein hervorgeht aus der Fülle der Kontemplation dergestalt, daß dieses Leben unter der architektonischen Herrschaft der Kontemplation und kraft seiner sammelnden Einheit höher steht als die reine Kontemplation. Es ist eine spirituelle Dialektik, deren entscheidende Erfordernisse für die Seele den Spannungszustand einer inneren Erprobung bis hinein in die Freiheit ihres Wählens bedeuten. Thomas gibt uns dies zu verstehen in einer Anspielung auf seine eigene Erfahrung. *Die einen,* sagt er, *verspüren im Freisein für die Kontemplation Gottes solche Freude, daß sie von jener*

*Darstellung der Philosophie im Eingang der Notre-Dame-Kirche zu Laon (um 1200). Entsprechend der Schau des Boethius ragt ihr Haupt in die Wolken; sie trägt in der linken Hand ein Zepter und Bücher in der rechten; die an ihrer Brust angelehnte Leiter symbolisiert den Aufstieg von der «praxis» zur «theoria».*

*nicht lassen wollen, selbst nicht, um sich zum Heil des Nächsten in den Dienst Gottes nehmen zu lassen. Andere aber erreichen eine solche Höhe der Liebe, daß sie selbst die Kontemplation Gottes, wiewohl sie höchste Freude in ihr erfahren, aufgeben, um Gott zu dienen in der Sorge für das Heil des Nächsten. Das war die Vollkommenheit des heiligen Paulus ... und das ist die Vollkommenheit, die den ... Predigern eigentümlich ist.*[13]

Man kann beim Überdenken dieses Textes der Indiskretion nicht widerstehen, darin wie ein Wasserzeichen ein persönliches Bekenntnis des heiligen Thomas von Aquin zu lesen, der – was ihn betrifft – die Verführungsmacht der reinen Kontemplation in der bedeutsamen evangelischen

Betätigung des Predigerbruders auffängt. War das nicht die ursprüngliche Intuition seiner Berufung? Der Jünger des Aristoteles ist zuerst ein Sohn des heiligen Dominikus.

Ohne Zweifel muß man zugeben, daß der Ausgleich des griechischen Dualismus von *theoria* und *praxis* sich vollauf nur realisiert in der Leidenschaft für das unverkürzte Evangelium, wonach die tätige Liebe zu den Menschen buchstäblich die Liebe zu Christus selbst in unseren Brüdern ist. Kein Humanismus kann diese zur Einheit gesammelte Ganzheit erreichen, in der das Sich-Mühen um das Heil der Welt hervorgeht aus der lebendigen Erkenntnis des fleischgewordenen Gottes. Das doppelte Antlitz des gleichen Geheimnisses in der Menschheit Gottes!

In dieser «Mystik», in jeder wahren Mystik tritt die *praxis* nicht mehr von außen zur *theoria* hinzu noch ist die *theoria* ohne die *praxis* etwas wert. Mehr als alle findet der Christ als *vir evangelicus* (Mann des Evangeliums), wie man Dominikus genannt hat, seine volle Geschlossenheit in der *vita apostolica*, die gewiß keine bloße Nebenordnung von Tätigkeit und Kontemplation ist, sondern die «Wahrheit des Lebens», wie Johannes sagt. Der Glaube ist weniger geschaffen; um die Neugier des Geistes zu befriedigen, selbst nicht die des gotthungrigen, als vielmehr um uns durch und in Christus zum höchsten Ziel zu führen. Und dieser evangelische Realismus hält uns in der konkreten Heilsordnung und scheidet jeden Vorgriff auf einen metahistorischen Zustand aus. Menschliche Philosophie kann diese Einheit nicht vollbringen. Die Theologie, die den Inhalt dieser Wahrheit organisch konstruiert, ist für Thomas ein zugleich kontemplatives und auf die Tätigkeit bezogenes Wissen. Ohne Zweifel verweisen Kontemplation und Tätigkeit auf verschiedene «Disziplinen». Aber die moderne Unterscheidung zwischen Dogma und Moral findet in der spirituellen und didaktischen Einheit der *Summa* keinen Nährboden, und genauso muß die Unterscheidung zwischen Aszetik (Tätigkeit) und Mystik (Kontemplation) scheitern angesichts der Einheit der Gnade Christi.

Der Chronist hat uns das Thema des Gebetes berichtet, in dem der Bruder Thomas, der Kontemplative, in der Nacht vor seiner Einführung als junger Magister an der Universität zu Paris (März 1256) bei der Vorbereitung seiner Antrittsvorlesung eine Art von Angst empfand. «Rette mich, Herr, denn ein weniges an Wahrheit nur gibt es unter den Menschenkindern [zu denen ich nun gehen muß]. *Salva me Domine quoniam diminutae sunt veritates inter filios hominum* (Ps 11).»[14] Das ist das Sich-Losreißen von der Kontemplation des Einen, wie es mit der Arbeit gegeben ist, der er sein Leben geweiht hat. Denn die Weitergabe der Wahrheit fordert den Einsatz des ganzen Seins. *Lehren ist ein Werk des tätigen Lebens.*[15] Gewiß hat die Kontemplation den Vorrang. «Die Einheit des kontemplativen Lebens und des apostolischen Schenkens wird aufrechterhalten durch den Charakter dieser Tätigkeit. Die göttliche Wahrheit mitteilen, das heißt im gleichen Sinne sie in keiner Weise verlassen und liebevoll an diese Wahrheit, die man in sich hineingenommen hat und besitzt, gebunden bleiben. Das Bild der Jakobsleiter, wo die Engel auf- und niedersteigen, versinnbildlicht dieses Ideal.[16] Es drückt sich ebenso aus in der berühmten Formel: *Contemplata aliis tradere* (Das in der Kontemplation Empfangene an andere weitergeben).[17] Aber man muß sie erst richtig verstehen. Denn diese tiefe Einheit von Kontemplation und Tätigkeit in der Entfaltung des apostolischen Lebens setzt eine Orientierung der Kontemplation selbst voraus, die sich sehr von dem unterscheidet, was sie bei einem rein spekulativen Menschen wäre. Im Herzen der christlichen Kontemplation steht die Liebe, nicht zu den reinen Ideen, sondern zu Gott und zu unseren Brüdern. Die apostolische Berufung entspringt direkt einer Liebe, die ergriffen ist von einer Not, die es zu heilen gilt. So ist das Ideal der *vita mixta* in keiner Weise das des reinen Philosophen, der aus seiner spekulativen Muße heraustritt, um seine neue Theorie den Zeitgenossen anzubieten, und auch nicht das des Dichters, der seine erhabene Intuition vorträgt, verstehe, wer mag, fasse, wer es fassen kann. Das hieße das *contemplata aliis tradere* schlecht verstehen. Die Kontemplation des Apostels, die einer Liebe entstammt, welche helfen möchte, will selbst ganz ausgerichtet sein auf die geistige Not, auf die es zu antworten gilt. Der Apostel muß sich tief in der Erkenntnis Gottes bewegen. Aber das geschieht, indem er ohne Unterlaß die Jakobsleiter auf- und niedersteigt; und um die Erkenntnis Gottes wirksam mitzuteilen, muß er zu mühevoller menschlicher Anpassung bereit sein.» [18]

## Struktur der Seele und mystische Erfahrung

An dieser Stelle legt Thomas uns das endgültige Verstandnis der Struktur und der Dynamik dieser gottbezogenen Kontemplation vor; die Erfahrung, die er als Dominikaner darin gemacht hatte, gab ihm ein köstliches Material dazu an die Hand. Denn noch einmal: die objektive Unpersönlichkeit seiner Lehre darf uns nicht darüber hinwegtäuschen, was an persönlicher Erfahrung sich in ihr niederschlägt.

Wäre Thomas also ein *Mystiker*? Die Geschichte des Wortes führt uns – durch die Schuld schlechter Theologien – zu Mehrdeutigkeiten und Mißverständnissen, und es ist nahezu unmöglich, sich davon frei zu machen. Die Kategorien *Aszetik-Mystik* – ebenso wie die Gegenüberstellung *Scholastik-Mystik* – gehörten zu den verderblichsten. Und sie sind der Sprache und dem Denken des Thomas so fremd, daß auch die schlimmsten Verdrehungen nicht in der Lage waren, sie in das historische Erbe des Thomismus eindringen zu lassen. Diese Worte haben gewiß einen gültigen Gehalt, nämlich auf einer gewissen empirischen Ebene, wo ihre pädagogische Anwendung legitim ist. Die Analyse der Kontemplation und deren menschlichen Organismus in der Gnade vermögen sie nicht zu tragen. Die Analyse, die Thomas gibt, verpflichtet selbstverständlich die sogenannten Schulrichtungen in der Lehre vom geistlichen Leben nicht wie ein Dogma. Sie stellen ein theologisches Wissen dar, dessen Wahrheitskriterien – selbst wenn sie von der Kirche als echt beglaubigten Erfahrungen entstammen – ihrem Eigengehalt als Verständnisbemühung um den Glauben zu entnehmen sind.

Nach dem Thomas überlagert das göttliche Leben nicht wie eine äußere Hinzufügung die Oberfläche unseres Bewußtseins. Es wird eingesenkt in die Wurzel unseres Seins, in der es sich hernach aufbaut gemäß den Gliederungen unserer Natur, selbst da, wo es diese ontologisch übersteigt. Wir möchten sagen, daß die Gnade in uns ist wie eine *(Über-)Natur*, das heißt wie das innerlichste Prinzip, das zuhöchst unser und zugleich ganz göttlich ist, von einer Dynamik, die uns fähig macht für die lebendige Einung mit Gott. Aus ihr gehen die Tugenden hervor, die uns organisch befähigen, in all unseren Betätigungen uns als Kinder Gottes zu verhalten, und vor allem die im eigentlichen Sinne göttlichen Lebenskräfte, wie sie jene Tugenden darstellen, die ebendeswegen «gotthaft» genannt werden: Glaube, Hoffnung, Liebe.

Der Glaube, haben wir gesagt, ist unter dem Drängen der Liebe und in der zielgerichteten Spannung der Hoffnung der eigentümliche Organismus der Kontemplation. Der Vollzug der Kontemplation, ob man ihn nun für sich oder in seiner Ausweitung als Lebensform nimmt, ist somit eine Art gesammelter Niederschlag des in Teilhabe besessenen göttlichen Lebens. Etwas ganz anderes also als eine metaphysische Erforschung Gottes, als eine Suche nach der Ursache und dem höchsten Grund der Welt! In diesem Bezug von Person zu Person, gegründet auf die evangelische Realität des Gottmenschen, einbezogen in seine in der Kirche sich fortsetzende menschliche Geschichte, realisiert und erfährt der kontemplative Mensch das Wort des heiligen Johannes: «Wer in der Liebe bleibt, der bleibt in Gott, und Gott in ihm» (1 Joh 4,16). Thomas fügt die in diesem wechselseitigen Sich-Anhangen einbegriffenen Elemente und Werte nicht nur psychologisch, sondern theologisch ineinander. In dieser In-Besitznahme des einen durch den anderen ist das liebevolle Berühren nicht nur ein äußerer Antrieb, der einen letztlich der Liebe fremden intellektuellen Akt mit Leidenschaft und Ergötzen umgibt; es wird vielmehr selbst verstehbar und zu einer Quelle des Verstehens durch die Vermittlung des geliebten Gegenstandes. Die Liebe bemächtigt sich gewiß ihres Objektes nur vermittels der Erkenntnis, sie ist nicht dieses selbst, sie wird nicht Erkenntnis. Aber das geliebte Objekt reflektiert sozusagen den Antrieb, der dazu drängt, es zu umarmen. So fließt die Liebe zurück in die Erkenntnis durch die Modalitäten, die sie dem Objekt der Erkenntnis verleiht, indem sie dieses der Person des kontemplativen Menschen angepaßter, proportionierter, geeinter macht. Die Liebe dringt in gewisser Weise in die kontemplative Schau ein, um sie intellektuell zu bereichern und für jeden möglichen Überstieg zu öffnen. Eine Liebe, die schaut! Eine Erfahrung, in der die Seele passiv ist an jener verborgenen Stelle, wo ihre höchste Aktivität entspringt! Sie verspürt die Verlockung von seiten des geliebten Wesens – hier von seiten des Unaussprechlichen –, und ihre Liebe antwortet darauf, indem sie in ihm über das hinaus, was sie intellektuell von ihm erfassen kann, den erkennt, dessen bloße Schau all ihr Sehen ohne Maß erfüllen kann. *Passio divinorum,* nach dem Wort des orientalischen Mystikers Dionysius, das Thomas freudig übernimmt!

In einer solchen Erfahrung wird der normale Rhythmus der «Tugend» des Glaubens, des Organs, durch das wir der menschlich formulierten göttlichen Wahrheit beipflichten, in gewisser Weise überstiegen. Das Zurückströmen dieser Liebe in die Erkenntnis, dieser Liebe, die in dem Maße ungesättigt ist, als sie noch nicht die ganze Wirklichkeit des Geliebten erfaßt hat, erhebt das Licht des Glaubens zu einem Ergreifen des Unaussprechlichen. Es ist ein innerliches Eindringen, das nicht auf jene Verbe-

*Die Jakobsleiter (14. Jh.)*

griflichung zurückgeführt werden kann, die das unvermeidliche Gesetz des Glaubens in seinem tugendgemäßen Vollzug bleibt. Es ist ein Ergreifen, das der Heilige Geist in wirkendem Bewegen in uns hervorruft – der Geist, der die personhafte Liebe im Leben Gottes ist –, und zwar nicht als eine Tätigkeit, die zu unserem Leben der Gnade hinzutritt, sondern gerade als die Vollendung der lebendigsten Bewegung in unserem Geiste, wie sie die Liebe dort erstlich weckt. Um dieser einzigartigen Betätigung im Gesamt der organischen Befähigungen unseres übernatürlichen Lebens einen Ort zuzuweisen, greift Thomas auf einen traditionellen Ausdruck aus der christlichen Sprache und Erfahrung zurück, der nicht ohne Fun-

*Die göttlichen Tugenden: Der Glaube*

*Die Liebe (Skulpturen von Orcagna, am Tabernakel von Or San Michele, Florenz)*

*Die Hoffnung*

dament in der biblischen Sprache ist: auf den Ausdruck «Gabe» des Heiligen Geistes. Die früheren Theologen verlegten diese Gaben in verschiedener Weise und mehr oder weniger glücklich in die spirituellen Kategorien. Thomas gibt ihnen mit ihrer Einordnung auch ihren eigentümlichen Sinn auf dem Höhepunkt des göttlichen Organismus der Gnade. Sie sind eine Kraft, deren Ursprung und Wesensbeschaffenheit wir dem Liebes-Geist zusprechen. «Gabe», weil es sich im ausgezeichneten Sinne um eine «gnadenhafte» Gnade handelt wie das unberechenbare Entspringen wechselseitiger Liebe. Und dennoch ist es eine Kraft, die dem Menschen organisch als *seine* Kraft eignet und die nicht wie von ungefähr auf ihn zukommt in einem vorübergehenden Wirbelsturm, in dem ich Halt und Kontrolle verlieren müßte. Diese Gaben – deren vielfältige Kundgaben psychologisch umschrieben und eingeordnet werden in die allgemein angenommene Siebenzahl – bilden einen normalen und integrierenden Bestandteil meines Organismus; in ihm spielen ohne Bedrohung seiner Einheit gewissermaßen zwei Klaviaturen der Betätigung. Glaube, Hoffnung, Liebe bleiben beherrschend, indem sie die Vereinigung mit Gott gerade dann verwirklichen, wenn die Antriebe des Heiligen Geistes die «Steifheit» ihrer Tugendstruktur geschmeidig machen und rationale Verhaltensweisen übersteigen, mit denen sich die Liebe nicht zufrieden gibt und deren Gefangener der Heilige Geist nicht bleiben kann. Die Freiheit des Geistes: unter der Analyse des Theologen scheinen hier nicht nur die persönliche Erfahrung, sondern auch die Texte des Evangeliums und des heiligen Paulus durch, die in einer pfingstlichen Atmosphäre das normale Übersteigen der Ordnung der Gebote und der Enge der auf sie bezogenen bloßen Tugend feiern.

Seltsame Beziehung: Thomas greift wieder einmal auf Aristoteles zurück, um die Infrastruktur der Gaben des Heiligen Geistes bloßzulegen. Denn der Philosoph hatte schon den Fall jener «vom Glück gesegneten» Menschen beobachtet, die Erfolg haben ohne Mitwirkung der Vernunft, und wäre sie selbst von der Tugend geleitet; sie sind vielmehr nur einem glücklichen Instinkt gefolgt, der bis in ihre Physiologie hinein in sie eingesenkt ist. Ein seltsamer Bruch, beobachtet dieser rationalistische Moralphilosoph! Die Gebrechlichkeit der Vernunft verbindet sich mit einem Aufbruch der Kraft aus dem Urgrund der Bewegungen der Seele. Ein göttlicher Instinkt! sagt er, ohne im übrigen damit auch nur irgendwie eine theologische Transzendenz zu meinen. Thomas bemächtigt sich in glücklicher Weise dieses Gedankens des Heiden, um die übernatürlichen Quellgründe der Gaben des Heiligen Geistes noch über die rationalen Bedingungen unseres Tätigseins hinaus in der Natur selbst zu begründen. Um die Eigenart dieser Gaben zu verdeutlichen, hat man inzwischen oft den Vergleich mit dem Schiffer angewandt, der sein Segel ausspannt, wo der Wind sich drin verfangen kann, während der tugendhafte Ruderer sich an sein vorausberechnetes und mühevolles Unterfangen halten muß. Wer sieht nicht den anregenden Wert, aber auch die Grenzen des Vergleichs, während die aristotelische Analyse des Thomas uns die Natur des Menschen selbst, wie sie unter der Gnade steht, verständlich macht! Es ist ein wunderbarer Fall einer Theologie, die von gewissen, auf dem Standpunkt der Bildersprache stehengebliebenen Theologen des Naturalismus beschuldigt wird.

Unter dem Druck allgemein-menschlicher und kirchlicher Situationen, unter der Wirkung einer über Mensch und Gnade anders denkenden Theologie, infolge einer nahezu krankhaften Furcht vor mystischen Mehrdeutigkeiten, infolge eines Ressentiments gegen die protestantische Innerlichkeit, haben einige Jahrhunderte lang fast allgemein spirituelle Anschauungen den Vorrang gehabt, die diese Architektur Thomas' nicht beachteten und die göttlich-menschlichen Quellgründe der Gnade völlig anders aufteilten. Aszetik und Mystik, erworbene und «eingegossene» (d. h. rein gnadenhaft geschenkte) Kontemplation, ordentliche und außerordentliche Gnade: diese durch die Diskussion überhitzten Kategorien sind, wie wir gesagt haben, nicht ohne einen empirischen Nutzen, um die «Gnaden des Gebetes» zu beschreiben. Aber sie verhüllen die tiefe Sicht und zugleich den evangelischen Zug der Theologie des Thomas.

# Objektive Spiritualität

Man wird ohne Zweifel nicht zögern, dieses spirituelle Ganze, innerhalb dessen die Kontemplation – als Vorspiel der seligen Schau – in ihrer verborgenen Tiefe das Geheimnis der Vereinigung mit Gott verwirklicht und zum Ausdruck bringt, als «innerliches Leben» zu kennzeichnen. Und gewiß kann man nicht besser als durch diese hohe Konzeption vom Organismus der Gnade Rechenschaft ablegen von der absoluten Innerlichkeit der Gegenwart Gottes. *Intimior intimo meo* (innerlicher als mein Innerstes): dieses Wort des Augustinus paßt in hervorragender Weise zur Erfahrung und Theologie des Thomas, für den die mystische Passivität in Wahrheit die höchste Aktivität des Geistes ist, sobald die Tätigkeit Gottes nicht begriffen wird als eine von außen an meine persönliche Tat herangetragene Mitwirkung, sondern als eine Anwesenheit seiner Schöpferkraft, die in die Wurzel meines Seins sich einsenkt und ontologische Quelle meiner Freiheit unter der Gnade ist.

Der Ausdruck «innerliches Leben» ist indessen nicht ohne einen gewissen mehrsinnigen Klang, und seine Geschichte zeigt eine erhebliche Verschiebung der ursprünglichen Gewichtsverteilung in Lehre und Spiritualität, wie er ja auch der gängigen Sprache des Thomas fremd ist. Wenn es in seiner Lehre einen entscheidenden Zug gibt, dann ist es der Vorrang, der gerade in der Analyse der psychologischen Strukturen der Betrachtung der in Frage stehenden *Gegenstände* zuerkannt wird zum Zwecke einer Ordnung der Vermögen der Seele und einer Definition ihrer Tugenden. Nicht die vollbrachte Anstrengung, nicht der Verzicht, nicht die gefühlsmäßige Erregung, nicht die inneren Zustände sind Regel und höchster Wert des geistlichen Lebens, sondern vielmehr die positive Bindung an die Realitäten, in denen der Mensch sein Gutsein findet und auf die hin

*Die Einsprechung des Heiligen Geistes, traditionsgemäß dargestellt durch die Taube am Ohr. Gemälde von Hans Pleydenwurff (1472). Germanisches Museum, Nürnberg*

die Tugend ihn ausrichtet. Das psychologische Bewußtsein mit seinen Gefühlen und seiner Innenschau bleibt ein zweitrangiges Phänomen. Mehr noch, weder die Gnade noch die Gegenwart Gottes fallen unter die Wahrnehmungen dieses Bewußtseins, und selbst die Erfahrung der Gaben des Heiligen Geistes ist nicht wesentlich gebunden an ein besonderes psychisches Phänomen.

Die Beschreibungen, die uns die großen geistlichen Meister des 16. Jahrhunderts über ihre Erfahrungen hinterlassen haben, sind ein bewundernswürdiges theologisches Material. Sie dürfen uns dennoch nicht verführen, in einen Psychologismus abzugleiten, in dem die Tugend sich bemißt nach der Willensanstrengung und der Schwierigkeit, in dem die Beschaffenheit der Handlung auf dem Gebot gründet, in dem das Gewissen seine «Probabilitäten» (mit Wahrscheinlichkeit richtige Lösung der aus einer konkreten moraltheologischen Situation sich ergebenden Frage) ausrechnet, wo die Ordnung der Gemeinschaft auf Dekreten aufruht, wo der Glaube sich zuerst als ein Gehorsam darstellt, wo die Liebe sich bemißt nach den Verdiensten. Gewiß, die Übung einer Reihe von Tugenden, so etwa derjenigen, die der Zucht und dem Maß (*temperantia*) und der Tapferkeit (*fortitudo*) zugehören, gilt dem Gutsein des Subjektes. Indem der tugendhafte Mensch sie pflegt, um sein Leidenschaftsleben zu meistern, nimmt er sich selbst zum Objekt in dem Bestreben, «gut und schön» zu sein. Aber das ist nur die Vorbereitung für ein höheres Unterfangen. Man darf sich auf keinen Fall mit dieser subjektiven Hochwertigkeit zufriedengeben, sondern muß sich dadurch die Freiheit sichern, den Gegenständen zugewandt zu sein, die, indem sie den Menschen übersteigen, die Kraft haben, ihn zu ihrem Maß zu erheben.

Das gilt in hervorragender Weise für die göttlichen Tugenden. Gott wird unser «Gegenstand», sofern man dieses Wort benutzen kann, um ein Wesen zu bezeichnen, das kein Gegenstand sein kann, der einem anderen – dem Geschöpf – gegenübergestellt wäre. Aber wir verstehen uns, denn alles, was wir über das gotterfüllte Leben gesagt haben, die Theologie eingeschlossen, wäre zunichte, wenn seine Kräfte nicht von Anfang an einen objektiv geprägten Charakterzug trügen. Sei es in der Bindung an das Wort Gottes, sei es in der Gewißheit seines Heilsplanes, sei es in dem liebevollen Wohlgefallen an seiner in Teilhabe besessenen Glückseligkeit, sei es in der gottgewirkten Bruderschaft der Menschen: die innere Sammlung ist gewiß die Grundbedingung in einem langen Streben der Seele nach sittlicher Vollendung, aber Vollendung und Sammlung sind bestimmt durch die göttlichen Objekte, mit denen die Seele in Verbindung getreten ist.

Dieser Objektivismus zeigt sich in sinnfälliger Weise in der menschlichen Ausgeglichenheit des Kontemplativen selbst, der, würde er sich auf sein «innerliches Leben» konzentrieren, in der Versuchung stünde, die Tugenden, die sich auf die äußeren Tätigkeiten richten, unter dem Schein, seine Ruhe und seinen Frieden zu sichern, zu unterschätzen. Er vergäße in seiner Einsamkeit nicht nur das ungeduldige Verlangen nach dem Heil der Welt, sondern die menschliche Befindlichkeit selbst, die man nur in der Gemeinschaft begreifen und realisieren kann, das heißt in der lebendigen Umwelt, in der das geordnete Kräftespiel durch ein Gefüge von Tugenden gesichert wird, die zusammengefaßt sind unter dem Namen der Gerechtigkeit. Es geht um das Gemeingut, das, wie Thomas sagt, «göttlicher» ist als die individuelle Vollendung. Nun verfügt aber dessen Vorrang nicht nur die Einzelgüter in das Gut der Gemeinschaft, sondern erfordert objektiv und streng Verhaltensweisen, die mit guten Absichten noch nicht erfüllt und mit zwischenmenschlichem guten Willen noch nicht legitimiert sind. Die Gerechtigkeit, die politische nicht ausgenommen, gibt der brüderlichen Liebe ihre notwendigen Dimensionen, die auch der hochherzigste Eifer nicht entdecken könnte.

Der bezeichnendste Fall ist der des Gehorsams, der Kardinaltugend jeder menschlichen Gemeinschaft. Gewisse geistliche Lehrer behandeln ihn in ihrem Psychologismus als eine aszetische Tugend, die ihren Wert gewinnt und ihre Regel findet in der Unterwerfung des Subjektes selbst zum Zwecke einer eben darin gesicherten Vollkommenheit. Für Thomas gehört zum Gehorsam sicherlich Unterwerfung. Aber diese Unterwerfung ist nur begründet und hat nur Wert, sofern sie ein Gemeingut verwirklicht, dem über die individuelle Vervollkommnung hinaus die hierarchische Organisation der menschlichen Gruppen zu dienen hat. Die Stellung des Untergebenen ist nicht als solche Gegenstand des Wohlgefallens, sondern der Dienst am Gemeingut, den sie sichert und dem der Wille des Vorgesetzten ebenso unterworfen ist. Es ist dieses Gemeingut, das meine Tugend objektiv begründet und erleuchtet, und nicht meine subjektive Beziehung zu dem Inhaber der Macht. Die Sorge um das richtige und wahre Urteil bleibt unverkürzt, und das Urteil meines Vorgesetzten ersetzt sie nicht, gerade nicht in dem Augenblick, wo sich mein Wille in tugendgemäßem Gehorsam bereitwillig und freudig dem Befehl beugt, den ich erhalte. Weder bei der Liebe noch bei der Gerechtigkeit noch beim Gehorsam liegt die Vollendung in der zwischenmenschlichen Beziehung oder in der Aufrichtigkeit. Der Gegenstand ist beherrschend, und das um so mehr, wenn Gott in der Freiheit des Heiligen Geistes das Maß meines Lebens geworden ist.

Als man Aristoteles fragte, wo er das alles gelernt habe, antwortete er: Von den Dingen, die nicht lügen können.[19]


## Der Kontemplative im Universum

Die Traditionsquelle dieser objektiven Spiritualität ist bei Thomas nicht nur der moralphilosophische Intellektualismus des Aristoteles, sondern die christliche Schau der Welt, wie sie ihm die griechischen Väter vermittelten, besonders Dionysius, der Meister einer Mystik, in der die objektive Dialektik der Kontemplation noch nicht zur entfalteten Mitteilung einer inneren Erfahrung führte.

Der Mensch nimmt hier Teil an der Natur. Er selbst hat eine Natur, deren tieferes Wesen in seinen Streberichtungen und Strukturen konstruiert ist durch ihren Charakter als Ebenbild Gottes, das in der Freiheit, die ihrerseits das entscheidende Element dieses Ebenbildes ist, zur Selbstbestimmung gelangt ist. Das Gesetz seines Fortschritts ist zunächst nicht eine Willensentscheidung, sondern der objektive Ausdruck einer Rückkehr «zur Liebe, der Wohltäterin der Seienden; da sie selbst unendlich im Guten vorausbesteht, wollte diese Liebe nicht, daß das Gute unfruchtbar bleibe, und sie hat es angetrieben, gemäß der unbegrenzten Wirksamkeit seiner zeugenden Kraft tätig zu sein».[20] Die Vereinigung mit Gott ist somit nicht der einfache psychologische Effekt unserer unter der Gnade vollbrachten Anstrengungen. Sondern diese Aszese ist der Weg, um eine ontologische Ordnung zu realisieren, die dann freilich erstellt wird durch eine vergöttlichende Erhebung. Ihr Ort in einer aus Gott geborenen und zu ihm heimkehrenden Natur ist die Kontemplation.

Man erkennt hier die berühmte kosmische Schau, das grandiose Thema aller Platonismen, das Thomas sich von seinem ersten Werk an zu eigen macht. Freilich ist ihm dort, wo er die «Sentenzen» des Petrus Lombardus kommentiert, die augustinische Theologie der psychologischen und geschichtlichen «Befindlichkeiten» (*status*) des Menschen vorgegeben. Bekanntlich sind in seiner *Summa* Prinzip seines Vorgehens und Plan seiner Synthese ausdrücklich der dionysianischen Theologie entnommen, so weit, daß das historische Faktum der Menschwerdung gewissen Theolo-

*Eine Natur im Ausgang von Gott und auf der Rückkehr zu ihm ...*

gen nicht mehr zu sein scheint als eine äußere Hinzufügung, eine Deutung, der freilich das evangelische Denken des Theologen aus dem Predigerorden nicht zustimmen würde. Über dieses platonische Thema ist er sich im übrigen einig mit Bonaventura, seinem Gesinnungsgenossen im evangelischen Anliegen und seinem Kollegen an der Universität, dessen «Itinerarium mentis» selbst bei seinen augustinischen Analysen eingeflochten ist in das Gewebe des dionysischen Universums.

Erst innerhalb dieser kosmischen Schau erhalten die Moral ihren Ort und die Gesetze ihrer Aszese Berechtigung. Die sittlichen Akte, in freier Wahl vollzogen, sind in gewisser Weise Naturereignisse wie so und so viele andere «Schritte» auf diesem Aufstieg. Die Freiheit ist gegründet auf dieser geheiligten Hierarchie des Kosmos. Die Liebe ist zuerst die physische Realität einer Einungskraft. Die Freude ist die normale und wohltuende Besiegelung jedes Tugendaktes. Der Ausgangspunkt jeder Erkenntnis ist nicht ein Rückzug auf sich selbst und auf die eigene Innerlichkeit, sondern eine Bindung an das Sein, das mir gegenübersteht. Der Gehorsam ist der Ausdruck, der diese Ordnung des Universums offenbart. Selbst der Tod, diese scheinbare Niederlage, wird, ohne etwas von seinem Charakter als Straffolge der Sünde zu verlieren, durch diese Natur des Menschen erklärt, die das Bindeglied zwischen Stoff und Geist darstellt.

Wir werden dieses Universum des Thomas noch näher zu beschreiben haben. Hier wollen wir nur im Gegensatz zu der einseitigen Blickrichtung auf das sich selbst entwerfende Subjekt den kosmischen Objektivismus einer menschlichen Vollendung betonen, die kontemplativ Gott zugewandt und in der ER auf «höchst göttliche Weise» (*divinissime*, sagt Thomas mit Dionysius) gegenwärtig ist. Es ist die wunderbare Freigebigkeit eines hochherzigen Gottes, der um so besser die Allmacht seiner «Weltregierung» erweist, wenn er seinem Geschöpf eine wahre und autonome Wirksamkeit verleiht. Ekstase: nach dem etymologischen Sinn, den Dionysius dem Wort erhält, ist sie weit entfernt von dem psychologischen «Wunder» der Modernen. Sie ist der eigentümliche Akt jener Kontemplation, in der *theoria* und *praxis* sich einen, und zwar ganz anders als durch seelische Abschirmungen oder «Vorsätze», wie man sie aus Exerzitien mitnimmt. Sie ist ein Tun, welches das gerade Gegenteil jener Verirrung ist, die ein falscher Spiritualismus überhaupt nicht vermeiden kann.

# Texte

## Das Neue Gesetz – Buchstabe und Geist

*Ist das Neue Gesetz ein geschriebenes Gesetz? – Ein jegliches Ding scheint das zu sein, was in ihm das Vorzüglichste ist (Aristoteles). Das Vorzüglichste aber im Gesetz des Neuen Bundes, das, was seine ganze Kraft ausmacht, ist die Gnade des Heiligen Geistes, die durch den Glauben an Christus verliehen wird. Und so ist das Neue Gesetz hauptsächlich des Heiligen Geistes Gnade selbst, die den Christgläubigen gegeben wird. Das spricht der Apostel offensichtlich Röm 3, 27 aus ... Er nennt dort nämlich die Gnade des Glaubens «Gesetz». Noch ausdrücklicher heißt es Röm 8, 2: «Das Gesetz des Geistes des Lebens hat mich in Christus Jesus vom Gesetz der Sünde und des Todes befreit.» Daher sagt auch Augustinus im ‹Buch vom Geist und Buchstaben›: ... «Was sind die Gesetze Gottes, die Gott selbst in die Herzen geschrieben hat, wenn nicht die Gegenwart des Heiligen Geistes selbst?»* (Liber de Spiritu et Littera, 21). *Das Neue Gesetz hat aber auch einiges, was auf die Gnade des Heiligen Geistes vorbereitet, und einiges, was zum Auswirken dieser Gnade gehört. Das sind gleichsam die zweitrangigen Dinge im Neuen Gesetz. Über sie müssen die Gläubigen in Wort und Schrift belehrt werden, sowohl in bezug auf das, was sie glauben, als auch in bezug auf das, was sie tun sollen.*

*... Macht das Neue Gesetz gerecht? – Zum Gesetz des Evangeliums gehört zweierlei, und zwar eines hauptsächlich: die innerlich gegebene Gnade des Heiligen Geistes. In bezug hierauf macht das Neue Gesetz gerecht ... Etwas anderes gehört zum Gesetz des Evangeliums in zweiter Linie: die Glaubensurkunden und die Gebote, die das menschliche Streben und Tun ordnen. In bezug hierauf macht das Neue Gesetz nicht gerecht. Daher sagt der Apostel 2 Kor 3,6: «Der Buchstabe tötet, der Geist aber macht lebendig», und Augustinus erklärt, unter ‹Buchstabe› sei jede außerhalb des Menschen bestehende Schrift zu verstehen, auch die im Evangelium enthaltenen sittlichen Vorschriften. Daher würde auch der Buchstabe des Evangeliums töten, wenn nicht innerlich die heilende Glaubensgnade zugegen wäre.* Summa Theologiae, I–II 106, 1 und 2 (Bd. 14).

## Einende Liebe

*Es gibt eine doppelte Einung des Liebenden mit dem Geliebten. Eine äußere, wenn nämlich der Geliebte dem Liebenden gegenwärtig ist. – Dann eine innere, dem Verlangen nach. Diese Einung ist zu beurteilen nach der voraufgehenden Wahrnehmung: Die Regung des Strebens folgt nämlich auf die Erkenntnis.*

*Es gibt aber eine doppelte Form der Liebe, nämlich die des Begehrens und die der Freundschaft. Jede von beiden entspringt der Wahrnehmung einer Einheit zwischen dem Geliebten und Liebenden. Liebt nämlich jemand als Begehrender etwas, dann nimmt er das wahr als zu seinem Wohlsein gehörend. Ebenso wenn jemand einen liebt mit der Liebe der Freundschaft, will er ihm Gutes, wie er auch sich Gutes will. Mithin erfaßt er ihn als sein anderes Ich, sofern er ihm Gutes will wie auch sich selbst. Daher kommt es, daß der Freund das zweite Ich genannt wird. Und Augustinus sagt in seinen Bekenntnissen: «Gut hat einer von seinem Freunde gesagt, er sei die Hälfte seiner Seele»* (Confessiones 4, 6).

*Die erste Einung bewirkt die Liebe also wirkursächlich. Sie treibt den Liebenden zur Sehnsucht und zum Bemühen um die Gegenwart des Geliebten als eines zu ihm Passenden und zu ihm Gehörenden. Die zweite*

*So kann die Sonne aus sich selbst leuchten, nicht aber
der Mond ... (Imago mundi, 13. Jh.)*

*Einung verursacht die Liebe wesenhaft; denn die Liebe selbst ist diese Ei-
nung oder dieses Band. Deshalb sagt Augustinus, die Liebe sei «ein Leben,
das zwei miteinander verbindet oder zu verbinden strebt, nämlich den Liebenden und das, was geliebt wird» (De Trinitate 8, 10). Wenn er sagt «verbindet», dann bezieht sich das auf die Einung im Verlangen, ohne die es
keine Liebe gibt. Wenn er dagegen sagt «zu verbinden strebt», so bezieht
sich das auf die äußere Einung.*

*... Das gegenseitige Ineinander (der Liebenden) kann verstanden wer-*

*den sowohl im Hinblick auf die Wahrnehmungskraft als auch im Hinblick auf die Strebekraft.*

*Denn im Hinblick auf die Wahrnehmungskraft heißt es, das Geliebte sei im Liebenden, sofern das Geliebte im Erkennen des Liebenden weilt: nach Phil 1, 7: «...deswegen, weil ich euch im Herzen trage». – Vom Liebenden aber heißt es, er verweile durch Erkennen im Geliebten, sofern der Liebende nicht mit einer oberflächlichen Kenntnis des Geliebten zufrieden, sondern darauf bedacht ist, das Einzelne, das zum Geliebten gehört, bis ins Innerste zu durchforschen, und so tritt er in sein Inneres ein. Wie es vom Heiligen Geiste heißt, der die Liebe Gottes ist, daß Er «auch die Tiefen Gottes erforscht» (1 Kor 2, 10).*

*Bezüglich der Strebekraft aber heißt es, das Geliebte sei im Liebenden, sofern es durch ein gewisses Wohlgefallen in seinem Verlangen lebt, so daß er sich entweder an ihm selbst, oder seinen Gütern bei deren Gegenwart erfreuen mag; oder daß er in seiner Abwesenheit in Sehnsucht nach dem Geliebten selbst verlange in der Liebe des Begehrens, oder nach den Gütern, die er für den Geliebten will, in der Liebe der Freundschaft. Und zwar geschieht das nicht aus einer äußeren Ursache, wie wenn einer wegen eines anderen etwas ersehnt, oder wenn jemand einem anderen Gutes will wegen etwas anderem, sondern wegen des innerlich verwurzelten Wohlgefallens am Geliebten. Deshalb nennt man die Liebe auch «innig», und man spricht vom «Herzen der Liebe». – Umgekehrt aber lebt der Liebende im Geliebten, und zwar anders durch die Liebe des Begehrens als durch die Liebe der Freundschaft. Denn die Liebe des Begehrens kommt nicht bei einem beliebigen äußeren oder oberflächlichen Erreichen und Genießen des Geliebten zur Ruhe, sondern sie sucht das Geliebte vollkommen zu besitzen, indem sie gewissermaßen bis zu seinem Innersten vordringt. In der Freundesliebe dagegen ist der Liebende im Geliebten, sofern er die Güter oder die Übel des Freundes als seine eigenen betrachtet und den Willen des Freundes als seinen eigenen, so daß in seinem Freunde gewissermaßen er selbst Gutes oder Übles zu erleiden oder zu erfahren scheint. Deshalb ist bei Freunden dies eigentümlich, nämlich «dasselbe zu wollen und im selben sich zu betrüben und zu erfreuen» (Aristoteles, Ethik 9, 4; Rhetorik 2, 4). So daß auf diese Weise, sofern einer die Angelegenheiten des Freundes als seine eigenen betrachtet, der Liebende im Geliebten zu sein scheint, als wäre er gewissermaßen eins geworden mit dem Geliebten. Sofern aber einer umgekehrt des Freundes wegen will und handelt wie seiner selbst wegen, gewissermaßen den Freund für dasselbe haltend wie sich, so ist das Geliebte im Liebenden.* Summa Theologiae, I–II 28, 1 und 2 (Bd. 10).

## Die Gaben des Heiligen Geistes

*Unterscheiden sich die Gaben des Heiligen Geistes von den Tugenden? – ... Die menschlichen Tugenden vollenden den Menschen nur, insofern der Mensch darauf eingestellt ist, in dem, was er innerlich und äußerlich tut, sich von der Vernunft leiten zu lassen. Also muß es im Menschen höhere Vollkommenheiten geben, die ihn darauf vorbereiten, von Gott her bewegt zu werden. Und diese Vollkommenheiten werden Gaben genannt, nicht nur weil sie von Gott eingegossen werden, sondern weil der Mensch durch sie darauf ausgerichtet wird, sich leicht durch göttliche Eingebung bewegen zu lassen ...*

*... Die Gaben sind also gewisse Vollkommenheiten des Menschen, durch die der Mensch darauf ausgerichtet wird, dem göttlichen Antriebe gut zu folgen. Darum ist in den Bereichen, in denen der Antrieb von seiten der Vernunft nicht genügt, sondern ein Antrieb von seiten des Heiligen Geistes notwendig ist, folgerichtig eine Gabe notwendig.*

*Die Vernunft des Menschen aber wird von Gott in doppelter Weise vervollkommnet. Und zwar erstens durch eine natürliche Vollkommenheit, nämlich entsprechend dem natürlichen Licht der Vernunft. Auf die andere Weise durch eine übernatürliche Vollkommenheit auf Grund der göttlichen Tugenden. Und obwohl diese zweite Vollkommenheit höher steht als die erste, ist die erste doch auf vollkommenere Weise im Besitz des Menschen als die zweite; die erste ist nämlich im Besitz des Menschen gleichsam als vollkommenes Eigentum, die zweite dagegen gleichsam nur als unvollkommenes Eigentum; nur unvollkommen nämlich lieben und erkennen wir Gott. Offensichtlich aber kann jedes Ding, das eine Natur, Form oder Kraft vollkommen besitzt, durch sie aus sich selbst tätig sein, ohne jedoch die Tätigkeit Gottes auszuschließen, der in jeder Natur und in jedem Willen innerlich wirkt. Was aber eine Natur, Form oder Kraft unvollkommen besitzt, kann nur durch sich selbst tätig sein, wenn es von einem anderen bewegt wird. So kann die Sonne durch sich selbst erleuchten, weil sie vollkommen licht ist. Der Mond aber, in dem sich die Natur des Lichtes auf unvollkommene Weise findet, erleuchtet nur, wenn er selbst erleuchtet ist. Auch der Arzt, der die Heilkunst vollkommen beherrscht, kann sie durch sich selbst ausüben. Sein Schüler dagegen, der noch nicht voll unterrichtet ist, kann sie nur dann durch sich selbst ausüben, wenn er von ihm angeleitet wird.*

*So kann der Mensch in bezug auf das, was der menschlichen Vernunft untersteht, nämlich in bezug auf das naturgleiche Ziel des Menschen, auf Grund des Vernunfturteiles tätig sein. Sollte der Mensch jedoch auch darin von Gott durch besonderen Antrieb unterstützt werden, dann kommt das von seiner überschwenglichen Güte. Darum hatte nach der Meinung der Philosophen nicht jeder, der die erworbenen sittlichen Tugenden besaß, auch die heldenhaften oder göttlichen Tugenden.*

*In Hinordnung auf das letzte übernatürliche Ziel aber, zu dem die Vernunft hinbewegt, sofern sie in etwa und unvollkommen durch die göttlichen Tugenden geformt ist, reicht die Bewegung der Vernunft nur aus, wenn ihr von oben her Antrieb und Bewegung des Heiligen Geistes zur Seite stehen, nach Röm 8, 14.17: «Die sich vom Geiste Gottes leiten lassen, sind Söhne Gottes; und wenn Söhne, dann auch Erben.» ... Und darum ist es zur Erreichung jenes Zieles für den Menschen notwendig, die Gabe des Heiligen Geistes zu besitzen.* Summa Theologiae, I–II 68,1 und 2 (Bd. 11).

## Die Freiheit des kontemplativen Menschen

*[Ist es Sache des tätigen Lebens, über das kontemplative zu verfügen und zu befehlen? Nein!]*
*Das kontemplative Leben besteht in einer gewissen Freiheit des Geistes. Gregor sagt nämlich, das kontemplative Leben «geht über in eine gewisse Freiheit des Geistgrundes, indem es nicht das Zeitliche erwägt, sondern das Ewige» (3. Homilie zu Ezechiel). Und Boethius sagt: «Es ist notwendig, daß die menschlichen Seelen in größerer Freiheit sind, wenn sie sich in der Betrachtung des göttlichen Geistes bewahren, weniger jedoch, wenn sie zum Körperlichen hinabsinken» (De consolatione philosophiae, prosa 3). Hieraus geht hervor, daß das tätige Leben dem kontemplativen Leben nicht unmittelbar Weisung gibt, vielmehr schreibt es einige Werke des tätigen Lebens vor, indem es für das kontemplative Leben vorbereitet; darin dient es eher dem kontemplativen Leben, als daß es darüber herrscht. Und das meint Gregor: «Das tätige Leben heißt Knechtschaft, das kontemplative aber Freiheit» (a. a. O.).*
*Summa Theologiae,* II–II 182, 1 Zu 2 (Bd. 23).

## Der Hervorgang der göttlichen Liebe

*Text aus Dionysius:* «[Die Liebe] selbst ist die Ursache von allem. Durch das Übermaß ihrer Güte liebt sie alles, bewirkt sie alles, vollendet sie alles, hält sie alles zusammen, bekehrt sie alles [zu sich hin]. Sie ist die göttliche, gute Liebe aus dem Guten und wegen des Guten. Die Liebe ist nämlich die Wohltäterin der Seienden; da sie selbst unendlich im Guten vorausbesteht, wollte sie nicht, daß das Gute unfruchtbar bleibe, und sie hat es angetrieben, gemäß der unbegrenzten Wirksamkeit seiner alles zeugenden Kraft tätig zu sein.»
*Traktat Über die Göttlichen Namen (De Divinis Nominibus),* Kap. 4, § 10 (Text in der Marietti-Ausgabe des Thomas-Kommentars, Nr. 159).

*Kommentar des Thomas: [Dionysius] zeigt hier, wie Gott liebt ... Gott, der die Ursache von allem ist, liebt alles wegen des Übermaßes seiner Güte. Und aus Liebe bewirkt er alles, indem er allem das Sein verleiht. Er vollendet alles, indem er jedes einzelne Ding mit seinen eigentümlichen Vollkommenheiten ausstattet. Er hält alles zusammen, indem er alles im Sein erhält. Er bekehrt alles, d. h. er ordnet alles auf sich als Ziel hin. Und so können wir sagen: Die göttliche Liebe ist gut, sie ist aus dem Guten, d. h. aus Gott als dem Liebenden, und sie ist wegen des Guten als wegen ihres Gegenstandes. Gott nämlich liebt nichts außer wegen seiner Gutheit.*
*Um das Gesagte zu erklären, fügt [Dionysius] hinzu: Die Liebe, mit der Gott die Seienden liebt, bewirkt deren Gutheit. Und deshalb nennt er sie das Gute selbst, weil sie ursächlich im Guten, das heißt in Gott, vorausbesteht, und zwar im Übermaß, so wie ja alle Vollkommenheit, die sich in den Geschöpfen findet, in höherer Weise in Gott ist, weshalb er gesagt hatte, die*

*göttliche Liebe sei aus dem Guten. Diese Göttliche Liebe, sage ich, ver-*
*mochte nicht in sich selbst und unfruchtbar zu bleiben, ohne Hervorbrin-*
*gung von Geschöpfen, sondern die Liebe hat Gott angetrieben, gemäß sei-*
*ner überragenden Wirkweise tätig zu sein, indem er alles ins Sein hervor-*
*brachte. Aus der Liebe zu seiner Gutheit nämlich kam es dahin, daß er*
*seine Gutheit so weit wie möglich in andere verströmen und anderen mittei-*
*len wollte, das heißt auf die Weise einer Ähnlichkeit, so daß seine Gutheit*
*nicht nur in ihm selbst bleibe, sondern überfließe in andere.*

> *In De Divinis Nominibus expositio,* Kap. 4, lectio 9
> (Marietti-Ausgabe Nr. 409).

## Antrittsvorlesung des Thomas

(über das Thema: «Rigans montes de superioribus suis: de fructu operum
tuorum satiabitur terra», Ps 103, 2)

Man hat vor noch nicht langer Zeit die Antrittsvorlesung wiedergefunden
und veröffentlicht, die Thomas bei seiner Erhebung zur Magisterwürde
an der theologischen Fakultät der Universität Paris 1256 gehalten hat
(vgl. oben S. 27). Es sind schematische Notizen zu einer Festrede, nach
dem Zeitgeschmack als allegorische Entfaltung eines Textes aufgebaut,
hier eines Psalmverses (Ps 104 [103], 13): «Du tränkst aus den Söllern da
droben die Berge; von deiner Werke Frucht wird die Erde satt.» Hier die
(gekürzte) Übersetzung:

*Der König und Herr der Himmel hat von Ewigkeit her ein Gesetz aufge-*
*stellt, wonach die Gaben seiner Vorsehung an die niedersten Wesen durch*
*solche gelangen sollten, die in der Mitte [zwischen Gott und jenen nieder-*
*sten Wesen] stehen.*

*Dieses Gesetz gilt nicht nur für die geistigen, sondern auch für die kör-*
*perlichen Wesen. Deshalb zeigt uns der Herr in dem vorgenannten Psalm-*
*wort dieses Gesetz, das bei der Mitteilung geistiger Weisheit wirksam wird,*
*unter einem Vergleich mit körperlichen Dingen. Wir sehen nämlich mit den*
*Sinnen, wie die Wolken aus der Höhe den Regen herabströmen lassen, die*
*Berge, dadurch befeuchtet, Flüsse aus sich entlassen, durch die wiederum*
*das Land getränkt und befruchtet wird. Ähnlich wird aus der Höhe der*
*göttlichen Weisheit der Geist der Lehrer, deren Bild die Berge sind, ge-*
*tränkt, und durch ihren Dienst wird hernach das Licht der göttlichen Weis-*
*heit in den Geist der Zuhörer geleitet. [Im einzelnen:]*

1. *Hoheit der Lehre. Diese wird bezeichnet in den Worten* De superioribus suis *(aus den Söllern da droben). Diese Hoheit rührt zunächst her vom*
*Ursprung dieser Lehre, nämlich dem «Worte Gottes in der Höhe» (Jak 3,*
*15). Sie ergibt sich ferner aus der Schwierigkeit des Gegenstandes. Es gibt*
*nämlich gewisse hohe Wahrheiten der göttlichen Weisheit, zu denen alle,*
*wenn auch unvollkommen, hinfinden können. Andere jedoch sind so*
*hoch, daß nur der Geist der Weisen dahin fand, geführt allein von ihrer*
*Vernunft. Und es gibt höchste Wahrheiten, die alle menschliche Vernunft*
*übersteigen; diese haben uns die heiligen Lehrer, vom Heiligen Geiste be-*
*lehrt, in den Worten der Heiligen Schrift überliefert. Und schließlich ergibt*

*sich die Hoheit dieser Lehre aus der Erhabenheit des Zieles, nämlich des
ewigen Lebens.*

2. *Aus der Hoheit dieser Lehre folgt die* Würde der Lehrer, *die durch die
Berge versinnbildet werden bei den Worten* Rigans montes *(Du tränkst die
Berge). Und dies zunächst wegen ihrer Höhe. Die Berge sind von der Erde
erhoben und dem Himmel nahe; so sind die Lehrer der heiligen Lehre den
himmlischen Dingen zugewendet. Dann ferner wegen der Helligkeit; die
Berge werden zuerst von den Strahlen der Sonne erleuchtet, und ähnlich
empfangen die Lehrer der heiligen Lehre zuerst die Helle des Geistes. Und
schließlich wegen ihrer Stärke; wie man von den Bergen her das Land gegen die Feinde verteidigt, so müssen die Lehrer der Kirche zur Verteidigung
des Glaubens gegen den Irrtum sich erheben. Die Lehrer müssen also
«hoch» sein durch ein hervorragendes Leben, um predigen, «erleuchtet»,
um zweckdienlich in der Vorlesung lehren, «stark», um in der Disputation
den Irrtum widerlegen zu können. Das ist ihr dreifaches Amt: predigen,
lesen, disputieren.* (Vgl. oben 2. Kap. S. 29, die technische Bedeutung
dieser drei Betätigungen des Magisters der Theologie!)

3. Die Lage der Zuhörer, *die unter dem Bild der Erde bezeichnet wird
mit den Worten* Satiabitur terra *(die Erde wird satt). Die Erde ist niedrig,
sie ist fest, sie ist fruchtbar. Ähnlich sollen auch die Hörer «niedrig» sein in
der Demut im Hinblick auf die Belehrung aus dem Hören, «fest» in der
rechten Gesinnung im Hinblick auf das Urteil über das Gehörte, «fruchtbar» durch die Frucht aus dem aufgenommenen Wort der Weisheit, im
Hinblick auf das eigene Finden, wodurch der gute Hörer aus wenigem Gehörten vieles zu verkünden weiß.*

4. Die Entstehungsordnung (ordo generationis) *[in der Erkenntnis dieser Lehre]. Und zwar einmal die Stufung im Mitteilen [dieser Lehre]. Nicht
alles, was in der göttlichen Weisheit enthalten ist, kann der Geist der Lehrer
fassen, und ebenso können die Lehrer nicht alles weitergeben, was sie selbst
begreifen. Zum zweiten die Stufung im Besitz der Lehre. Gott besitzt die
Weisheit kraft seiner Natur; die Lehrer haben in reichlichem Maße teil am
Wissen aus dieser Weisheit; die Hörer aber haben teil an ihr, soweit sie
dessen bedürfen. Endlich der Hinblick auf die Vollmacht zur Mitteilung
[dieser Lehre]. Gott teilt sie kraft eigener Vollmacht mit; die Lehrer nur als
Diener. Gott aber verlangt schuldlose Diener. Aus sich selbst ist keiner für
diesen Dienst tauglich, doch darf er die Tauglichkeit von Gott erhoffen und
muß sie sich von Gott erbitten.*

*Lasset uns beten! Christus gewähre es uns! Amen.*

# Herold einer neuen Christenheit

## Christenheit und Heidenwelt

Als Thomas von Aquin eben erst die dreißig überschritten, aber schon die volle Meisterschaft seines Denkens erreicht hatte und seines Ansehens sicher war, da wurde er, sagt man, der Zielpunkt eines dringenden Ansuchens, das Raymund von Peñafort an ihn richtete. Er bat ihn, ein Werk zu verfassen, in dem «der Glaube den Irrtümern der Heiden die Stirn bieten sollte». Der Katalonier Raymund von Peñafort war in der Kirche und unter den Predigerbrüdern eine sehr gewichtige Autorität. Er war ein Jurist von hohen Qualitäten, Magister an den Schulen von Bologna, schon berühmt und im besten Mannesalter, als er sich der jungen Schar der Predigerbrüder anschloß (1222), ein bezeichnender Schritt für einen Menschen, der sein Leben der institutionellen Verwirklichung der Richtlinien des Laterankonzils (1215), jener Charta eines neuen Frühlings der Kirche in einer in Bewegung geratenen Welt, geweiht hatte. Der Orden der Predigerbrüder war für ihn die Ordensgenossenschaft und die spirituelle Umwelt, die geeignet war, diesen Bestrebungen gerecht zu werden. Daß sich Raymund im übrigen mit dem Problem der nicht christlichen Völker, das heißt vor allem mit dem Problem der Moslems auseinandersetzte, war normal bei einem Menschen, den – in dem zu zwei Dritteln von den Arabern besetzten Spanien! – sein apostolischer Eifer und ebenso seine politische Erfahrung im Rat der Fürsten hellsichtig gemacht hatten. Ebensosehr waren die Predigerbrüder seit ihrer ersten Generation durch die beängstigende Situation erregt worden, in die die muselmanische Expansion die Christen hinsichtlich ihres Glaubens und hinsichtlich des irdischen Kräftegleichgewichts der Christenheit brachte.

Wenn man also die Information des Chronisten der Könige von Aragonien annimmt, dann war es diese Intervention ihres Ratgebers Raymund, auf die Thomas mit der Abfassung seiner *Summa contra Gentiles* geantwortet hätte (1259–1264). Die Nachricht ist nicht gesichert, aber sie ist dennoch das Indiz einer Situation, die ihrerseits uns ausdrücklich nicht nur den Ursprung dieses Meisterwerkes des Thomas, sondern auch seine Rolle in einer bestimmten kulturellen und politischen Zeitlage erklärt, in der die Kirche über ihren Glauben hinaus in der Welt ihr Statut des Denkens geltend machte. Ein Magister der Theologie, sagten wir, ist zunächst nicht ein Professor an einer Schule, sei es auch die Univer-

sität von Paris, sondern ein «Konstrukteur» des Glaubens. Er verleiht dem Evangelium Christi seinen organischen Ausdruck und seine öffentliche Architektur im irdischen Gemeinwesen, dem christlichen wie dem profanen. Thomas von Aquin ist hier ein Magister für die Christenheit.

Als dieser Magister also im Laufe des Jahres 1259 mit der Arbeit an seiner *Summa contra Gentiles* begann, hatte die Erkenntnis der tiefen Zwiespältigkeiten des Aristotelismus gerade die Aufmerksamkeit der christlichen Denker geweckt. Selbst diejenigen, die öffentlich erklärten,

*Der heilige Thomas und die Heiden. Teilstück aus dem Fresko «Gloria dominicana» von Bonaiuto, 14. Jh., Santa Maria Novella, Florenz*

den Aristotelismus in die Christenheit einführen zu wollen, wie Albert der Große es seit fünfzehn Jahren tat, spürten, welche Probleme seine Interpretation aufwarf, besonders nun, da das vollständige aristotelische *corpus* entgegen früheren Verboten unter die Unterrichtsbücher der Universitäten aufgenommen wurde (1255). Die zahlreichen Handschriften dieses *corpus*, die uns erhalten sind, zeugen mit der Überlast ihrer Rand- und Zeilenglossen von dem Raffinement und der Hartnäckigkeit, mit der die Magistri sich an mit einander rivalisierende Auslegungen machten, rivalisierend noch in der Erklärung des Buchstabens des Textes. Die Lek-

*Handschrift vom «Traktat über die Seele» (De anima) des Aristoteles mit den Glossen (13. Jh.)*

türe mehrerer Erklärer und gerade der arabischen Philosophen begann, die verborgene Mehrdeutigkeit dieses Werkes sichtbar zu machen. Besonders Averroes, den man zwanzig Jahre vorher noch ohne Argwohn als «sehr edlen Philosophen, als Meister des Denkens» (Wilhelm von Auvergne, Bischof von Paris) behandelt hatte, schuf Unruhe, je mehr man Kenntnis von seinem Werk erhielt. Ohne bereits die Verführungsmacht zu empfinden, die zehn Jahre später zu der heftigen Krise des «lateinischen Averroismus» um Siger von Brabant führte, fühlte man doch zugleich die Qualität und die Gefährlichkeit dieses Werkes, wenigstens schon hinsichtlich gewisser Positionen über die Natur und die Bestimmung des Menschen. Das ist der Zusammenhang jener Episode, die öffentlich den Einbruch dieser Problematik bezeichnet: Im Jahre 1256 benutzte Alexander IV. die Gelegenheit der Anwesenheit Alberts des Großen, der damals auf der Höhe seines Ansehens stand, am päpstlichen Hof zu Anagni, um von ihm Abwehrmaßnahmen und eine Darstellung des christlichen Denkens gegenüber dem Averroismus mit seiner These von der (überpersönlichen) Einheit des Intellektes zu erbitten, einer These, die das persönliche Fortleben des Menschen in Frage stellte. Albert hatte damals sein «De unitate intellectus contra Averroistas» geschrieben. Albert greift nicht schon einen positiv im Sinne des Averroismus verseuchten Unterrichtsbetrieb an, wie er es zehn Jahre später tun mußte, sondern er hat es mit einer ersten Kenntnisnahme des Averroismus und allgemeiner der arabischen Philosophie zu tun, die gerade durch den Erfolg des Aristoteles Unruhe gestiftet hatte.

Die Christenheit muß also künftig auf zwei Fronten dem Islam entgegentreten. Geographisch, auf der missionarischen Ebene, begünstigte die Auflockerung des maurischen Gürtels in Spanien die Bewegungsfreiheit der Christen und machte einen Kreuzzug möglich, der nicht mehr nur kriegerischer Art war, sondern ein Kreuzzug der Lehrverkündigung, im Sinne eines apologetischen Gespräches. Intellektuell, auf dem Gebiet der arabischen Kultur, die das Kapital der griechischen Wissenschaft und Philosophie weitervermittelte, spielen Bedrohung und Anreiz zusammen, so wie gerade die Entdeckung und die Übersetzung dieser arabischen Literatur Fortschritte machte. In diesen fünfziger Jahren sah so das 13. Jahrhundert die große Strategie der Christenheit in Umwandlung begriffen: Missionarischer Geist und die Krise der hohen Kultur trafen sich in derselben Problematik. In dieser Überschneidung steht die *Summa contra Gentiles:* Auf der einen Seite entwickelt die missionarische Bewegung einen neuen Typus, da sich der Islam nicht mehr nur als eine gewaltige militärische Bedrohung erweist, sondern dazu als eine Kultur von überlegenem Reichtum. Auf der anderen Seite eröffnet das Eindringen des Aristoteles dank dem Islam den Christen eine wissenschaftliche Schau des Universums unabhängig von der religiösen Bildwelt der Bibel. Im Schnittpunkt dieser Problematik der Christenheit steht auch Thomas. Zu Unrecht würde man die Nachrichten, die uns aus der Welt der Missionare und aus dem zeitgenössischen Milieu der Intellektuellen zukommen, in Gegensatz zueinander bringen.

Wer sind also die *Gentiles*? Und wer sind die Adressaten dieser *Summa*, die es mit den Heiden zu tun haben? Der aragonische Chronist hatte uns summarisch auf die Missionare verwiesen, die den Weg der Infiltration des Islams beschreiten. Aber auf den ersten Blick wird man sich darüber klar, daß die *Summa* bei weitem über ein Handbuch für Missionare hinausgeht, selbst wenn man annähme, Thomas habe dieses für die Begegnung mit muselmanischen Eliten eigens «verstärkt». Durch die Reichweite ihres Gegenstandes wie auch durch die Technik ihrer Beweisführung beschwört sie das Milieu von Paris und verlangt eine Leserschaft von akademischem Typus. Es hat daher einige Wahrscheinlichkeit für sich, wenn man die hagiographische Nachricht des Chronisten als nebensächlich behandeln und die *Summa* geradezu an die Universität von Paris verpflanzen wollte, wo die Irrtümer der «Heiden», das heißt der arabischen Philosophen eingedrungen seien und gewisse Geister verführt hätten. Die averroistische Agitation, die schließlich zu den Abwehrmaßnahmen von 1270 und zu dem langen Syllabus von 1277 führte, habe tatsächlich schon in den fünfziger Jahren begonnen. Es seien die Thesen dieses zeitgenössischen Averroismus, die *Contra Gentiles* angreift und zurückweist.

Es scheint nicht, daß man die Erörterung der historischen Situation so weit treiben darf. Was 1258 zu Paris und schon 1256 zu Rom abgewiesen wurde, waren noch unwichtige Bücher fremdländischer Herkunft. Die

84

*Wege und Mittel des kulturellen Austausches zwischen dem griechischen, arabischen und lateinischen Kulturkreis. Handschrift aus Süditalien, Anfang 13. Jh.*

eigentliche lateinische Krise des Averroismus bereitet sich vor, aber sie hat noch nicht begonnen. Dazu wendet sich die *Summa contra Gentiles* nicht speziell gegen Averroes. Es ist eine Gesamtheit von *errantes*, Heiden, Moslems, Juden, Häretiker, die geprüft und kritisiert werden. Aber selbst wenn man diese chronologische Nuance hinsichtlich der Etappen im Vormarsch des Averroismus zugibt, so ist doch offenkundig, daß das Werk bei weitem über ein missionarisches Handbuch hinausgeht, wie es der Chronist erwarten läßt, und daß es sich darstellt als eine Verteidigung des christlichen Denkens im Ganzen gegenüber der griechisch-arabischen wissenschaftlichen Konzeption vom Universum, die sich damals dem Abendland erschließt.

In der Geographie des christlichen Glaubens befinden wir uns wieder einmal an der Universität von Paris. Wie immer in einer Periode rascher Entwicklung, so ist auch hier die Belegschaft der Schulen die Umgebung, die feinfühlig ist für neue Gedanken zu den dringenden Aufgaben. Seit fünfzig Jahren hatten sich dort der Reihe nach Gemeinschaften gebildet, die mit einer Bewußtheit die Zeitanliegen aufgriffen, daß sie sich davon zuweilen bis zum Abenteuer treiben ließen. Johannes von Matha, ein junger Pariser Magister, der mit der Sorge für die studentische Jugend betraut war, hatte den kühnen Plan gefaßt, eine Ordensgenossenschaft zu gründen, deren Mitglieder sich außerhalb des kriegerischen Kreuzzuges

85

der Befreiung der Gefangenen in muselmanischem Gebiet widmen sollten. Innozenz III. hatte diesen von Philipp II. August begünstigten außerordentlichen Plan 1198 genehmigt und sogar seine Verwirklichung in einem neuen Orden (dem Orden der Trinitarier) gestattet.

Ein wenig später entstand ein Gegenstück zu diesem Unternehmen durch den Plan eines Edelmannes aus dem Languedoc, Petrus Nolascus, den gerade Raymund von Peñafort mit seinem Rat und seinem Ansehen gestützt hatte. Dieser Plan führte zur Gründung des Ordens vom Loskauf der Gefangenen (Mercedarier), einem Zusammenschluß von Rittern (Laien) und Priestern auf der Grundlage der Augustinusregel.

In den Jahren 1245–1250 war in den phantasiereichen und heißen Köpfen zweier junger Magistri und Studiengefährten, nämlich des Roger Bacon und des Guido Fulcodi, der Traum einer *res publica fidelium* gediehen, ein Gedanke, der die Themen des «Gottesstaates» Augustinus' neu belebte und über die Grenzen einer Christenheit hinauswies, die in einem mehr und mehr sich ausdehnenden Universum zu klein geworden war. Der Gedanke ließ den Geist des berühmten Franziskaners und seines Freundes, der unter dem Namen Clemens IV. später Papst wurde, nicht mehr los. Paris ist tatsächlich nach dem Wort Gregors IX. der Herd, wo das Brot der ganzen Christenheit gebacken wird.

Apostolische Pläne verliehen dieser Erweiterung der Probleme und Hoffnungen Gestalt, wenn auch keinen Erfolg. Der Plan Innozenz' V., der 1246 den Franziskaner Lope Fernandéz de Ain zum Sultan Umar Al-Murdá (Dynastie der Almohaden) nach Marrakesch geschickt hatte, damit er dort Bischof würde, war das Gegenstück zu der seit 1244 vorbereiteten Expedition in die Welt der Tataren, einer Wirkung des undeutlichen Schreckens, den die mongolische Invasion in ganz Mitteleuropa hervorgerufen hatte. Die Franziskaner Johannes von Pian del Carpine (1246) und Wilhelm von Rubruck (1254) waren bis nach Zentralasien vorgedrungen und hatten mit den Erben Dschingis Khans Gespräche geführt.

Wir können das Werk des Thomas nicht lesen und ihn selbst nicht begreifen, es sei denn in dieser politisch geängstigten, aber zur Verkündigung des Evangeliums drängenden Atmosphäre. In diesem Evangelium, das seine Wirkmacht entfaltet, findet der Intellektuelle sein Arbeitsfeld, ohne daß doch bei einem solchen Lehrer die Wahrheit ihre Unversehrtheit verliert. Thomas ist nicht nach Marokko und nicht ins Land der Mongolen gereist, und er hat kein einziges Wort über die Kreuzzüge. Aber er hat beständig die Werke der großen mohammedanischen Philosophen auf seinem Schreibtisch liegen, und er ermißt die Dimensionen einer Christenheit, die, bis damals eingefaßt in die geographischen und kulturellen Grenzen des römischen Reiches, nun plötzlich sich bewußt wird,

*Zu Seite 87. Averroes, Gegner Nr. 1. Die Maler, die Thomas darstellen, nehmen verschieden Stellung zu diesem Thema. Oben: Benozzo Gozzoli. Darunter, links: Bonaiuto; rechts Fra Angelico. Ganz unten: Gemälde eines unbekannten Meisters aus der Schule von Messina.*

daß sie nur einen Teil der Menschheit erfaßt hat, und die unermeßlichen profanen Bestände des Kosmos entdeckt.

Die *Summa contra Gentiles* stellt für diesen Dialog mit den «Heiden» die Gesetze auf und bringt sie in Anwendung, Gesetze, die zugleich auf der Wahrheit der Dinge und auf der Wahrheit der Geister beruhen, und nicht auf irgendeinem situationsbedingten oder taktischen Opportunismus. Die Wahrheit selbst kennt nicht nur die feinen Verschiebungen in der Betrachtungsweise, sondern darüber hinaus verschiedene Ebenen, und demgemäß ist die Art der Zustimmung und die Methode verschieden, und wir müssen deren innere Bedingungen respektieren. Wie schon Aristoteles treffend vermerkt, ist es der Erweis einer wirklichen Zucht des Denkens, Zustimmung nur nach Maßgabe der in Frage stehenden Gegenstände zu fordern. Der Glaube legt nur innerhalb dieser geistigen Zusammenhänge sein Zeugnis ab. Wenn schon die Realitäten der Natur uns in den meisten ihrer Eigentümlichkeiten unbekannt sind, wieviel mehr dann die göttlichen Realitäten. Allzu leichtfertige oder allzu anspruchsvolle «Gründe» wären für den Ungläubigen Anlaß zum Spott. Außerdem müssen wir diese Gründe gemäß ihren eigenen Erkenntnisspielregeln bemessen: mit andersdenkenden Gläubigen können wir auf die Autorität des Evangeliums Christi zurückgehen, aber gegenüber Mohammedanern und Juden können wir uns nur an das Alte Testament halten, und für die Ungläubigen vermittelt allein die Vernunft, sei sie auch noch so schwach in ihrer religiösen Befähigung, das Gesetz und die Kriterien der Begegnung. Im Gegensatz zu Mohammed übrigens dürfen wir uns nicht der Macht der Waffen anvertrauen und ebensowenig der Lokkung mit irdischen Verheißungen. Nicht einmal die Wunder sind die ersten Argumente. Das entscheidende Zeichen, das die Wahrheit des Evangeliums bezeugt und jenseits der Wunder im engeren Sinne liegt, ist, daß die Welt durch das Zeugnis einfacher und ungebildeter Leute dazu gebracht wurde, eine so schwierige Wahrheit zu glauben, auf eine so hohe Wirklichkeit zu hoffen, ein so unbequemes Leben zu führen. Das Schauspiel der antiken Weisen, denen das Ringen um die Wahrheit und die Angst hinsichtlich ihres Schicksals zu schaffen machte, ist die Garantie unseres eigenen Suchens und das Zeichen unserer bevorzugten Lage im Glauben an das Wort Gottes.

In diesen polemischen Gesprächen des Bruder Thomas stellen wir nicht ohne ein gewisses menschliches Vergnügen einige ungeduldige Wendungen und einige Heftigkeiten seiner Feder fest, die uns urplötzlich mitten in den Kampf hineinversetzen, auch in die theologische Arena der Christenheit. Averroes ist nicht, wie man gesagt hat, der Kommentator, sondern viel eher der Verderber (*depravator*) des Aristoteles: so protestiert in Thomas der seinem Text verpflichtete Exeget. Das vermerkt, bleibt doch bestehen, daß Thomas auf Grund der psychologischen Wirksamkeit seiner Prinzipien und auf Grund seines Temperamentes die Begegnung mit seinen Gegnern wie einen Dialog gestaltet, in dem das Denken des anderen in keiner Weise abgewürgt wird, vielmehr in die eigene Untersuchung eingeht. Der Gegner kann seinerseits an dem Dialog teilnehmen, da er den Anteil an Wahrheit, den er erfaßt hat, aufgenommen und in einer weitläufigeren Synthese an seinen Platz gestellt sieht. «Bruder Thomas», erklärt sein Biograph Tocco, «widerlegt einen Gegner wie man einen Schüler unterrichtet»[21], nämlich durch jene innere Erhellung des Geistes, die Thomas mit augustinischen Ausdrücken in seinem Traktat *Über den Lehrer (De magistro)* beschreibt. Dabei tritt keinerlei intellektuelle Nachgiebigkeit in Erscheinung: die Aussagen sind klar, die Beweisführungen knapp. Es ist die gleiche, harte Straffheit! Die Wahrheit ist maßgebend auch in dieser heiligen Liebe des Geistes, der schwersten unter allen Arten von Liebe.

## Die irdische Kirche

Zu der Zeit, da Thomas in dieser Weise das Problem des Glaubens und seiner Bezeugungen in der Welt aufwarf, glättete sich gerade wieder eine geistige Strömung, die im Herzen dieser apostolisch ausgerichteten Christenheit, und zumal in den neuartigen Bettelorden einen Ausdruck der evangelischen Hoffnungen darstellte, zugleich aber die institutionell garantierte Glaubenswahrheit schwer aus dem Gleichgewicht zu bringen drohte. Im Oktober 1255 verurteilte Alexander IV. die «Einführung in das ewige Evangelium». Der Franziskaner Gerhard von Borgo San Donnino, der zu Paris lehrte, bot darin das Werk des Joachim von Fiore, der sich sechzig Jahre zuvor zum Propheten einer neuen Christenheit aufgeworfen hatte. Das «Ewige Evangelium» steht am Ende der beiden ersten Etappen des Heilswerkes und bedeutet den Herrschaftsantritt des Heiligen Geistes, der die Wahrheiten des Zeitalters des Vaters (Altes Testament) und des Zeitalters des Sohnes (den Buchstaben des Neuen Testamentes) befreien und bald jenseits aller Observanzen und jenseits jedes institutionellen Formalismus die Ära der Liebe heraufführen sollte, die das unmittelbare Vorspiel des zukünftigen Reiches sei.

Joachim von Fiore († um 1205) war ein kalabrischer Mönch von hoher Kultur und stand im Rufe der Heiligkeit. Er war den Perspektiven östlichen Christentums geöffnet und hatte auf eigene Faust im Zusammenhang mit dem evangelischen Erwachen das Thema mehrerer griechischer geistlicher Lehrer wieder aufgegriffen, die innerhalb der großen Etappen des Heilsplanes Gottes, wie ihn die Heilige Schrift offenbart, die platonische Schau einer emanatistischen Entwicklung der Welt neu interpretiert hatten: im Verströmen seiner Liebe tritt Gott in Verbindung mit der Menschheit gemäß der Entfaltung einer Geschichte, in der der Fortschritt seiner Offenbarung sich gliedert gemäß einer Art irdischer Reproduktion seines inneren Lebens in der Dreiheit der Personen. Seit dem 12. Jahrhundert hatte ein konservativer Mönch wie Rupert von Deutz, hatte Anselm von Havelberg, ein Theologe mit einem Gespür für die Entwicklung der Kirche im Gegensatz zu der Starre byzantinischer Orthodoxie, die große Sicht des Gregor von Nazianz wieder aufgegriffen, der das Reich

*«Thomas, du hast trefflich über mich geschrieben, welchen Lohn willst du haben?» – «Herr, keinen anderen als dich selbst!» (15. Jh.)*

des Vaters im Alten Testament, den im fleischgewordenen Sohn vollendeten Neuen Bund und die in der Kirche, der Interpretin des Buchstabens des Evangeliums, sich nach und nach ereignende Verströmung des Heiligen Geistes feierte.

Die möglichen Doppeldeutigkeiten dieser traditionellen Schau hatte Joachim von Fiore verschärft, indem er prophezeite, die eschatologische Spannungsrichtung des Reiches Gottes ziele ab auf eine Auflösung seiner institutionellen Elemente. Durch eine gewaltsame allegorische Erklärung der Texte setzte er sich der Gefahr aus, nicht nur im Alten Testament, in dem die Vaterschaft Gottes beherrschend war, ausschließlich provisorische Vorbilder zu sehen, sondern ebenso im Neuen Testament, in dem die Menschwerdung des Sohnes nur als eine vorbereitende Episode erscheint auf die Ankunft des Geistes hin, die das schließlich Entscheidende sei. Für die Kirche als Institution und Sakrament gab es keinen Platz mehr.

Das evangelische Erwachen am Ende des 12. Jahrhunderts schien gerade recht zu kommen, um diesem mystagogischen Traum Fleisch und Blut zu geben. Es schien ja eine neue Geistausgießung zu sein, kraft deren neue Apostel als Verkünder des Endes der Zeiten die hinfälligen Bestandteile vergangener Zeit beiseite schoben und die Kirche von ihren irdischen Belastungen befreiten. Das hieß durch eine destruktive Theologie die schon allzu sichtbare Tendenz der damals aufkommenden evangelischen Sekten noch unterstützen. Innozenz III. hatte es verstanden, die Wahrheit von der Kirche, ihrem Lehramt, ihrer bischöflichen Verfassung, ihren Sakramenten festzuhalten und dennoch in den Lehraufstellungen und in den Menschen die unbestreitbar gültigen Ansätze der apostolischen Bewegungen, sowohl der laikalen wie der klerikalen, freizulegen. Joachim von Fiore blieb in der Einheit mit dem Papsttum. Franziskus von Assisi und Dominikus, der Prediger, waren bis in ihre Verschiedenartigkeit hinein die echten Herolde der Anwesenheit des Geistes in der Kirche.

Franziskaner und Dominikaner waren somit schon von Haus aus sehr ansprechbar für die Schau eines Reiches Gottes gewesen, in der die Transzendenz des Wortes und die fortschreitende Einflußnahme des Heiligen Geistes im Verein sich kundgaben. Gewisse Theologen allerdings, deren Theoretiker Gerhard von Borgo San Donnino geworden war – nicht ohne aktive Sympathie seines Oberen Johannes von Parma, des Generalministers der Minoriten –, verfälschten die Werte der Tradition, wie sie der Joachimismus herausstellte, vollständig, so unter anderen den typologischen Sinn der heiligen Geschichte. Das bedeutete die radikale Auflösung der Kirche in ordnungsloseste spirituelle Anarchie. Trotz des Lobliedes auf den heiligen Franziskus, der in dieser Eschatologie des Gerhard von Borgo San Donnino als Prophet des ewigen Evangeliums erscheint, wehrten sich die Minoriten, Bonaventura an der Spitze, gegen einen solch massiven Irrtum, der selbstverständlich den Gegnern der Bettelorden gute Waffen in die Hand gab; denn die Magistri der Universität Paris (sie schrieben das «Ewige Evangelium» einem Dominikaner zu) bezeichneten die Bettelorden als «die Gefahr der letzten Zeiten». Die Entscheidung Alexanders IV. brachte die Klärung, indem sie, ohne Joachim zu verdammen, die evangelische und institutionelle Rechtheit der Minoriten und Predigerbrüder bestätigte.

Thomas von Aquin hatte nicht nur diesen Glauben zu verkünden, sondern auch der auf diese Weise proklamierten integralen Wahrheit von der Kirche ihren theologischen Ausdruck zu verleihen. Es ist von vornherein bezeichnend, daß diese Theologie noch nicht in einem getrennten Traktat konstruiert wird. Das kirchliche Denken entwickelt sich bei Thomas ebenso wie bei Bonaventura völlig, sowohl was die institutionelle als auch was die sakramentale Seite der Kirche betrifft, innerhalb einer Theologie von Christus und der Menschwerdung. Die Kirche ist der Leib Christi selbst, durch den Geist belebt. Ihre qualifizierten Organe sind gerade die Amtsträger der apostolischen Verfassung unter der päpstlichen Oberhoheit. Die Kirche ist zugleich ein Leib, eine Körperschaft im soziologischen Sinne des Wortes und das mystisch und sakramental fortdauernde Geheimnis Christi selbst. Ihr Lebensgesetz, möchte man sagen, ist die Gnade des Heiligen Geistes, jenes innere Gesetz, das, wie wir gesehen haben, in der Theologie des Thomas und im evangelischen Aufbruch der Bettelorden eine hervorstechende neue Wirkmächtigkeit gewann. Das Wesen der Kirche besteht in dem neuen Leben, das Glaube, Hoffnung und Liebe in jedem Menschen aufbauen, jene Tugenden, durch die Gott sich uns persönlich als Objekt und Ziel gibt. Die Einheit im Geiste verwirklicht sich nur in der Gemeinschaft. Für Thomas ist die Kirche die gesamte Ordnung der Rückkehr zu Gott, wie sie die *Secunda Pars* seiner *Summa Theologiae* beschreibt. Der Heilige Geist ist Ursprung und Wirkgrund dieser Rückkehr, in einem Leben, das gekennzeichnet ist durch die Ausrichtung auf die Gegenstände des göttlichen Lebens: Er ist die Seele der Kirche.

Die Kirche als Institution ist somit die Form, ihre Diener das «Sakrament» des mystischen Leibes Christi. Ihr Fortschreiten in der Zeit beläßt sie mit sich selbst identisch, ohne Nachteil für die Typologien, die im Verlauf der Geschichte die spirituellen Gesetze dieses Fortschreitens zutage treten lassen. Im Licht des grandiosen Schemas des Heilswerkes, wie es die griechischen Lehrer vortrugen, sind die Menschwerdung Christi und sein sichtbarer, sozialer Leib wesensbestimmend für die geschichtliche Mittlerstellung der Kirche zwischen Gott und Mensch, so daß sie durch ihre eschatologische Spannung nicht zu einer spirituellen Theokratie verbogen wird. Gerade der Plan der *Summa Theologiae* des Thomas, der auf der Rückkehr zu Gott durch die geschichtliche Realität der Inkarnation und in ihr gründet, illustriert die einzigartige Ausgewogenheit dieser Synthese, die die Theologen der Reformation und der Gegenreformation nicht beachten werden. Es ist ziemlich sensationell, daß es die Magistri dieser evangelisch orientierten Generationen sind, die nicht nur praktisch, sondern auch denkerisch in der tiefen Krise der Christenheit beim Eintritt in die neue Zeit das Wesen der Kirche umrissen haben, ihre christologische Natur, ihr spirituelles Lebensgesetz, ihre gotthafte Innerlichkeit, ihre hierarchische Verfassung, ihre unfehlbare Zeugenschaft. Die Kirche der Inkarnation in der Abfolge der geschichtlichen Christenheiten ist die Wirklichkeit und das Maß der Kirche des Heiligen Geistes.

## Die neuen Apostel

Die Magistri an der Universität Paris gehörten zu den heftigsten Gegnern des «Ewigen Evangeliums». Ihr Abgesandter Wilhelm von Saint-Amour war zu Rom beim Papst ihr gewandter und leidenschaftlicher Wortführer geworden. Indem sie, nicht ganz unlogisch, spirituelle Strömung und Institution, Theologie und apostolische Wirksamkeit als eine Einheit fassen, beschuldigen sie die Mendikanten, die organisierte Form der joachimitischen Mystik zu sein und geben sich als Verteidiger der bestehenden Institution, der «Fundamente der Kirche» aus (Manifest der Universität vom Februar 1254) gegen die umstürzlerische Bedrohung von seiten der «neuen Apostel». Eine große Zahl von Prälaten, die die Mendikanten nur unter dem Zwang der Päpste akzeptiert haben, unterstützen in Verwaltung und Politik die Denunziationen der Magistri von Paris, um die alten Formen mit ihrer feudalen Sicherheit gegen den Druck der Kommunen und Körperschaften zu behaupten. Es geht nicht um Rangstreitigkeiten unter Klerikern, sondern um den Gegensatz zweier Tendenzen in der Krise der Christenheit, in der sich das einfache Volk und sogar die studentische Jugend gespalten sieht: während die einen in großer Schar bei den Predigerbrüdern und Minoriten eintreten, klammern sich die anderen an die alten Formen und machen Front gegen die Neuankömmlinge. Die Existenz der beiden Orden selbst in ihrer apostolischen Grundlage und in ihrem evangelischen Anliegen steht auf dem Spiel. Wir haben gesehen, daß die Berufung des Thomas hier von der Zeit ihrer Vollreife an, das heißt seit 1256, zu Paris die Gelegenheit fand, sich selbst zu bestätigen und innerhalb der apostolischen Wahrheit der Kirche Christi die Gesetze des Wortes Gottes in der Welt zu klären.

So sind die örtliche Kontroverse über die Lehrberechtigung an der Universität, die Wilhelm von Saint-Amour abstritt, und desgleichen der Protest gegen den Einsatz der Mendikanten und ihre apostolische «Usurpation» nur Auswirkungen einer allgemeinen Konzeption von der Christenheit. Unter den Rivalitäten der Körperschaften und dem Konflikt der Interessen wird das paradoxe Phänomen sichtbar, das sich in der Kirche periodisch zeigt und früher wie heute für eine bestehende Ordnung umstürzend wirkt: Je mehr sich die neuen Gemeinschaften spirituell auf das Evangelium hin befreien, um so mehr treten sie in die Welt ein, ihre Ordnung, ihre Kultur, ihre Bestrebungen und Gebilde, zum Beispiel die Universität und andere Ebenso: je mehr die Theologie Theologie ist, desto mehr haben die rationalen Disziplinen der Philosophie Bestand. Die Gnade fördert die Natur bis hinein in ihre Freiheit und ihre Methoden. Genau hier stoßen Albert und Thomas auf den augustinischen Konservativismus der eingesessenen Professoren.

Wilhelm von Saint-Amour, der die Doppeldeutigkeiten des «Ewigen Evangeliums» ausschlachtete, und die Prälaten, die den traditionellen Partikularismus ihrer Seelsorgetätigkeit aufrechterhalten wollten, trugen indessen den Sieg davon. 1254 bestätigte Papst Innozenz IV. die Entschließungen der Magistri von Paris und veröffentlichte eine Bulle, die eine teilweise Auflösung der apostolischen Lebensform der Bettelorden enthielt. Vierzehn Tage später starb Innozenz IV. Sein Nachfolger Alexander IV. suspendierte sofort die Durchführung der Dekrete seines Vorgängers. Die Verurteilung des «Ewigen Evangeliums» reinigte die Atmosphäre von dessen unklarer Lehre, wohingegen das evangelische Ideal der Minoriten und Predigerbrüder öffentlich bestätigt wurde. Die Ernennung von Thomas und Bonaventura zu Magistern der Theologie (1256) besiegelte diesen Ausgang des Streites.

Thomas und Bonaventura klärten die Theologie von der Kirche und die evangelische Spiritualität des tätigen Lebens. Fünfzehn Jahre später, aus Anlaß eines neuen Angriffs, bemühten sich Theologie und Spiritualität, die neuen Gesetze eines künftig außerhalb des monastischen Feudalismus gestellten Ordensstandes tiefer zu rechtfertigen. Es sind die gleichen Thesen, die gleichen Argumente, illustriert durch Anschuldigungen gegen die «falschen Prediger». Aber Thomas antwortet diesmal (November 1269) nicht, indem er der Reihe nach jeden der Anklagepunkte aufgreift, sondern in einem organischen Traktat: über die christliche Vollkommenheit, über den Stand der Vollkommenheit, über die Bedeutung der Armut, über die Legitimität der Gelübde im apostolischen Leben, über die relative Vollkommenheit der verschiedenen Stände, Kleriker und Laien, Weltpriester und Ordensleute, Bischöfe und Seelsorger, die alle in verschiedenen Ständen zur gleichen Vollkommenheit der Liebe verpflichtet und gerufen sind.

Weit über die Streitschriftelemente hinaus findet man hier die juridische und spirituelle Struktur der Kirche, ihrer Formen, ihrer «Ämter», ihrer «Stände» umrissen, und zwar in einem organischen Traktat, dessen Bedeutung für immer über den Anlaß hinausgeht, der ihn entstehen ließ.[22] Diesen Texten haben wir oben die Theologie des kontemplativen und apostolischen Lebens entnommen, das in einem persönlichen und kollektiven Organismus sich entfaltet, in dem die Gnade des Heiligen Geistes die Seele der Institution, die Garantie ihres sakramentalen Geheimnisses ist, und zugleich das oberste Gesetz der rationalen Tugendausstattung.

## Texte

### Liebe und Tätigkeit

*Die Freundschaft hat drei Stufen. Zur Vollkommenheit der Freundschaft gehört, daß jemand um des Freundes willen zuweilen sogar auf die Freude seiner Gegenwart verzichtet, um in seinem Dienst zu arbeiten. In solcher*

*Freundschaft wird der Freund um seiner selbst willen geliebt und nicht um der Freude willen, die sich nur als Folge einstellt. Im Gegensatz dazu kann einer seinen Freund auch lieben wegen der Freude [die seine Gegenwart gewährt, so sehr, daß er es vorzieht, bei dem Geliebten zu bleiben, anstatt von ihm wegzugehen, um für ihn Dienst zu leisten]. Wenn jedoch einer sich gern und leicht aus der Gegenwart seines Freundes löst und an anderen Dingen größere Freude hat, so beweist dies, daß er gar nicht oder nur wenig den Freund liebt.*

*Diese drei Stufen muß man also in der Liebe beachten. Gott aber ist am meisten um seiner selbst willen zu lieben. Nun gibt es manche, die gern und ohne große Beschwer sich vom Freisein für die Kontemplation Gottes trennen, um irdischen Geschäften nachzugehen, und in diesen wird nur eine geringe Liebe sichtbar.*

*Andere wiederum verspüren im Freisein für die Kontemplation Gottes solche Freude, daß sie von jener nicht lassen wollen, selbst nicht, um sich zum Heil des Nächsten in den Dienst Gottes nehmen zu lassen.*

*Wieder andere endlich erreichen eine solche Höhe der Liebe, daß sie selbst die Kontemplation Gottes, wiewohl sie höchste Freude in ihr erfahren, aufgeben, um Gott zu dienen in der Sorge für das Heil des Nächsten. Das war die Vollkommenheit des heiligen Paulus ... Und das ist die Vollkommenheit, die den Prälaten und Predigern eignet.*

Quaestio disputata De caritate, 11 Zu 6 (gekürzt, kleine Umstellungen).

## Der polemische Thomas

*Es gibt Leute, die über ihre eingeborene Begabung so Ungeheures sich anmaßen, daß sie glauben, die ganze Natur der Dinge mit ihrem Verstande ausmessen zu können, indem sie nämlich dafür halten, daß alles wahr sei, was ihnen so scheint, und falsch, was ihnen nicht so scheint.*

Summa contra Gentiles, I 5. Übers. Nachod/Stern I, S. 83 f.

*Bei der Entscheidung für oder gegen eine Lehrmeinung darf der Mensch sich nicht von Liebe oder Haß gegen den leiten lassen, der eine solche Meinung aufstellt, sondern allein von der sicheren Wahrheit. Daher sagt [Aristoteles], man müsse sie alle lieben, nämlich die, deren Meinung wir annehmen, und die, deren Meinung wir ablehnen. Alle nämlich haben sie sich um die Erforschung der Wahrheit bemüht und somit uns geholfen. Dennoch muß man sich von denen überzeugen lassen, bei denen mehr Gewißheit ist, das heißt der Meinung derjenigen folgen, die mit größerer Gewißheit die Wahrheit getroffen haben.*

Kommentar zur Metaphysik des Aristoteles, Buch 12, lectio 9 (Marietti-Ausgabe Nr. 2566).

*Wenn jemand dagegen eine Erwiderung schreiben will, so wird mir das höchst willkommen sein. Auf keine Weise erschließt sich nämlich die*

*Wahrheit besser und wird der Irrtum besser abgewiesen als in der Abwehr des Widerspruchs.*

> *Opusculum Über die Vollkommenheit des Geistlichen Lebens [De perfectione vitae spiritualis],* Schluß (Marietti-Ausgabe Nr. 734).

*Wie beim Gericht niemand ein Urteil fällen kann, wenn er nicht die Gründe beider Parteien anhört, so fährt der, der Philosophie hören muß, beim Urteilen notwendig besser, wenn er alle Gründe anhört, die von gleichsam fragend-zweifelnden Gegnern vorgebracht werden.*

> *Kommentar zur Metaphysik des Aristoteles,* Buch 3, lectio 1 (Marietti-Ausgabe Nr. 342).

Keiner ist mehr darauf bedacht als er (Thomas von Aquin), alle Türen offen zu lassen, durch die auch verschiedenartige Geister zur selben Wahrheit Zugang haben können. Nicht weniger fest als Duns Skotus, wo es gilt, den Irrtum auszuscheiden, pflegt er doch sorgsam jeden Wahrheitskeim, wo immer er ihn antrifft. Jede Formel, selbst die seinem eigenen Denken fremde, erhält von ihm einen wahren Sinn, wofern sie nur dafür aufnahmefähig ist. Thomas hat die Gabe, außerordentliche Beweglichkeit mit unbeugsamer Festigkeit zu verbinden. Man meint wohl, er lasse mit sich handeln und fälle seine Entscheidung im Geist des Kompromisses, aber die ihn gut kennen, lassen sich nicht täuschen: Eine Halbwahrheit wird bei ihm nur zugegeben als Schritt auf dem Wege zur ganzen Wahrheit.

> E. Gilson, Duns Scot, Paris 1952, S. 626.

## Das Gespräch mit dem Ungläubigen

*Gegen Irrtümer einzelner ist jedoch aus zwei Gründen schwierig vorzugehen: Einmal, weil die frevlerischen Aussprüche der einzelnen Irrenden uns nicht dermaßen bekannt sind, daß wir aus dem, was sie sagen, Vernunftgründe entnehmen könnten, um ihre Irrtümer niederzureißen. Auf diese Weise sind nämlich die alten Lehrer vorgegangen zum Niederreißen der Irrtümer der Heiden, deren Behauptungen sie kennen konnten, weil sie ja selbst auch Heiden gewesen waren oder zumindest unter Heiden gelebt hatten und in ihren Lehren unterrichtet waren.*

*Zum zweiten, weil einige von ihnen, wie die Mohammedaner und die Ungläubigen, mit uns nicht in der Autorität irgendeiner Schrift übereinkommen, durch die sie überzeugt werden könnten, so wie wir wider die Juden disputieren können auf Grund des Alten Testaments, wider die Irrgläubigen auf Grund des Neuen. Diese aber nehmen ja keins von beiden an, weshalb es notwendig ist, auf die natürliche Vernunft zurückzugreifen, der alle beizustimmen gezwungen sind. Diese jedoch ist in göttlichen Dingen mangelhaft.*

*... Aus dem Vorangeschickten wird mithin deutlich sichtbar, daß die Absicht des Weisen sich auf eine zwiefache Wahrheit der göttlichen Dinge*

*und auf das Niederreißen der ihnen gegensätzlichen Irrtümer zu richten hat, an deren eine das Aufspüren mit dem Verstande heranreichen kann, deren andere hingegen über jede Anstrengung der Vernunft hinausgeht. Ich sage aber «eine zwiefache Wahrheit der göttlichen Dinge», nicht von seiten Gottes selbst, der die einzige und einfache Wahrheit ist, sondern von seiten unserer Erkenntnis, die sich zum Erkennen der göttlichen Dinge in verschiedener Weise verhält.*

*Es ist mithin zur Darlegung der ersten Wahrheit durch beweisende Vernunftgründe vorzugehen, durch die der Gegner überwunden werden kann. Da aber solche Vernunftgründe für die zweite Wahrheit nicht zu haben sind, darf unsere Absicht nicht darauf gerichtet sein, daß der Gegner durch Vernunftgründe überwunden werde, sondern daß seine Vernunftgründe, die er wider die Wahrheit hat, aufgelöst werden, da der Wahrheit des Glaubens die natürliche Vernunft nicht gegensätzlich sein kann.*

*Es gibt jedoch eine einzigartige Weise, den Gegner wider dergleichen Wahrheit zu überwinden: die aus der von Gott her durch Wunder bekräftigten Autorität der Schrift. Denn, was über die menschliche Vernunft ist, das glauben wir nicht, es sei denn, daß Gott es offenbare. Es sind jedoch, um eine derartige Wahrheit darzulegen, einige Wahrscheinlichkeitsgründe anzuführen, freilich zu Übung und Trost der Gläubigen, nicht aber zur Überwindung der Gegner, da ja eben die Unzulänglichkeit der Vernunftgründe selbst sie in ihrem Irrtum noch mehr bestärken würde, wenn sie dafür hielten, wir stimmten wegen so schwacher Vernunftgründe der Wahrheit des Glaubens bei.*

*Summa contra Gentiles*, I 2 und 9. Nach Übers.
Nachod/Stern I, S. 74f. u. 91f.

## Der Heilige Geist, die Seele der Kirche

*Wie wir sehen, daß es in dem* einen *Menschen nur* eine *Seele und* einen *Leib gibt, aber doch verschiedene Glieder, so ist auch die katholische Kirche ein Leib, der verschiedene Glieder hat. Die Seele aber, die diesen Leib belebt, ist der Heilige Geist. Daher ist uns geboten, nach dem Glauben an den Heiligen Geist den an die heilige katholische Kirche zu bekennen. So fügen wir im Glaubensbekenntnis hinzu: «... an die heilige katholische Kirche».*

*«Kirche» bedeutet «Versammlung». Die heilige Kirche ist also die Versammlung der Gläubigen. Und jeder Christ ist wie ein Glied dieser Kirche. Diese heilige Kirche aber erfüllt vier Bedingungen.*

*1. Die Kirche ist* eine. *Diese Einheit der Kirche hat drei Ursachen. Zunächst die Einheit des Glaubens; denn alle Christen, die zum Leibe der Kirche gehören, glauben dasselbe. Zum zweiten die Einheit der Hoffnung; denn alle stehen fest in der einen Hoffnung, das ewige Leben zu erlangen. Endlich die Einheit der Liebe; denn alle sind in der einen Liebe zu Gott und in gegenseitiger Liebe zueinander verbunden. Wenn diese Liebe echt ist, dann zeigt sie sich darin, daß die Glieder für einander besorgt sind und das Leid gemeinsam tragen.*

2. *Die Kirche ist* heilig. *Die dieser Versammlung [der Kirche] angehörenden Gläubigen werden aber aus drei Quellen geheiligt. Zunächst [durch die Taufe]; denn wie man einen Kirchenraum vor der Weihe äußerlich säubert, so werden auch die Gläubigen im Blute Christi gewaschen. Zum zweiten durch eine Salbung; wie ein Kirchenraum gesalbt wird, so auch die Gläubigen durch eine geistliche Salbung, durch die sie geheiligt werden. Andernfalls wären sie keine «Christen», denn «Christus» bedeutet «Gesalbter». Endlich durch die Einwohnung des dreifaltigen Gottes, denn der Ort, wo Gott wohnt, ist heilig.*

3. *Die Kirche ist* katholisch, *d. h. allgemein. Zunächst räumlich, denn sie ist auf der ganzen Welt ausgebreitet. Zum zweiten im Hinblick auf die Stände der Menschen; denn keiner ist ausgeschlossen, weder Herr noch Sklave, weder Mann noch Frau. Drittens zeitlich, denn die Kirche nahm ihren Anfang zur Zeit Abels und wird bestehen bis zum Ende der Welt.*

4. *Die Kirche steht fest. Ein Haus steht fest, wenn es gute Fundamente hat: das Fundament der Kirche ist Christus; das abhängige Fundament aber sind die Apostel und ihre Lehre. Daher wird die Kirche* apostolisch *genannt.*

*Kommentar zum Apostolischen Glaubensbekenntnis,*
Artikel 9 (gekürzt).

## Der Papst als Verkünder des Glaubens

*Die Neufassung der Form eines Glaubensbekenntnisses ist notwendig, um aufsteigenden Irrtümern zu begegnen. Unter die Autorität desjenigen also fällt die Aufstellung einer Bekenntnisform, unter dessen Autorität es fällt, das, was des Glaubens ist, lehrmäßig zu entscheiden, damit es von allen in unerschüttertem Glauben festgehalten werde. Dies aber obliegt der Autorität des Papstes, «vor den», wie es im Rechtsbuch heißt, «die größeren und schwierigeren Streitfragen der Kirche gebracht werden»* (Decretum Gratiani, *dist. 17, can. 5*). *Daher sagt auch der Herr (Lk 22, 32) zu Petrus, den er zum obersten Priester eingesetzt: «Ich habe für dich gebetet, Petrus, daß dein Glaube nicht versage; und du, wenn du einst bekehrt bist, stärke deine Brüder!»*

*Und der Grund dafür ist, daß der Glaube der ganzen Kirche einer sein soll, gemäß 1. Kor 1, 10: «Führt alle doch dieselbe Sprache, und duldet keine Spaltungen bei euch!» Dies könnte aber nicht eingehalten werden, wenn nicht eine über den Glauben auftauchende Frage durch den entschieden würde, welcher der ganzen Kirche vorsteht, auf daß dergestalt seine Entscheidung von der ganzen Kirche unverbrüchlich festgehalten wird. Und also unterliegt die Neuaufstellung einer Glaubensform einzig der Autorität des Papstes, wie auch alles andere, was die ganze Kirche angeht, so die Berufung eines allgemeinen Konzils und anderes Derartiges.*

*... Durch eine Anordnung einer allgemeinen Synode wird keinesfalls einer späteren Synode die Vollmacht entzogen, eine neue Glaubensform zu verfassen, die dann freilich nicht einen neuen Glauben ausspricht, sondern den nämlichen Glauben, nur näher auseinandergesetzt. Denn daran ha*

*sich jegliche Synode gehalten, daß eine spätere Synode unter dem Zwang irgendeiner Häresie, die sich erhoben, etwas dartun konnte über das hinaus, was die vorausgehende dargetan hatte ...*

Summa Theologiae, II–II 1, 10, Antwort u. Zu 2 (Bd. 15).

*Der Fortschritt in der Erkenntnis hat auf zweifache Weise statt. Einmal von seiten des Lehrenden, der in der Erkenntnis vorwärts schreitet, sei es nur einer, seien es mehrere in der Abfolge der Zeiten. Und das ist der Grund des Wachstums in den Wissenschaften, die durch menschliche Vernunft begründet werden. Sodann von seiten des Lernenden. So überliefert ein Meister, der seine ganze Wissenschaft beherrscht, diese nicht sofort von Anfang an dem Jünger, weil er sie nicht fassen könnte, sondern allmählich, indem er sich zu dessen Fassungskraft herabläßt. Und in dieser Weise haben die Menschen Fortschritte gemacht in der Erkenntnis des Glaubens in der Abfolge der Zeiten. Darum vergleicht der Apostel den Stand des Alten Bundes mit der Kindheit (Gal 3 u. 4).*

Summa Theologiae, II–II 1, 7 Zu 2 (Bd. 15).

# Imago Mundi

In jenem Jahr (1267) hielt Bonaventura, der Kollege und Freund des Thomas von Aquin – er war inzwischen Generalminister der Minoriten geworden – zu Paris die traditionellen Fastenpredigten vor den Studenten und Magistri der Universität. Ihr Thema waren Probleme von brennendster Aktualität, aber hineingezwängt in den reichlich künstlichen Rahmen eines Kommentars zu den Zehn Geboten. Seit vier oder fünf Jahren hatte in der Tat der eine Zeitlang durch kirchliche Verbote zurückgedrängte Aristotelismus nicht nur das Recht erhalten, seine Philosophie offiziell vorzutragen, sondern er enthüllte dem leidenschaftlichen Wissensdrang der Magistri auch die Wurzeln und tiefgreifenden Ansprüche seiner Grundpositionen. Die Verbreitung der Werke des Averroes, des «Kommentators» *par excellence*, zwang nach und nach die Interpreten, auf fromme Akkomodationen zu verzichten und dem Geist wie dem Buchstaben des Aristoteles getreu zu bleiben. Bis dahin war es der Logiker in ihm gewesen, der Meister in der Kunst des Schlußfolgerns, der nach langem Widerstand Ansehen erlangt hatte. Nun aber entpuppt sich der Philosoph der Natur und des Menschen und wirkt noch verführerischer. Die Theologen fanden sich also nicht nur methodologischen Nutzwerten gegenüber, über die man schließlich noch Herr bleiben konnte, sondern sahen sich vor autonome Werte gestellt: man entdeckte Realitäten in der Natur und im Menschen, die unabhängig vom offenbarten Glaubensgut zu bedeutsamen Objekten des Denkens wurden. Konnte in dieser Dualität die Wahrheit nach Inhalt und Ursprung *eine* bleiben und fähig, im Geiste zur Einheit gebracht zu werden?

Bonaventura, der sehr wohl die Techniken und allgemeinen Prinzipien des Aristotelismus kannte, sie aber in einer Schau der Welt von völlig anderer Inspiration «gebrauchte» – im pejorativen Sinne des Wortes –, wandte sich heftig gegen eine uneingeschränkte Darbietung des authentischen Aristotelismus und gegen die Verführungsmacht, die er zugunsten einer vielgestaltigen Eigengesetzlichkeit der Vernunft ausübte. Wie es häufig in solchen Fällen geht, verbreitete er sich mehr gegen die bedauerlichen Konsequenzen des Systems als über seine Prinzipien. Aber seine Abklärung war sehr gut durchgeführt. Als Irrtümer im Glauben stellte er heraus: Ewigkeit der Welt, Notwendigkeit der Naturgesetze, psychologischer Determinismus, Unpersönlichkeit des menschlichen Geistes. Er rührte hier an die folgerichtigen Belastungen des Lehrgehaltes in der aristotelischen Konzeption von der Welt. Die drei Thesen brachten eine bestimmte Theologie vom Menschen in seiner persönlichen und religiösen Beziehung zu Gott ins Wanken. Mehr noch, sie lösten die Probleme ab von den geschichtlichen Gegebenheiten und den spirituellen Elementen der Heiligen Schrift.

Im folgenden Jahr (1268) trat Bonaventura wieder auf den Plan, und zwar mit wachsender Festigkeit. Die Kontroversen hatten sich verbreitet und waren hitziger geworden, vor allem an der Artistenfakultät, wo die direkte Aristoteles-Lektüre ihren Einfluß ausübte. An der theologischen

*Das physische Universum in der Vorstellung der mittelalterlichen Kosmogonie, nach der Imago mundi des Walter von Metz (13. Jh.)*

Fakultät konnte die Einmütigkeit, mit der man den Glauben zu verteidigen gesonnen war, nicht über die tiefen Unterschiede der Positionen auf dem Feld der theologischen Systembildung hinwegtäuschen. Bonaventura hatte diskret angespielt auf diejenigen, die, ohne zwar dem Irrtum zu verfallen, dennoch bereit waren, unter dem Vorwand rationaler Methode sich mit ihm abzugeben. Thomas von Aquin, dessen aristotelische Grundentscheidungen bekannt waren, sah sich angesprochen. Er war gerade neuerlich von Italien, wo er zehn Jahre lang gelehrt hatte, zurückgekehrt und hatte mit Wiederbeginn des Schuljahres 1268 seinen Lehrstuhl an der Universität wieder eingenommen. In einer Reihe öffentlicher Disputationssitzungen (deren Redaktion uns in den *Quaestiones disputatae De spiritualibus creaturis* und *De anima* erhalten ist) erneuert er seine Analyse der psychologischen Struktur des menschlichen Wesens, sowohl auf der Ebene des Leibes wie auf der des Geistes, und verteidigt zu diesem Zweck in ihrer Ordnung den Wert der naturphilosophischen Methode des Aristoteles. In einer scharfen Streitschrift verteidigt er zu gleicher Zeit gegen die averroistische Interpretation einen Personalismus innerhalb einer aristotelischen Lehre vom Menschen. Im Verlauf der feierlichen Disputationen, die jedes Jahr um Weihnachten und Ostern aktuelle Probleme aufgriffen, behauptet er gegen den Ansturm der Augustinisten und gegen ihren Idealismus die Substanzeinheit von Leib und Seele, mit allen psychologischen und erkenntnistheoretischen Konsequenzen. In eine dieser Disputationen (1270) muß man ohne Zweifel den berühmten Vorfall verlegen, wo er sich in Gegenwart der ganzen Universität und des zum Bischof von Paris erhobenen Magisters Tempier dem scharfen Angriff des Johannes Peckham, des Magisters der mit der seinen rivalisierenden Schule ausgesetzt fand, der leidenschaftlich die angebliche naturalistische Verschmutzung der Philosophie des Dominikaners anprangerte. Ende Juli distanziert sich Thomas in einer Predigt von dem Averroisten Siger von Brabant und prägt das berühmte Wort über die Philosophen, die hinsichtlich des religiösen Schicksals des Menschen weniger wissen als ein altes Weib in der Einfalt seines Glaubens.

Dennoch zirkulierten Listen mit verdächtigen und von der Verurteilung bedrohten Sätzen, unter denen Thomas sich getroffen sah. Einer seiner Mitbrüder schickte in großer Unruhe – wenigstens falls der Vorfall hier anzusetzen ist – eine briefliche Anfrage an Albert den Großen, der damals in Köln weilte, aber zu Paris ein großes Ansehen bewahrt hatte. Der alte Meister, der freilich nicht alle aristotelischen Positionen seines früheren Schülers teilte, nahm diesen in Schutz vor den «sophistischen» Theologen von Paris. Aber die Würfel waren gefallen! Ende 1270 wurden dreizehn Sätze, die die averroistische Interpretation des Aristoteles zusammenfassen, als unvereinbar mit dem christlichen Glauben gebrandmarkt: Ewigkeit der Welt, Leugnung der Vorsehung, des persönlichen Geistes im Menschen, der Wahlfreiheit. Im letzten Moment waren zwei Sätze, die Thomas kompromittierten, gestrichen worden. Es blieb aber die These von der (philosophischen) Möglichkeit einer ewigen Welt: Thomas tritt nachdrücklich dafür ein, gewiß nicht, um sich nach Art der Averroisten auf Gedeih und Verderb an Aristoteles auszuliefern, wohl aber, um zusammen mit der Absolutheit des Glaubens auch die Freiheit der Forschung gegen den Integralismus seiner Gegner zu vertreten, die jedes Unterscheiden, das einer Klärung der Zwiespältigkeiten des Aristotelismus hätte dienen können, ablehnten.

Thomas von Aquin mußte im folgenden Jahr Paris verlassen, um einen Lehrstuhl an der Universität Neapel zu übernehmen. Die *magistri artium* (wir würden heute sagen: die Professoren für Literatur und Naturwissenschaften), deren philosophische Methoden er gegen den augustinischen Supernaturalismus Bonaventuras unterstützt hatte, bekundeten öffentlich, selbst auf die Gefahr hin, ihn noch mehr zu kompromittieren, ihre Hochachtung und Anerkennung für ihren Freund von der Theologie. Bonaventura seinerseits sollte den Kampf fortsetzen: 1273 hielt er eine neue Reihe von Predigten in der Form eines Kommentars zum biblischen Schöpfungsbericht, der ja offensichtlich zum Grundproblem des Streites in Beziehung steht. In diesen Predigten brandmarkte er die naturphilosophischen Grundlagen einer Konzeption vom Universum und vom Menschen, in der die augustinische Sicht, die er als Kriterium eines unverkürzten Glaubens ansah, nicht gewahrt blieb.

## Schöpfungsdenken und Absolutheit Gottes

Wenn wir hier mehr als sonst biographische Episoden zu Wort kommen ließen, dann zuerst deshalb, um uns von einer oberflächlichen und frommen Vorstellung frei zu machen, die uns einen abstrakten und einsamen Thomas darbietet, den Kontemplation und Arbeit sozusagen physisch aus den Wirrnissen des Jahrhunderts herausgelöst haben. Übrigens betrachten wir dieses Jahrhundert, das Jahrhundert der Summen und der Kathedralen, das Jahrhundert des heiligen Königs Ludwig IX., meist mit einer leichtfertigen Romantik und darum selten in seiner brutalen Realität, in der die Leidenschaft des Geistes die Rauheit der Sitten selbst bei den Gläubigen noch verschärft. Solche Sentimentalität paßt weder zur geschichtlichen Wahrheit noch zu der persönlichen Hochgemutheit des Thomas.

Auf der Höhe der wissenschaftlichen Laufbahn des Thomas und im Herzstück seiner Spiritualität liefern uns die dargestellten Begebenheiten in Wahrheit den lebendigen Rahmen eines höchst bezeichnenden geistigen Konfliktes, der sich mitten in der Christenheit abspielte. Unglücklicherweise haben Reformation und Renaissance ihn fast völlig unserem Blick entzogen, während er doch im Werden der sogenannten «neuen Zeit» ohne Zweifel – und das gilt auch für die Renaissance und die Reformation – bis in die theologischen und spirituellen Unterschiede hinein der Schlüssel zu den in der Lehre vom Menschen und von der Gnade Gottes aufgeworfenen Problemen ist. Thomas von Aquin ist der spirituelle Meister einer Konzeption von der Gnade und von der Natur, die infolge der

Zeitumstände besonders bei ihrer Entstehung scharf ins Licht tritt, die aber ihre Gültigkeit in sich selbst trägt. Es geschieht also nicht aus bloßem gelehrtem Interesse an diesen Auseinandersetzungen, sondern wegen ihres objektiven Gehaltes, wenn wir hier die Strömungen freilegen, die in jenen zum Austrag kommen und weit über die scholastischen Dispute hinaus früher wie heute diese Auseinandersetzungen durch die Geschichte hindurch zu einer ständigen Gegenwart machen.

Ist es möglich, daß die Welt von aller Ewigkeit her existiert hat? Solche Fragen nach dem Ursprung und dem Werden der Dinge scheinen überflüssig und sind doch von großer Tragweite. Durch ihre technische Formulierung hindurch bestimmen sie in Ergebnis und Methode die Mentalitäten und Tendenzrichtungen. Aristoteles hatte seine Theorie vom Universum auf Prinzipien aufgebaut, die die Ewigkeit der Welt einschlossen. Seine Analyse der Wesenheiten führte ihn nicht dazu, einen Anfang in der Existenz zu suchen. Das neue Faktum, das eine Schöpfung darstellen würde, gelangte nicht in den Blick einer Metaphysik der Bewegung: ein Gott, der in der Zeit eingreift, ist darin unvorstellbar. Für jeden Gläubigen, der das erste Kapitel der Genesis las, war das zumindest ein faktischer Gegensatz. Der augustinische Theologe konnte hier mit Recht eine Leugnung der radikalen Kontingenz der Schöpfung sehen. Das aber hieß – selbst wenn man an einer schöpferischen Ursache festhielt – das tiefe Geheimnis jener Abhängigkeit entleeren, das im Menschen die Grundlage jeder Spiritualität bildet, seinen Titel begründet, Ebenbild Gottes zu sein, und zugleich seine Unterwerfung unter die Vorsehung erklärt.

Warum hält Thomas also die Möglichkeit einer ewigen Schöpfung aufrecht? Und warum hält er sie aufrecht unter Einsatz seines ganzen Ansehens und seiner Lehre? Einfach deswegen, weil für ihn die von der Schrift gelehrte Tatsache eines Anfangs der Welt in der Zeit der rationalen Analyse des geschaffenen Seins nicht vorgreifen darf, die ihrerseits auf dieser Betrachtungsebene auf einer Metaphysik der Bewegung beruht. Der Gläubige muß an die Schöpfung in der Zeit «glauben». Der Philosoph als solcher hält, ohne seinem Glauben zu widersprechen, an der Wahrheit seiner Prinzipien fest. Die Beziehung der Abhängigkeit gegenüber Gott, das Fundament aller Gottesverehrung und vor allem der inneren Gottesverehrung, erklärt sich nicht durch eine Veränderung, durch zeitliche Ereignisse, die der Kontingenz ausgeliefert sind, sondern durch die Innerlichkeit eines notwendigen ontologischen Bezuges, der jenseits aller Zeitlichkeit liegt. Der Gelehrte hat seinerseits volle Freiheit der Methode, nach seinen Gesetzen das Werden der Welt zu untersuchen.

Die Hingewandtheit zu Gott ist somit das innere Gesetz der Beziehung des Geschaffenseins. Wir stehen hier vor der ganzen Tiefe der Sicht des Thomas, die eine Reaktion darstellt gegen eine auch heute noch weithin verbreitete «Religion». In der augustinischen Sicht vom Universum liegt der Ton auf der Abhängigkeit des Seienden, die ihm durch jene Beziehung eignet, welche dieses Seiende als Geschöpf konstituiert. Der Aufschrei unseres schmerzlichen Mangels ist der Ausdruck unseres «Nichts». Für Thomas ist das Geschaffensein sehr wohl diese Abhängig-

*Skizzenhafte Darstellung des heiligen Thomas (schon mit Heiligenschein!) auf dem Rand einer Handschrift des 13. Jhs., einem Kommentar zu Mt. 10, in dem der Franziskaner Petrus Johannes Olivi heftig die Lehrmeinung des Thomas über die evangelische Armut angreift.*

keitsbeziehung des geschaffenen Seins gegenüber seiner Quelle, ohne die es nur ein Nichts wäre. Und in der Tat entspricht unser Gebet dieser radikalen Abhängigkeit. Aber die unrückführbare Eigenart einer solchen Beziehung verlangt, daß sie streng gegen die bedrohlichen Verkehrungen abgeschirmt wird, durch die die Religion so leicht ihre Würde verlieren kann. Es ist unbedingt nötig, von Anfang an zu beachten, daß diese Beziehung einseitig ist. Bei diesem Hervorgang geht Gott keine reale Beziehung zu seiner Kreatur ein und kann sie nicht eingehen. Seine Transzendenz schließt jede Veränderung aus; und ein Zuwachs an Sein, selbst durch diese neuen Seienden, ist bei ihm undenkbar. Seine Freigebigkeit ist absolut. Der Austausch realisiert sich in dieser unvorstellbaren Verbindung somit in einer doppelt geheimnisvollen Innigkeit, gleichsam in einem Schweigen von Angesicht zu Angesicht, das bei einem Dialog zwischen menschlichen Partnern undenkbar ist. Zwischen Gott und Mensch besteht in der Tat nicht etwa nur ein akzidenteller Niveau-Unterschied im Sinne einer Hierarchie der Gegenstände, in der der göttliche Über-Gegenstand nur eine höchste Stufe unter gleichartigen Realitäten einnähme, die ein Geist vor sich sieht. Gott paßt in keine Kategorie irgendeiner Wissenschaft oder Philosophie. «Gott hat niemand je gesehen», sagt Johannes. Und Thomas: *Von Gott können wir nicht wissen, was er ist, sondern höchstens was er nicht ist, und welche Beziehung alles übrige zu ihm hat.*[23]

*Thomas und Augustinus, jenseits ihrer Gegensätze. Gemälde von Simone Martini, 14. Jh., Kirche S. Caterina, Pisa*

Ein zweites und nicht weniger entscheidendes Element der Befindlichkeit des Geschaffenseins: selbst wenn die Schöpfungsbeziehung im Gefüge des von Gott empfangenen Seins jenes ontologische Band, jene reine Beziehung ausmacht, durch die das Geschaffene sich als durch und durch bedürftig erweist, so ist doch das solchermaßen auf Gott bezogene Geschöpf ins Sein gesetzt. Geschaffensein, das heißt zunächst einmal: Sein – Sein eines abhängigen Wesens, das ganz an die Quelle des Seins gebunden ist, dessen Abhängigkeit aber selbst nur wirklich ist, weil zuvörderst einmal etwas *ist*. In der Ordnung der Seinshaftigkeit gibt es eine reale Priorität dessen, was geschaffen ist, vor seinem Geschaffensein selbst. Das aber begründet und unterstreicht, wie man sieht, den ganzen Realismus, der sich ebenso in der Ordnung der Naturen wie im Zusammenspiel der Zweitursachen zeigen wird. Im Innenraum der Geschöpflichkeit selbst, in jener radikalen Abhängigkeitsbeziehung, die jedem geschaffenen Sein anhaftet, kommt wirkliche Eigenständigkeit zum Zuge. Dem geschaffenen Geist wird auf diese Weise gerade innerhalb seines Mangels eine eigentümliche «Beständigkeit» zuerkannt, eine Selbst-Setzung, die der hier gegen das griechische Denken gewandte Augustinismus kategorisch ablehnt.

Die Immanenz der Vorsehung selbst – die keinesfalls eine abstrakte Ordnung des Universums ist, sondern als fortgesetzte Schöpfung die Abhängigkeit alles Geschaffenen von der schöpferischen Weisheit beinhaltet – garantiert hier noch im Innenraum der Beziehung Geschöpf-Schöpfer die Realität der Ordnung der Wesenheiten. Das gleiche gilt von deren eigentümlichen Tätigkeiten. Gott bewegt souverän alles, was er schafft. Aber diese höchste Herrschaft, die er über das Universum ausübt, paßt sich selbst den Gesetzen der schöpferischen Vorsehung an, die will, daß jedes Wesen die seiner Natur gemäßen Tätigkeiten *als seine eigenen* hervorbringt. Eine Eigenständigkeit, die ihre höchste Verwirklichung in der vernunftbegabten Schöpfung findet: Diese bewegt sich buchstäblich selbst, sowohl in den Schritten ihres Geistes wie in der Gestaltung ihrer Existenz. Ihre Freiheit, die durch den Bezug auf Gott nichts weniger als aufgehoben ist, hat hier ihr Fundament – Gott ist Gott, und nicht eine Projektion irdischer Souveränität. Die «Vorsehung» ist nicht eine unserem Ungenügen angepaßte gnadenhafte Ergänzung für die Tage, in denen wir des Trostes bedürfen, sondern der Akt, durch den wir die Möglichkeit haben, unsere Bestimmung zu verwirklichen. Es ist der hervorragende Fall einer solch hohen Seinsweise, daß dort in dieser schöpferischen Freiheit das Ebenbild und Gleichnis Gottes aufleuchtet. Jede Kreatur jedoch geht in ihrem Sein und in ihrem Handeln gewiß von Gott aus, aber in einer durchaus realen «Dichte». Die Gegenwart Gottes ist die Weihe dieser «Dichte».

Wenn Augustinus von einer ständigen Gegenwart der Dinge und Ereignisse dieser Welt in Gott spricht, der sie erkennt, dann denkt er nur an die ewige Gegenwart ihrer «Ideen» im göttlichen Denken. Bei dieser Belastung durch das System in einem Christentum, das «ein Platonismus für das Volk geworden ist», wie Nietzsche verächtlich sagen wird, ist die geschichtliche Ordnung sowohl der Gnade wie der Natur nur begreifbar als ein seinsschwaches und chaotisches Werden, wohingegen deren Wirklichkeit, die, um wahr zu sein, unveränderlich sein muß, jenseits in einer in Gott verlegten Welt der Ideen rekonstruiert wird. Thomas seinerseits rechtfertigt den Gedanken eines göttlichen Vorauswissens durch den Begriff einer Koexistenz Gottes mit jedem Augenblick des Zeitablaufes: die Dinge *sind*, die zeitlichen Ereignisse *sind* – und zwar nicht nur ihre «ewigen Gründe» als der einzige Ort, wo jene wahr sein könnten –, im Gegensatz zu der vorübergehenden Existenzweise, mit der sich trügerische, von einer theokratischen Theologie und einer Furcht weckenden Religion abgewertete und verdächtigte Wissenschaften befassen. Im Thomismus «ist das zeitliche Werden absolut real. Die schöpferische Einwirkung Gottes gibt der zeitlichen Dauer Bestand, sie ist darin Prinzip des Lebens, des Bewußtseins, der Freiheit» (A. Hayen).[24] Das WORT Gottes ist nicht der platonische Gott.

Für Bonaventura scheint es gefährlich, den Geschöpfen allzuviel zuzuschreiben, und die Demut muß, selbst um den Preis der Wahrheit, geneigt sein, ihre Rolle möglichst klein zu halten. Für Thomas von Aquin bedeutet den seienden Dingen ihre «Dichte» zuerkennen, Gott die volle Ehre geben, da diese eigentümliche «Dichte» gerade der Über-Effekt einer wunderbaren Allmacht ist: *Der Vollkommenheit der Geschöpfe Eintrag tun heißt der Vollkommenheit der Göttlichen Wirkkraft Eintrag tun.*[25] Das gilt noch mehr in einer höchsten «Dichte» für jene freien Wesen, wie die Menschen es sind. Gott ist in gleicher Weise die herrscherliche Quelle für diese Unterschiede im Sein, für Kontingenz und Notwendigkeit, Determinismus und Freiheit. Er erteilt ihnen in gleicher Weise ihre je verschiedene «Dichte»: *So wie er vollkommen ist im Sein, so auch vollkommen im Leiten.*[26] Gott ist im Schicksal der Welt nicht der Helfer des Menschen im Sinne eines aufteilbaren Zusammenwirkens, innerhalb dessen er Kraft und Mut und einiges Angeld auf die ewige Seligkeit gäbe. Gott macht die Geschichte, aber gerade deswegen *sind* die Ereignisse, und sind sie vollauf menschlich unter dieser schöpferischen Vorsehung. Die Transzendenz Gottes selbst ist der Grund für die *reale* Wirksamkeit der Naturen, der Ursachen, der Ereignisse, denn *man muß den göttlichen Willen so verstehen, daß er außerhalb der Ordnung der seienden Dinge steht als eine Ursache, die das gesamte Sein und seine Unterschiede hervorbringt.*[27] Das Naturgesetz ist nicht die Projektion zeitloser Dekrete in das Innere der Geschichte, wie Skotus es auffassen wird, sondern der konkrete Befehl Gottes, der sich bis auf die Einzelheiten der Situation erstreckt. Darin liegt kein Relativismus: das Naturrecht verdankt diesem göttlichen Ursprung jene Kraft, die es in der Tat zum Führer unserer Gesellschaft in ihrer bewegten Geschichte macht.[28]

Dieser Realismus ist durchaus nicht die Auswirkung eines verkappten Naturalismus, dessen ihn ein gewisser pietistischer Idealismus beschuldigt hat und immer beschuldigen wird, während er rasch zufrieden ist mit den religiösen Werten des Platonismus. Was Thomas am platonischen Universum ablehnt, ist außer seinem Dualismus von Materie und Geist, außer der Trennung der zwei «Gesichter» der Vernunft gerade die allzu leichtfertige Geringschätzung der sinnfälligen Dinge und das Verlockende und Mitreißende seines Spiritualismus. Das sind nicht die Wege Gottes und die Wege, die uns in der Bibel gezeigt werden! «Es gibt im Universum Platons eine Notwendigkeit des Ausweichens, eine Verpflichtung zur Flucht vor gewissen Dingen, die als von Haus aus unvereinbar mit der Hoffnung des Menschen angesehen werden. Aber man muß wissen, daß dann diese menschliche Notwendigkeit und diese menschliche Pflicht ihre letzte Ursache in einer göttlichen Unvollkommenheit haben. Das Universum der Patriarchen und Propheten, das auch das Universum des Evangeliums ist, ist kein Universum, in dem eine Verpflichtung zur Flucht vor den seienden Dingen oder wenigstens zu ihrer Umgehung der Gottheit unrecht tut. Der Gott, der ‹am Anfang Himmel und Erde schuf›, ist im christlichen Glauben ein Gott, dessen Transzendenz selbst allem, was ist, eine ‹Gutheit› sichert, durch die hindurch wir wissen, daß sich uns immer ein Ausweg in die Hoffnung öffnen wird.»[29]

Gegen die geistigen und geistlichen Ausflüchte eines gewissen Providentialismus, gegen ein ekstatisches Übersteigen muß gesagt werden: der wahre Weg, in den Plan Gottes hineinzufinden, ist somit der, sich an die

Erkenntnis der Zweitursachen zu machen, wie sie in Naturwissenschaft und Geschichtsbetrachtung auf der jeweiligen ontologischen und erkenntnistheoretischen Ebene der irdischen Wirklichkeiten durch diesen jeweils entsprechende Methode vermittelt wird. Das Gleiche gilt für das Sittengesetz selbst, das ich entdecke und feststelle, indem ich die Natur des Menschen erforsche, und nicht, indem ich von vornherein ausgehe vom Begriff eines ewigen Gesetzes als der Quelle der gesamten moralischen Ordnung. Gleiches gilt für die Struktur der Freiheit, in der die Ursächlichkeit der Vernunft gegenüber dem Wahlwillen sich von den Objekten herleitet, die nicht, wie die Augustinisten in ihrer geheimen Furcht vor dem Determinismus damals sagten, bloße Anlässe sind, sondern innere und wirksame Ursachen. Gleiches gilt auf allen Gebieten des Geistes und der Tätigkeit – sogar im christlichen Heilswerk –, wo sich in jeder Ordnung von Realität die Probleme stellen und die Lösungen sich ergeben von den je eigenen Objekten aus und gemäß den ihnen je eigenen Methoden. «Kein Spezialist kann einen Satz beweisen, annehmen oder widerlegen, es sei denn kraft seiner Prinzipien, das heißt der Prinzipien seiner Wissenschaft», sagte der Averroist Boëtius von Dacien, der von der Verurteilung von 1270 mit getroffen wurde, und dasselbe sagt Thomas. So löst man also ein politisches Problem nicht durch religiöse Gründe, eine wirtschaftliche Frage nicht mit den Mitteln einer moraltheologischen Untersuchung. Albert der Große hatte ja schon gesagt: «In der Naturphilosophie ziehe ich Aristoteles dem Augustinus vor, jeden nach seiner Zuständigkeit.» Thomas sagt gleichfalls: *Das Urteil über eine Sache [oder eine Handlung] erfolgt jeweils nach deren eigenen Urgründen.*[30] Das ist das alte methodologische Axiom, das Boethius, der Meister des Denkens für diese Aristoteliker, folgendermaßen formuliert hat: «Es ist einem Geiste, der seiner selbst mächtig ist, eigentümlich, ein jedes Ding gemäß dem zu behandeln, was es in sich selbst ist.» Ohne Zweifel haben wir hier den Hauptzug nicht nur der Erkenntnistheorie des Thomas, sondern auch seiner religiösen Mentalität. Es ist, wie schon zu seiner Zeit, nur die Böswilligkeit seiner Gegner, die von daher auf einen Bruch der Wahrheit in auseinandergerissene und getrennte Ebenen schließen will: Gegen die ständigen Konfusionstendenzen, gegen allen frommen Opportunismus, gegen alle Willkür macht sich der Thomismus, den Gegenständen verpflichtet, an das «Unterscheiden, um zu einen» (J. Maritain).

## Der Mensch und die Materie

Auf den Menschen angewandt, führt diese eine ganze Spiritualität in sich tragende intellektuelle Methodologie dazu, die Grundbedingungen seiner Natur zu untersuchen. Hier liegt zwischen Thomas von Aquin und den Theologen seiner Zeit eine noch entscheidendere Bruchstelle. Gewiß lehren alle, daß der Mensch Leib und Seele sei, oder, im philosophischen Vokabular ausgedrückt, Materie und Geist. Aber das ist für den Glauben wie für die Vernunft ein Allgemeinplatz. Er läßt das Feld offen nicht nur für die Konkurrenz zwischen den biblischen Ausdrücken und den philosophischen Kategorien, sondern auch für die strukturale und funktionale Analyse dieses Dualismus. Die Art, wie man ihn deutet, entscheidet über auseinandergehende Anthropologien und spirituelle Haltungen. Indem die damaligen Theologen und geistlichen Lehrer dem Druck eines von der Philosophie des Augustinus übernommenen verkappten Platonismus nachgeben, tendieren sie dahin, die Einheit von Seele und Leib nur unter der Vorentscheidung für eine in sich selbst bestehende Seele zu fassen. Ihre Vereinigung mit der Materie berührt sie nur akzidentell. Gewiß realisiert der Geist in einem Leibe sein gegenwärtiges und zukünftiges Schicksal, aber dieser ist nur die zeitliche Hülle eines Lebens, das letztlich dieser Befleckung durch die Zeit entzogen ist. Von daher rührt eine Art spiritueller Imperialismus, den es aufrechtzuerhalten gilt gegen die Herabwürdigung, zumindest gegen die Zerstreuung nicht nur von seiten der zentrifugalen körperlichen Kräfte, sondern auch von seiten der Welt und der Materie überhaupt, mit der der Leib als solcher solidarisch ist. Das Genie Augustins vermied die drohenden Täuschungen eines solchen Spiritualismus, aber die Überführung der augustinischen Erfahrung in ein System mußte unvermeidlich die darin eingeschlossenen Festlegungen unwiderruflich machen.

Thomas lehnt ausdrücklich nicht nur die Konsequenzen, sondern selbst die Prinzipien dieses Menschenbildes ab. Ist das die Grundsatzentscheidung eines Aristoteles-Schülers, der im 13. Jahrhundert die Kontroverse des Aristoteles gegen Platon neu auflegt? Es hat sehr wohl den Anschein, daß die Position des Thomas sich nicht nur auf der Ebene von Schulstreitigkeiten hält, sondern bis an die lebendige Quelle seines Geistes hinabreicht. Wenn er Aristoteles kommentiert, dann deswegen, weil seine Grundauffassung vom Menschen hier die Mittel findet, sich zu begründen, und den Apparat, sich zum System zu konstruieren. Nicht ein System und nicht eine umstrittene Texterklärung bestimmen seine Sicht; über diese ist vielmehr schon entschieden, da er sich in den Vorlesungen seines Lehrers Albert des Großen seine Notizen macht.

Gegen jeden Dualismus wird erklärt: Der Mensch besteht aus einem einzigen Wesen, in dem Materie und Geist die substantiell geeinten Prinzipien einer Ganzheit sind, die ohne Unterbrechung des Zusammenhangs durch deren wechselseitige Verbindung bestimmt ist. Keine zwei Dinge, nicht eine Seele, die einen Körper hat oder einen Körper bewegt, sondern eine verleiblichte Seele und ein beseelter Leib, so daß die Seele als «Form» des Leibes bis in ihr innerstes Wesen hinein determiniert ist, so sehr, daß es ihr ohne Leib unmöglich wäre, sich ihres eigenen Seins bewußt zu werden. Es ist das Gleiche für den Leib, eine Seele zu haben, wie für die Materie dieses Leibes, wirklich zu sein.[31] Eine chemische Verbindung ist eine Einheit, deren Grundstoffe etwas ganz anderes sind, sobald sie zu dieser Einheit verschmolzen sind, etwas, was sie im Zustand unverbundener Substanzen nicht wären. Das gilt noch viel mehr für Materie

*Der heilige Thomas, Aristoteles und Platon.*
*Gemälde von Benozzo Gozzoli, um 1480. Louvre, Paris*

und Geist in der Einheit des zusammengesetzten menschlichen Wesens; Geist und Materie bewirken gegenseitig ihre Existenz, sie konstituieren sich, tragen sich, determinieren sich gegenseitig. Im Menschen kann die Materie vermöge dieser Substanzeinheit zur Teilhabe am göttlichen Leben gelangen, und in der gnadenhaften Hingabe dieses Lebens ist Christus als Gottmensch der Garant einer Auferstehung des verklärten Fleisches. Der Mensch ist gleichsam das «Relais» der Verströmung der schöpferischen Liebe bis hinein in die Dichte der Materie.

*Sie erinnern sich nicht daran, daß sie Menschen sind*[32]: *dieses Wort richtet sich nicht nur gegen die Katharer (die «Reinen»), sondern gegen jeden, der die Reinheit des Geistes – in seinem Sein, in seiner Erkenntnis- und Liebestätigkeit, in seiner kontemplativen Vollendung, in seinem Schicksal – nur begreift als eine fortschreitende Entfernung vom Leibe und aus der Knechtschaft seiner Gemeinschaftsgebundenheit. Nicht die*

111

*Christus, der Gottmensch ist der Garant einer Auferstehung des verklärten Fleisches (Psalterium des 13. Jhs.)*

Natur des Leibes, sagt Thomas, *belastet die Seele, sondern seine Verderbnis*.[33] Weder die Unsterblichkeit der Seele noch die Kontemplation, weder das «innerliche Leben» noch die absolute Würde der Person noch die Freiheit sind durch diese *natürliche* Einheit von Leib und Seele bedroht. Denn der Geist bleibt in der zusammengesetzten menschlichen Natur Träger des Seins und Prinzip der Subsistenz. Das ist ein ontologischer Primat, der in dieser Natur nicht nur die Herrschaft des Geistes und den Geschmack an den göttlichen Dingen begründet, der ihn erhebt, sondern im Verein mit dem Kampf gegen das «Fleisch» ebenso den *contemptus mundi* (Weltverachtung) des Evangeliums.

Es bleibt also dabei, daß das «innerliche Leben», bei der Selbsterkenntnis angefangen, sich nicht entfaltet durch eine Flucht aus der Dingwelt; daß die Freiheit sich nicht in das Randgebiet eines grundsätzlich von außen oder psychologisch determinierten Verhaltens zurückzieht; daß die Person ihre sozialen Bindungen nicht scheut. Damit wird eine Mentalität ausgeschieden, dergemäß der Mensch – mehr oder weniger ausdrücklich formuliert – die leibliche Seite seiner Natur nur wie ein provisorisches Organ einsetzt, wie ein vermittelndes Instrument, durch das er sich aus den verwirrenden Bildern der Körperwelt zu den reinen, absoluten, von der Materie befreiten Wesenheiten erhebe, jenem idealen, universalen, unvermischten Reich, in dem er bereits den ewigen und unwandelbaren Aufenthalt finde, der seinem Geiste angepaßt sei, das Vorspiel einer Ruhe, die endlich die Bedrückung eines Zustandes überwinde, der seiner Natur unwürdig sei.

Albert der Große, der durchaus dem biologischen Empirismus des Aristoteles geneigt war, hat sich doch dem Widerstand eines unüberwindlichen Spiritualismus gebeugt und mit anderen in der einen Seele mehrere «Formen» unterschieden, deren Stockwerke zugleich die Unabhängigkeit des Geistes in der höheren Schicht und die in den tieferen Schichten fortschreitende Durchwirkung des Leibes wahren sollten. Diese philosophische Analyse traf und stützte die Lehre der meisten geistlichen Lehrer, besonders der von Cîteaux, die in der Spitze der Seele eine göttliche Fähigkeit unterschieden, welche von der Knechtschaft des in den Körper eingesenkten Verstandes frei sei, einen Ort von höchster Reinheit, in dem die Gegenwart Gottes statt habe.

Thomas reagierte heftig gegen diesen Kompromiß, durch den wie durch eine Hintertür der platonische und augustinische Dualismus zurückkehrte. Es gibt nur *eine* substantielle «Form» des menschlichen Wesens, dieselbe, die die Tätigkeiten des Geistes leitet und die physische, organische Durchformung des Leibes realisiert. Es gibt nur *eine* Vernunft, die Gott schaut und die Welt erkennt. Es gibt keine zwei Gesichter der Seele, deren eines sich auf das Ewige richten würde und deren anderes sich den zeitlichen Aufgaben zuzuwenden hätte. Es gibt nicht einen «Verstand» (*ratio*) einerseits, suchend, forschend, diskursiv, an Begriff und Bild gebunden, und eine «Vernunft» (*intellectus*) anderseits, die sich fortschreitend von der Last der Analysen, der Schlüsse, der Konstruktionen befreite. Der Geist des Menschen ist ein und derselbe von der organischen Beseelung des Leibes bis zur Schau der göttlichen Dinge, derselbe, der das Spiel der Leidenschaften beherrscht und in der Gnade Wohnstatt des Heiligen Geistes wird. Der Verurteilung zum Trotz, die der berüchtigte Syllabus des Etienne Tempier von 1277 aussprechen sollte, wird diese Position von den ersten Schülern des Thomas festgehalten, denn sie ist der Angelpunkt seiner Konzeption vom Menschen, das unbestechliche Kriterium seiner Spiritualität. So vollzieht der getreue Thomist, ohne die Stufenordnung des Tätigseins und die Substantialität (und damit die grundsätzliche Körperüberlegenheit) der Seele zu übersehen, bei jeder Gelegenheit eine Rückführung aller Analysen und aller Kategorien, die die Philosophen und geistlichen Lehrer von ihren Erfahrungen ausgehend vorlegen, zur Einheit.

## Das sittliche Leben

Diese Struktur des menschlichen Wesens bestimmt und kennzeichnet von vornherein zugleich mit seiner Stellung im Universum die spezifische Dynamik seiner Natur. Oder besser, seine Stellung im Universum an der einenden Nahtstelle von Geist und Materie und seine innere Dynamik auf die Vollendung seines eigenen Wesens hin sind die beiden Koordinaten ein und derselben Seinslage. So sehr die menschliche Natur durch Vernunft und Freiheit spezifisch geprägt ist, zeichnet sie doch ihre Gesetze, ihr Verhalten, ihren Fortschritt, ihre Vollendung, ihre Glückseligkeit in die Ordnung der Natur ein und erscheint nicht wie ein Überbau auf der Oberfläche einer ihr fremden Welt. Ihr sittliches Leben, würden wir heute sagen, muß sich auf ihrer hohen Ebene vollziehen in einer aktiven Bewußtwerdung ihrer selbst und ihrer Bedeutung; es muß sich vollziehen in jedem Gut ihrer Erfahrung und in einer Liebe zum höchsten Gut, die sie von der Einordnung in das Universum nicht ablenkt; solches sittliches Leben ist höchster Ausdruck des Gesetzes der Natur! Der Mensch realisiert so auf allen Ebenen gerade durch die «Dichte» seines Wesens und unter der Bewegung der Vorsehung die Erfüllung seiner Vollkommenheit und legt den Grund seiner Glückseligkeit. Sagten wir nicht, daß die tiefste Eigenart der allmächtigen Freigebigkeit Gottes die ist, daß er der Kreatur nicht nur eine vielfältige Teilhabe an seinem Sein verleiht, sondern eine Fähigkeit, ihrerseits der jeweiligen Stufe einer hierarchischen Ordnung entsprechend Ursache zu sein?

*Zu Seite 115. Unter archaischen, der antiken Physik entlehnten Formen bringen die Künstler die Verknüpfung des sittlichen Gesetzes des Menschen mit den kosmischen Gesetzen des Universums kraftvoll zum Ausdruck. Auf dieser Handschrift aus dem 13. Jahrhundert sieht man, wie der Logos-Christus den Kosmos umfängt, innerhalb dessen der Mensch als «Mikrokosmos» in sich und in seinen Tugenden (Klugheit, Gerechtigkeit, Tapferkeit, Maß) die Grundbeschaffenheiten des Universums zusammenfaßt.*

*Die Schöpfung «nach dem Ebenbilde Gottes».*
*Skulptur an der Sainte-Chapelle zu Paris, 13. Jh.*

So verwirklicht jede Substanz gemäß ihrer Natur ihr Eigenziel im Rahmen der allgemeinen Zielstrebigkeit des Universums. Die «Moralität» nimmt teil an der «physischen» Ordnung des Kosmos, denn an dessen Spitze ist die geistige Schöpfung, die völlig einmalig ist im Gesamt der Natur, zugleich der göttlichen Vorsehung unterworfen und selbst «Vorsehung» hinsichtlich ihrer Tätigkeiten. Die Freiheit ist eingesenkt in die

Natur, und das Naturgesetz begreift in sich den Imperativ eines freien Willens. Die Person, die auf Grund dieser Freiheit absoluten Wert besitzt, ist dennoch Teil eines Ganzen. Ihre Selbstliebe muß sich entfalten in der Liebe zu den anderen, denn sich selbst lieben heißt, sich an seinem Platz in der Ordnung der Dinge wollen. Die Liebe zu Gott ist in der tiefen Einheit der Dinge der einende Seinsgrund meiner Bindung an mich selbst und meiner Liebe zum anderen. *Wenn die Gutheit, die Schönheit und die Lieblichkeit der Geschöpfe die Herzen der Menschen dermaßen anzieht, wird die quellhafte Gutheit Gottes selbst mithin – sorgsam mit den in den einzelnen Geschöpfen gefundenen Bächlein der Gutheiten verglichen – die Seelen der Menschen gänzlich entflammt an sich ziehen.*[34]

Auf diese Weise erschließt sich die *Secunda Pars* der *Summa*, die man allgemein als den moraltheologischen Teil in der Theologie des Thomas ansieht. Ohne Zweifel gibt es dort Erörterungen, die eine gewisse Art von Moralisten überraschen muß, wenn sie nämlich dort nur Vorbetrachtungen erblicken, eine Art metaphysischen und mystischen Überbaus, der dem praktischen Verhalten des Menschen und dessen für sich genommenen Kriterien der Freiheit fremd ist. Für Thomas ist im Gegensatz dazu die Moral gerade *theologisch*, das heißt jenem hohen, zugleich theoretischen und praktischen Wissen zugehörig, dessen Zweck es ist, alle Seienden und alles Sein in ihrer Hinordnung auf Gott und durch sie zu sehen und zu orten; denn von ihm gehen sie in einer sie durchgreifend bestimmenden Teilhabe aus, die sie wiederum zu ihm zurückführt. Glückseligkeit, Tugenden, Gesetze, Aszese, Sitten sind gewiß Stoff einer Disziplin, deren Aufgabe es ist, das menschliche Handeln zu leiten. Aber diese Disziplin erreicht ein gottbezogenes Verständnis ihres Objektes – des Menschen im Universum – nur, wenn sie es in das Licht des schöpferischen Aktes hält, durch den das Geschaffene nicht nur existiert, sondern, vermöge desselben göttlichen Aktes, seine Existenz durchhält und organisiert, indem es so seinen Ausgang von Gott fortsetzt und vollendet.

Wenn übrigens, wie wir gesehen haben, das Geschaffene ins Sein und in Tätigkeit gesetzt wird mit den Quellkräften einer *Natur*, und zwar gerade durch die Tätigkeit der schöpferischen Ursache, dann erhält die «Rückkehr» zu Gott in Wahrheit ihre Bestimmung und ihre Gesetze im wirksamen Spiel dieser Natur, dem Maß ihrer Vollendung und ihrer Glückseligkeit. Ein privilegierter Fall: die geistigen Geschöpfe vollziehen diese Rückkehr in einer freien, persönlichen Bewußtheit, ohne kosmische Mittler. Aber diese Verfügung über sich selbst im Geiste und in der Freiheit löst in keiner Weise die «Moralität» von jenem Gesetz, demgemäß jede geschaffene Natur ihre fortschreitende Entfaltung und ihre letzte Bestimmung innerhalb der kosmischen Bewegung von Hervorgang und Rückkehr realisiert. Würde man also die Tätigkeit Gottes als bloße Mitwirkung mit der Freiheit ansehen, so würde man der Freiheit bis in ihre flüchtigsten Absichten hinein die Wurzel abschneiden – ganz wie man auch das sittliche Verhalten von seiner *natürlichen* Regel abdrängen würde, wollte man es direkt an die Verpflichtungen aus einem reinen göttlichen Imperativ binden.

*Vinzenz von Beauvais überreicht dem König Ludwig sein Werk, den Spiegel der Welt. Handschrift aus dem 14. Jh.*

Diese Konzeption einer menschlichen Moral, die in die – naturhafte und geschichtliche – Ordnung der Welt eingebettet ist, stellt Thomas dar und konstruiert sie mittels zweier lehrinhaltlicher Ansätze. Der eine ist dem grandiosen neuplatonischen Schema des Universums entnommen, das, die Menschheit miteingeschlossen, als ein Hervorgang (Emanation) und eine Rückkehr in einer einzigen Bewegung begriffen wird, durch deren Dynamik die schöpferische Teilhabe gekennzeichnet ist. Thomas machte dieses Schema sogar zum Plan seiner *Summa Theologiae*, in der die Heilsgeschichte selbst, die Menschwerdung Christi eingeschlossen, in die vorherbestimmenden Beschlüsse dieses Planes der sich verströmenden Liebe einbezogen wird. Ein Schema, das den damals neu entdeckten griechischen Vätern entnommen ist, die es von seinem ursprünglichen Pantheismus und Determinismus gereinigt, ihm aber jenseits des historischen Platonismus eine verführerische Dialektik erhalten hatten.

Der zweite Ansatz ist biblische Lehre: der Mensch ist geschaffen «als Ebenbild und Gleichnis Gottes» (Gen 1, 26). In der *Secunda Pars* (vgl. I–II, prologus: Bd. 9) wird die Analyse der Moralität ausdrücklich mittels des Begriffes vom Ebenbild Gottes an den Hervorgang der Kreaturen angeknüpft: ein neuer Beleg für die Einfügung der moralischen Untersuchungen in eine theologische Schau und Methode. Wieder einmal entspringt die Spiritualität, die sich immer wesentlich aus dem Thema vom Ebenbild Gottes speiste, aus einer Theologie. «Mensch sein, das heißt vernunftbegabt, mit freiem Willen ausgestattet, Herr seiner selbst und seines Tuns: für den Theologen heißt das Ebenbild Gottes sein. Und sich als Mensch erweisen, als Mensch handeln, oder, wenn man das vorzieht, zu Gott zurückstreben nach Menschenart und auf Grund der charakteristischen Kräfte, die dem Menschen durch den schöpferischen Strom mitgeteilt sind: das heißt buchstäblich sein Werk als Ebenbild Gottes vollbringen. Im gleichen Augenblick sieht man, zum Erstaunen des bloßen Moralisten, in Gott nicht nur den Gesetzgeber oder Vergelter oder Helfer oder was weiß ich, sondern das Urbild» (J. Tonneau).[35]

Ist dieses Jahrhundert selbst nicht für den Historiker die irdische Projektion dieser hohen gottbezogenen Schau? Das Zeitalter der Gotik, hat man gesagt, lebt sich immer kühner in eine Spiritualität der *Inkarnation* hinein, und weniger in eine des *Heiligen*, die so charakteristisch ist für die karolingische und romanische Epoche. Fortschreitende Bejahung des Menschen und, über den Menschen, der Welt! Von einem idealistischen Universum vollzieht man den Übergang zu einem Universum, in dem mehr und mehr mit der realistischen Lebendigkeit eines Romans die Natur, die Geschichte, die Heldentat Raum gewinnt: Es ist die Geburt einer weltlichen Kunst. Der enzyklopädie-artige «Spiegel der Welt» des Vinzenz von Beauvais, des Zeitgenossen und Mitbruders des Thomas und Ratgebers und Bibliothekars des heiligen Ludwig, ist der sehr bezeichnende Ausdruck dieser Gesamtschau und ihrer großen Unterabteilungen: Natur, Denken, Sitte, Geschichte.

Weder die Natur noch die Geschichte noch die Taten der Menschen hören deshalb auf, religiös zu sein. So beobachten wir den Fortschritt der Landschaftsmalerei und des Porträts. Die Natur und der Mensch stehen für sich selbst und nicht mehr bloß als Symbole. Der Faltenwurf der Kleider und die Gestik der Personen hören auf, hieratisch zu sein. Die Bäume, die Wiesen, die Flüsse sind geradezu greifbar, konkret, kernig. Und die Werke der Menschen mit ihnen. Ihre Erdhaftigkeit und ihr profanes Gemeinschaftsleben entleeren sie offenkundig von allem sakralen Hintersinn. Aber damit wechseln sie wirklich über in das konkrete Walten der Vorsehung und in die Heilsordnung eines menschgewordenen Gottes: die ganze Natur, Fauna und Flora bis hin zu den Formen des menschlichen Leibes, die Liebesinstinkte bis hin zur Gestaltung des sozialen Lebens; die Strophe des Wilhelm von Aquitanien über den Frühling und die sinnenhafte Eva an der Kathedrale von Autun; das Bauhüttenbuch des Villard de Honnecourt (325 Federzeichnungen aus einer Architekten-werkstatt) und die Liebeskasuistik des Chrétien von Troyes; die hand-werklichen Berufe, die im Stein der Kapitelle verewigt sind, und der realistische Sinn für das Schicksal der Menschen bei den großen Chronisten; die politische Psychologie des Johannes von Salisbury und der Antiklerikalismus des zweiten «Rosenromans»; die Beschränkung der Rechte der Kleriker auf profanem Gebiet durch Philipp II. August oder den heiligen Ludwig und die Hinwendung zur rationalen Beweismethode in der Justiz gegenüber den mystischen Mitteln des Ordals, usw.

Eine ganze «über-natürliche» Welt, die in der romanischen Kunst wie in den sozialen Sitten ihre Spiegelung über Dinge und Menschen breitete, verblaßt nun in der Vorstellungswelt der Menschen. Es sind andere Wege, auf denen die in ihrer profanen Realität entdeckte Natur ihre religiöse Bedeutsamkeit gewinnt und zu Gott führt. Was die Gnade betrifft, so besitzt sie in den Augen der Künstler ebensoviel Kraft der Überzeugung und der Gefühlsbewegung wie die natürlichen Werte auch.

# Texte

## Das eine und vielgestaltige Universum

*[Die Unterscheidung der Dinge stammt nicht aus dem Zufallsspiel kosmischer Ursachen, sondern gehört wesentlich zum Universum, das diese Unterscheidung erfordert.] Darum muß man sagen, daß die Unterscheidung und Vielheit der Dinge aus der Absicht des ersten Wirkenden stammt, das Gott ist. Denn er hat die Dinge ins Dasein hervorgebracht, um seine Güte den Geschöpfen mitzuteilen und durch sie darzustellen. Und weil sie durch ein Geschöpf nicht hinreichend dargestellt werden kann, hat er viele und verschiedene Geschöpfe hervorgebracht, so daß, was dem einen Geschöpfe in der Darstellung der göttlichen Güte fehlt, aus einem anderen ergänzt wird. Denn die Güte, welche in Gott einfach und einförmig ist, ist in den Geschöpfen vielfältig und geteilt. Darum kann das gesamte Weltall an der göttlichen Güte vollkommener teilnehmen und sie vollkommener darstellen als irgendein anderes Geschöpf. – Die Ursache der Unterscheidung der Dinge stammt aus der göttlichen Weisheit . . .*

*Summa Theologiae,* I 47,1 (Bd. 4).

## Die Gesetze der Natur und der Gnade in der Bewegung des Universums

*Beim Hervorgang der Geschöpfe aus ihrem ersten Ursprung treffen wir eine gewisse Kreisbewegung oder Rückdrehung an, indem alle Geschöpfe zu dem als zu ihrem Ziel zurückkehren, von dem sie als ihrem Ursprung ausgegangen sind. Daher gilt, daß durch dasselbe, wodurch der Ausgang vom Ursprung sich vollzieht, auch die Rückkehr zum Ziele erfolgt.*

*Jean de Meung bei der Niederschrift des Rosenromans. Handschrift aus dem 14. Jh.*

Nun haben wir gesagt, daß der Hervorgang der [göttlichen] Personen der Grund ist für die Hervorbringung der Geschöpfe aus ihrem ersten Ursprung. Der gleiche Hervorgang muß also auch der Grund für die Rückkehr zum Ziel sein: Wie wir durch den Sohn und den Heiligen Geist geschaffen sind, so werden wir durch sie auch mit dem letzten Ziel vereint ...

Der Hervorgang der göttlichen Personen in die Geschöpfe hinein kann somit unter einem doppelten Hinblick betrachtet werden. Entweder als Grund des Ausganges vom Ursprung; dann betrachtet man diesen Hervorgang von den natürlichen Gaben her, mit denen wir ausgestattet sind. Die Weisheit und Güte Gottes gehen ein in die Geschöpfe, sagt Dionysius ...

121

*Aber dieser Hervorgang kann auch betrachtet werden als Grund der Rück-*
*kehr zum Ziel; damit faßt man nur jene Gaben ins Auge, die uns unmittel-*
*bar mit dem Endziel, d. h. mit Gott vereinen, und das ist die heiligmachen-*
*de Gnade und die Himmelsherrlichkeit.*

*Sentenzenkommentar*, 1. Buch, distinctio 14, quaestio 2, Artikel 2.

## Die Einheit der Seienden, der göttliche Friede des Universums

*Text aus Dionysius:* «Durch sie [d. h. durch die Natur der friedvollen Eini-
gung] einen die Seelen ihre mannigfachen Gedanken ... und schreiten so,
ihrer Natur entsprechend, auf geordnetem Wege ... zu der die Kenntnis
überragenden Einigung ...

Denn die Universalität des vollkommenen Friedens ergießt sich gemäß
der einfachsten und unvermischten Gegenwart ihrer einsbildenden Kraft
über alles was ist ... Er schenkt die Teilnahme an seinen Wirkungen auch
den äußersten Enden des Weltalls ... Er geht in das Weltall heraus, gewährt allen Dingen gemäß deren Natur Anteil an sich selbst und wallt
über vor Überfülle der friedeerzeugenden Fruchtbarkeit.»

> *Traktat Über die Göttlichen Namen [De Divinis No-*
> *minibus]*, Kap. 11, § 2 (Text in der Marietti-Ausgabe
> des Thomas-Kommentars Nr. 409, 411 und 413).
> Übersetzung Stiglmayr, Bibliothek der Kirchenvä-
> ter, Zweite Reihe, Bd. 2, S. 143.

Kommentar des Thomas: *Der göttliche Friede läßt alles miteinander zu-
sammenwachsen [ohne Vermischung in einem tatsächlichen Zusammen-
existieren]. Denn es gibt kein Ding, das nicht mit den anderen Dingen in
irgendeiner Einigung verbunden wäre, entweder durch Übereinkunft in der
Art, oder in der Gattung oder in sonst einer Ordnung. Diese Einigung aber
hebt die Unterschiede nicht auf ... Obgleich alle geeint sind, bleibt jedes
einzelne Ding doch in der Reinheit seiner Eigenart erhalten ... Daher ver-
deckt die Einigung eines Dinges mit einem anderen durch eine gewisse
Übereinkunft nicht die Tatsache, daß es von anderen Dingen unterschieden
werden kann ... Seine eigentümliche Kraft wird nicht vermindert ...*

*Wir müssen also jene eine und einfache Natur betrachten, die auf die
Weise einer Einheit Frieden in den Dingen schafft, d. h. die göttliche Natur,
welche alles mit sich selber eint, indem sie alles sich anähnlicht durch den
Einstrom ihrer Gaben, alles auf sich hinlenkt als auf das letzte Ziel, alle
Dinge in sich eint, d. h. ein jedes Ding mit sich selbst ... Soviel nämlich is.
ein jedes Ding in sich selbst geeint und mit den anderen Dingen ... als ein
Ding auf irgendeine Weise mit einem anderen übereinkommt.*

*Diese göttliche Natur erhält alle Dinge in einem gewissen nicht vermisch-
ten, d. h. untereinander nicht ungeordneten Zusammenhalt, so daß sie zugleich unvermischt sind und dennoch zusammenhängen: unvermischt, sofern ein jedes Ding in der Reinheit seiner Eigenart verbleibt; zusammen-
hängend, sofern die Dinge aufeinander hingeordnet sind.*

> *In De Divinis Nominibus expositio*, Kap. 11, lectio 2
> (Marietti-Ausgabe Nr. 901–903).

## Fortschritt des Geistes in der Geschichte

*Die Zeit ist wie ein Erfinder, oder wenigstens wie ein guter Mitarbeiter, nicht so zwar, als ob die Zeit sich etwas leiste, aber im Hinblick auf das, was in der Zeit geschieht. Wenn nämlich jemand im Ablauf der Zeit sich bemüht, die Wahrheit zu erforschen, so wird er durch die Zeit beim Auffinden der Wahrheit unterstützt. Das gilt sowohl für ein und denselben Menschen, der später sieht, was er früher nicht sah, wie auch für verschiedene [Menschen], so etwa, wenn einer auf das schaut, was seine Vorgänger gefunden haben, und dem etwas hinzufügt.*

*Und auf diese Weise wachsen die Wissenschaften, indem am Anfang ein weniges gefunden wird, was hernach durch die Arbeit verschiedener Menschen allmählich in großem Umfang Fortschritte macht, weil jeder hinzufügt, was in den Untersuchungen seiner Vorgänger fehlte.*

*Wird aber umgekehrt das studierende Üben unterlassen, dann wird die Zeit mehr zur Ursache des Vergessens, sowohl beim Einzelmenschen, der, wenn er nachlässig ist, vergißt, was er weiß, als auch bei verschiedenen Menschen. So beobachten wir, daß viele Wissenschaften, die bei den Alten in Blüte standen, allmählich durch Unterlassung der Studien in Vergessenheit gerieten.*

*Kommentar zur Nikomachischen Ethik des Aristoteles*, Buch 1, lectio 11 (Marietti-Ausgabe Nr. 133f.).

# Das Tugendleben

Als Sully-Prudhomme, der, wie man sagt, in seiner Jugend einmal vorhatte, das gleiche Kleid wie Thomas anzuziehen, die Artikelfolge der *Summa Theologiae* durchlas, bemerkte er entmutigt: «Wie kompliziert das alles ist! Wie kann all dies vom Evangelium herkommen, das doch so einfach ist?» Diese Enttäuschung des evangelisch gesinnten Menschen ist besonders spürbar auf dem Gebiet, wo es um die Bestimmung und das Verhalten des Menschen geht. Die Ursprungsfrische der Inspirationen des Evangeliums und sein inneres Geheimnis scheinen sich zu verflüchtigen in einer endlosen rationalen Untersuchung der Teilgebiete des Handelns und des Geflechtes der Tugenden. Sind die subtilen und profan-unsakralen Analysen der *Secunda Pars* der *Summa* für einen gewissen Mystizismus nicht abstoßend?

Man muß die legitimen Unterschiede der Temperamente und Berufungen zugeben und ebenso gewiß die Verschiedenheit der literarischen Gattungen anerkennen, aber man muß dennoch auf ein allzu verbreitetes Gefühl hinweisen, das sich unter dieser Enttäuschung verbirgt, das Gefühl nämlich, daß die göttliche Gegenwart sich wahrhaft nur in den irrationalen Zonen der Welt bekunde, dort, wo die Wissenschaft – die vom Menschen ebenso wie die von den Dingen – noch ohnmächtig ist, wo das Unerkennbare als der bevorzugte Ort der Gottheit angesehen wird, wo das Gemeinschaftsleben noch den kollektiven Unbewußtheiten und religiösen Instinkten unterworfen ist, während dort, wo die Vernunft eindringt und bestimmt – die individuelle Vernunft und das politische Urteil, das planvolle Handeln und die Techniken der Arbeit –, das «Aroma» des Evangeliums und mit ihm der Sinn für das Geheimnis sich verflüchtigen.

Im Gegensatz dazu ist für Thomas von Aquin die Ausgewogenheit im Streben nach Vollendung die sicherste sittliche Ausprägung der Gnade: der *Weise* realisiert die evangelische Begeisterung und in ihrem Grunde das vollkommenste Ebenbild Gottes. Das Tugendleben ist das Reich der Vernunft.

*Adam und die Heilige Dreifaltigkeit (15. Jh.)*

## Tugend ist vernunftgerechtes Leben

Die Tugend entspringt der Vernunft: in der Tat wird eine Handlung des Menschen erst eigentlich eine *menschliche* Handlung, sofern sie ein Werk der Vernunft ist. *Von den Handlungen, die der Mensch vollbringt, werden allein diejenigen* menschliche *genannt, die dem Menschen eigentümlich sind, sofern er Mensch ist. Der Mensch unterscheidet sich aber von den anderen, vernunftlosen Geschöpfen darin, daß er Herr seiner Handlungen ist. Daher werden jene Handlungen im eigentlichen Sinne* menschlich *genannt, über die der Mensch Herr ist. Nun ist aber der Mensch Herr seiner Handlungen vermöge der Vernunft und des Willens ... Wenn aber noch andere Handlungen dem Menschen zukommen, kann man sie Handlungen* des Menschen *nennen, aber nicht eigentlich* menschliche, *weil sie nicht vom Menschen stammen, sofern er Mensch ist.*[36]

Das menschliche Handeln ist somit tugendhaft im Maße der Einwirkung der Vernunft auf alle Verflechtungen seines Verhaltens bis hinab in den Untergrund seines seelischen Lebens, dorthin, wo die Leidenschaft

125

übergreift auf die physiologischen Reflexbewegungen. Die christliche Erfahrung lehrt, daß der Mensch tatsächlich niemals dahin gelangt, diese ersten Regungen des Strebevermögens[37] gleich bei ihrer Entstehung in den Griff zu bekommen. Thomas registriert und analysiert diese dem ursprünglichen Trieb folgenden Ungeordnetheiten nicht als ausdrückliche Verstöße gegen ein Gebot, sondern als Folgen sinnfälliger Vorstellungen, die faktisch der Überlegung der Vernunft zuvorkommen. Ein anspruchsvoller Optimismus, für den die Vernunft grundsätzlich unser gesamtes spontanes Verhalten durchdringen kann, und zwar nicht nur im Sinne einschränkender Überwachung, sondern einer habituellen Anwesenheit und eines Überblicks, die durch nichts überrumpelt werden! Es ist ein wunderbarer Zustand, dessen Prototyp in der Bibel vorgestellt wird in der Person Adams, der in einer totalen Gesundheit aus den Händen des Schöpfers hervorging, einer Gesundheit, in der die Freundschaft mit Gott wie der Schlußstein im Gewölbe ist.

Ist das aber noch menschlich? Und ist der Realismus des Evangeliums nicht wahrer, wenn er uns den dramatischen Kampf des gespaltenen Menschen beschreibt, der allein in der Selbstüberantwortung an die ganz gnadenhafte Verfügung des Herrn Bestand und Hoffnung wiederfinden kann? Der Mensch des Paulus und des Augustinus, der Mensch Pascals und Mauriacs, und nicht diese engelhafte Unbewegtheit ...! Aber nicht doch! Die Leidenschaften dieser «Weisen» sind nicht zurückgedrängt, sondern finden im Gegenteil ihre volle Entfaltung. In diesem Idealzustand erreichen die Freuden der Gefühlskräfte wie die des Geistes ihre volle Intensität, die man sich im Blendwerk falscher Überreizungen gar nicht vorstellen kann. Sie entfalten sich ohne Schwäche und niemals verspüren sie die bittere Enttäuschung, die aus einem unstillbaren Übermaß entsteht. Die Lust ist nicht die nutzlose und verdächtige Zutat zu einem desinteressierten Unternehmen, sondern das Zeichen kerniger Gesundheit, die normale Wirkung einer Vollkommenheit, die als eine Glückseligkeit gekennzeichnet wird, in der die Freiheit der Kinder Gottes zum Zuge kommt. Kein manichäischer Dualismus und keine christliche Stoa! Pascal hat gewiß die Gnade gefunden, aber in einem Jahrhundert, da Erasmus und Luther, jeder von seiner Seite aus, Natur und Gnade auseinandergerissen hatten. Nicht der «Edelmut» des Descartes und nicht der «gute Wille» Kants, sondern die Vernunft, die Tochter Gottes, in einem Menschen, in dem die Materie selbst ein Wurzelgrund des Geistes wird!

Gewiß kommt es leider häufig vor, daß die Vernunft ihre Absichten durchzusetzen hat gegen eine rebellische Triebhaftigkeit, die ihre eigene Befriedigung will, und dann muß die Vernunft einen Kampf ohne Gnade führen. Die herbe Situation dieser allgemeinen Erfahrung unterstreicht man heute durch das Wort *Pflicht*, das die Moralität als Ganzes definieren soll. Gut handeln, das bedeutet sich überwinden. Je schwieriger der Triumph ist, je drängender die Pflicht, desto offenkundiger die Tugend. Thomas lehnt weder diese Erfahrung noch diesen Kampf ab. Aber er stimmt nicht zu, wenn man daran die Vollendung des Menschen knüpft,

*Die vier sittlichen Tugenden. Skulpturen von Orcagna am Taber-
nakel zu Or San Michele, Florenz: Die Ausdauer (Tapferkeit)*

*Das Maß*

*Die Gerechtigkeit*

und er beansprucht, die Tugend bis zu jener vollentfalteten Herrschaft des Geistes zu führen, unter der die Triebhaftigkeit selbst Gefallen findet am Licht und den Weisungen der Vernunft. Andernfalls enthält sich der Mensch ohne Sicherung und ohne Bereitschaft: solche «Enthaltsamkeit» ist noch nicht Tugend. Der gespaltene Mensch? Wir erkennen uns in ihm wieder! Aber auch in schwer errungenen Siegen erreicht er noch nicht den Vollendungszustand unserer Natur und unserer Glückseligkeit: Beides wird nur im *geeinten* Menschen erreicht.

Die herrschaftliche und sich anpassende Machtausübung (*dominium despoticum et politicum*) der Vernunft legt sich also nicht wie von außen einem Triebleben auf, das störrisch und dem Licht dieser wahren Glückseligkeit unzugänglich ist. Dieses Triebleben *selbst* ist tugendhaft, und seine Sinnenhaftigkeit kommt in dieser Euphorie voll zum Zuge. Es ist weder bloßer Wille noch hinzutretende Absicht, sondern die menschliche Wahrheit ihres Aktes, durch die die Eheleute das Werk ihres Standes, die Fürsten ihre hochgemute Machtausübung, die Verteidiger der Gerechtigkeit den Ausbruch ihres Zornes zur Tugend gestalten. In seiner vollkommenen Ausgeglichenheit erlebte Adam die Freude der ehelichen Begegnungen viel voller als der Sünder im Triebrausch. Und der heilige Ludwig war unter der Eiche von Vincennes mehr Machthaber als der kaiserliche Despot Friedrich II. Gegen Bonaventura – und gegen viele andere nach ihm bis auf unsere Tage – hält Thomas daran fest, daß die sogenannten Tugenden der Maßhaltung und der Tapferkeit ihren Sitz nicht im Willen haben, sondern in den emotionalen Kräften des sinnlichen Strebevermögens selbst. Dessen Instinkte, dessen sinnliche Ansprechbarkeit, dessen Streberichtungen sind in der dynamischen Einheit der zusammengesetzten menschlichen Natur echte Bestandteile des Tugendlebens. Sie nehmen teil an der Würde der Vernunft, am menschlichen (und somit beim Christen göttlichen) Wert unseres Lebens. Die corneillesche, cartesianische, kantianische Moral der «Pflicht» hat diese Menschlichkeit verloren.

Eine ganz bestimmte Aussage innerhalb der psychologischen Analyse dieser menschlichen Sittlichkeit bestätigt auch technisch das Gesetz dieser Ausgewogenheit. Thomas lehrt, auch hier im Gegensatz zu einem gewissen Supernaturalismus, daß diese sittlichen Tugenden auf *ihrem* Niveau und gemäß *ihrer* Zuständigkeit untereinander verbunden sind, und dies in einer einzigartigen Schönheit, etwa so, wie die Kultur in der Ordnung des Geistes dem Menschen im Gegensatz zur Enge des Spezialisten sein wahres Maß verleiht. In ihrem Zusammenhang haben die Dispositionen des Verstandes und die Tugenden des Strebevermögens kraft dieser Verknüpfung ihr Gleichgewicht, und zwar gewiß ohne Nachteil für die Gnade und ihre übernatürlichen Tugenden, aber auch nicht bloß durch die Tatsache, daß die *caritas* sie von außen überformt, geschähe dies selbst unter dem Drängen der Liebe.

Die grundlegende Einheit wird jedoch in der Vernunft selbst durch das erstliche und oberste Verlangen nach dem zu erreichenden Ziel erstellt. Dieses Verlangen paßt die untergeordneten Strebevermögen dem Ziel an und richtet sie auf es aus. Beim Christen ist die Liebe zu Gott das Licht

*Die Klugheit*

jeglichen Erkennens und, hinter allen *Gründen*, wie sie die inneren und äußeren Umstände mir vorlegen, die Regel meines gesamten Handelns. Die Wahrheit der Handlung baut sich wie die spekulative Wahrheit in der Tat allein auf der Entdeckung der objektiven Realität auf. Aber die moralische Wirklichkeit läßt sich hier nur entdecken und aufbauen durch ein rechtes Verlangen und in einem rechten Verlangen nach dem Ziel, das unser freies Wollen bestimmt und die unvermeidlichen Irrtumsmöglichkeiten der Situation übersteigt. Die Rechtheit dieses Strebens ist gewiß nicht von der Objektivität abgelöst, beruht sie doch letztlich auf einem Diktat der Natur. Aber sie spielt eine eigene und undispensierbare Rolle, indem sie eine Art unübersteiglichen Gegensatzes zwischen der Situation und dem Unterfangen der Vernunft auflöst. Gegen den sokratischen Intellektualismus, gegen den Staat der Philosophen lehrt Thomas also, daß die praktische Wahrheit sich richtet nach den Absichten, den Gewißheitsgraden und den Maßstäben des Menschen. Aber ebenso würde er eine Moral der guten Gesinnung ablehnen, die umgekehrt, und wäre es auch unter dem Deckmantel der Liebe, die Strukturen der Dinge, die Rechte des Individuums, die objektiven Gesetze der Gesellschaft außer Kraft setzt und dem Willen der Herrscher absolute Rechte in Hinblick auf ihr Verhalten zuerkennt. Der Mensch muß dann bezahlen nicht nur für die Verachtung der «Intellektuellen», sondern für die Verachtung des Intellektes. Denn die Einsicht des Intellektes – einbegriffen die Einsicht in den Glauben – ist die Regel des Handelns wie des Denkens.

## Die Klugheit

Muß also nicht der Intellekt selbst, um das Leben zu leiten, Sitz einer *Tugend* sein? Einer Tugend, die in gewisser Weise die anderen, alle anderen, überwacht, einbegriffen die äußeren Bezeigungen der Liebe, und solchermaßen in die Abfolge unserer tagtäglichen Einzelhandlungen ein regulierendes, rationales Licht hineinträgt?

Wir stehen hier vor dem Kernstück der Moraltheologie des Thomas, das er sehr weitläufig konstruiert hat, das ohne Gegenstück ist und dessen Eigenart sowohl bei den Moralisten als auch bei den Spirituellen sehr schlecht gewahrt wurde. Schon der Name dieser «intellektuellen» Tugend zeigt in der modernen Sprache bereits die Sinnverarmung des Begriffes an. Bei den Moralisten ebenso wie in der Umgangssprache wird die *Klugheit* als eine kleine Randtugend behandelt, als eine recht kurzatmige Geschicklichkeit, die aus Vorsicht und Schlauheit zusammengesetzt ist und eine gewisse empirische Sicherheit, eine schwankende Lebens- und Handlungskunst vermittelt; sie wird kaum durch die Qualifikation des Rates, den sie gibt, rehabilitiert, und große Unkosten braucht man sich mit ihr nicht zu machen.

Bei Aristoteles, dem Theoretiker des griechischen Weisen, enthält die Klugheit andere Forderungen und hat eine andere Tragweite. Sie bezeichnet gerade jene feste Disposition, dank deren die Vernunft in der Bewegtheit und Mannigfaltigkeit unserer Handlungen die Wahrheit ihrer Hinordnung auf das letzte Ziel erkennt, erwählt, befiehlt. Es ist eine praktische Wahrheit, wie sie weder die allgemeinen Prinzipien, noch die Wissenschaften, noch die Weisheit selbst ermitteln können, denn sie ist eingebettet in die unrückführbare Einzelhaftigkeit der Handlungen und Situationen. Es ist also eine Erfahrungswahrheit, aber sie wird dadurch garantiert, daß ein auf dem Wege befindliches Wesen vollauf sich selbst besitzt, und zwar dank der rechten Proportion der Mittel zum Ziel, wie weder die gute Gesinnung noch mystischer Eifer sie erstellen. Die Klugheit tritt nicht von außen an die Vernunft und an den Willen heran, wie sich eine Pflicht mit dem Charakter des Zwanges der Freiheit auferlegt Sie ist vielmehr die in ihrem Urteil und in der von ihr getroffenen Wahl zur Vollendung geführte Vernunft selbst. Sie verinnerlicht, sie verpersönlicht das Gesetz, so sehr, daß ich allein hier, in meinem Gewissen, entscheidend von Verpflichtung sprechen kann. Der tugendhafte Mensch ist die lebendige Regel seines Handelns. Seine Vernunft verdankt allein seiner praktischen Gewißheit die letzte Bestimmtheit ihres Handelns.

So Aristoteles, und mit ihm Thomas. Aber sind wir in dieser rationalistischen Tugendlehre nicht außerhalb der Perspektiven des Evangeliums? ... Es gibt vielleicht bei unserem am Evangelium orientierten Theologen keine geschicktere und zweckentsprechendere, objektivere Übersetzung einer Analyse des Heiden Aristoteles in christliche Wahrheit! Die aristotelische Klugheit ist ganz auf die Erfahrung, ihre Einzelhaftigkeit und ihre Umstände gerichtet; gegen das platonische Ideal, gegen den, der sich den ewigen Ideen anvertraut, bejaht Thomas diese eigenen Notwendigkeiten des Handelns. Aber die Klugheit ist bei ihm von einem Licht abhängig, das der Tiefe des Geistes innerlich ist; sie ist so sehr von diesem Licht abhängig, daß dieses konstitutiv in die Natur der Klugheit eingeht. Dieses Licht ist das «Naturgesetz», in dem instinktmäßig die Erstprinzipien des menschlichen Handelns gegeben sind: die Teilhabe an der gesetzgeberischen Weisheit Gottes in ihm; die obersten Streberichtungen – Gutheit, Wahrheit, Gerechtigkeit, Unantastbarkeit des Geistes –, die durch nachfolgende Aussagen präzisiert und in die Relativität überführt werden, ohne daß doch jemals ihr absoluter Wert aufgelöst würde, da sie die Natur selbst in ihrer Gutheit und in ihrer Dauer konstituieren; die Gegenwart des Schöpfers nicht nur in meinem Sein, sondern in meinem Handeln. Die Klugheit ist genau jene Kraft, durch welche die Vernunft bei Gefahr, sich selbst zu verfehlen, dieses göttliche Licht in das unbegrenzt bewegliche Geflecht meiner Handlungen einführt und noch in meinem gebrechlichsten Verhalten die ewigen Eigenschaften Gottes, Wahrheit, Gerechtigkeit, Glückseligkeit abspiegelt. Ihre Entscheidungen sind hier objektiv und fangen das Licht aller Tugenden ein, die die wissenschaftliche Moraltheologie herausarbeitet. Der Mensch ist nicht dem Empirismus ausgeliefert, und die Schwankungen des Gewissens in jedem einzelnen und in der Geschichte sind nur die tagtägliche Verleiblichung der göttlichen Weltregierung, die sich noch auf die einzelhaftesten

Umstände erstreckt. Die Klugheit dient der Weisheit, der höchsten Tugend des Geistes in der Erkenntnis der höchsten Ursache. Ihre Tätigkeit ist endgültig nur in dieser Kontemplation gesichert. Die von der Klugheit geleitete Vernunft läßt mich nicht nur Mensch sein, sondern mehr und mehr Ebenbild Gottes werden, indem sie mich eben in diesem Maße vernunftgerecht macht.

Wenn dieser Gott sich offenbart und mich an seinem Leben teilnehmen läßt, dann wird damit die Klugheit durch diese eingegossene Gnade umgeformt und in den Stand gesetzt, den Menschen zum ewigen Leben zu führen: Sie empfängt ihre höchste Regel vom göttlichen Objekt, so daß künftig die Glaubenssicht und das menschliche Verhalten zusammenfallen. Die Klugheit leitet die Betätigung der Tugenden auf das ewige Leben hin, indem sie den kleinen Gang unseres Tuns und unseres Kämpfens in das Licht einer Kontemplation hineinstellt, die den Zufälligkeiten der menschlichen Existenz zuhöchst entrückt ist. Der Kontemplative ist auf dieser Ebene in hervorragender Weise ein tätiger Mensch, und keiner handelt in dieser Ordnung gut, der nicht in irgendeiner Weise in Verbindung tritt mit der Kontemplation. Der Traum Platons im «Staat» kann hier Bestand gewinnen, nämlich in jener Verbindung von Theorie und Praxis, von Realität und Rationalität, wie sie das christliche Wissen kennzeichnet.

Die Klugheit wird deshalb nicht ihrer ursprünglichen Bestimmung entfremdet. Vielmehr wahrt sie in dieser Verbindung und unter der Hoffnung auf die Glückseligkeit ihre eigentümlichen Gesetze, ihren Apparat, ihre Bestimmungen; ihre Wirksamkeit bleibt an die Wege und Mittel ihrer praktischen Erkenntnis gebunden. Weder die Liebe zu Gott noch die Bruderliebe verflüchtigen ihr Suchen und machen ihre Quellen überflüssig. Das Evangelium *geht in sie ein*, und die Kontemplation des Thomas fühlt sich einigermaßen unwohl bei gewissen «evangelischen» Überspanntheiten der Spirituellen, die freilich Zeichen des unrückführbaren Übermaßes einer solchen Glückseligkeit sind. So kommt Thomas wieder auf die Definition Augustinus' zurück und wiederholt sie übrigens ausdrücklich (jedoch nicht ohne sie zu interpretieren, um die Wahrheit des Aristoteles zu retten): *Klugheit ist die Liebe, die scharfsinnig ... auswählt.*[38]


# Der Aufbau der Welt

Die Vernunft übt ihre Herrschaft nicht nur über das Gebiet der inneren Sittlichkeit und der individuellen Verhaltensweisen aus. «Ihre Tugend» erstreckt sich auf alle Werke, in denen der Mensch sich einsetzt und in denen er seinesgleichen begegnet, das heißt sie wird wirksam sowohl in der Organisation der Gesellschaft wie in den Einrichtungen der Wirtschaft. Aristoteles ging sogar so weit, nur die «politische» Klugheit als vollkommene Klugheit anzusehen, das heißt die des Herrschers, die sich über die Individuen hinaus auf das Gemeingut des Staates richtet.

Das Bestreben scheint hier für den Christen paradox, und die Widerstände unübersteigbar. Verzichtet nicht das Evangelium selbst darauf, indem es alle seine Kraft auf die brüderliche Liebe verlegt, gleichsam wie wenn die rationalen Regeln ungeeignet wären, die Ordnung der Gemeinwesen zu erstellen? Die Christen in ihrer personalistischen Haltung sind immer zögernd und sogar reserviert gewesen gegenüber Strukturreformen der Gesellschaft, deren objektives Gesetz und deren Gemeinschaftstugend – «welcher Wahn!» – die Gerechtigkeit sein sollte.

Wieder einmal umarmen sich Natur und Gnade, um nicht fürder tödlichen Aufspaltungen zuzustimmen. Die rationale Ordnung der Gerechtigkeit ist den absoluten evangelischen Forderungen der Liebe nicht fremd, sondern deren fortwährende Bedingung. Die Nächstenliebe wäre trügerisch, wenn sie sich nicht verleiblichte in der Verflechtung der menschlichen Gemeinschaften und gemäß den inneren Gesetzen ihrer kollektiven Bezüge. Die Liebe, die in Christus und ebenso auf der Erde Person mit Person eint, ist nur wahr, wenn sie gegenüber dem geliebten Wesen die Gleichheit herstellt, indem sie ihm die Rechte zuerkennt, die die objektive Vernunftkraft der Tugend der Gerechtigkeit festlegt und bemißt. Die Politik ist in der irdischen Gemeinschaft der Menschen das oberste Wissen. Die politische Klugheit ist im übrigen nicht nur die Qualität des Führers, sondern auch die Tugend des Untergebenen, dessen Gehorsam nur tugendhaft ist, wenn er das Gebot in einem Urteil der Vernunft und im Licht des Gemeingutes sich zu eigen macht.

*Die Wissenschaften als Töchter Gottes (13. Jh.): Die Grammatik*

*Die Logik oder Dialektik*

*Die Rhetorik*

*Die Musik*

*Die Astronomie*

*Die Geometrie*

*Die Arithmetik*

Die Nächstenliebe ist auf ihre Weise politisch, über persönliche Gegenseitigkeiten hinaus. Damit sind die eigenständigen und profanen Erfordernisse der öffentlichen Ordnung nicht außer Kraft gesetzt. Cäsar kann als Cäsar ein guter Diener des Evangeliums sein. *Ama et fac quod vis* (liebe, und tue was du willst): dieses wunderbare Wort des Augustinus darf nicht über die Grenzen eines Idealismus hinwegtäuschen, der hier wie anderswo die Erfordernisse und strukturalen Bedeutungen des Handelns übersehen ließe. Gegen die Augustinisten hält Thomas, daß, wenn die *caritas* die «Form» der Tugenden ist, sie dies nicht ist um den Preis der rationalen Strukturen dieser Tugenden; diese Strukturen werden bei ihm vielmehr aus ihrem Eigenobjekt verstanden und im Hinblick auf die entsprechenden Zielsetzungen betätigt, ganz besonders auf dem Gebiet der sozialen Tugenden, die der Gerechtigkeit zugehören. Die wahrhafte Liebe, auch die apostolische, respektiert die Ordnung der Dinge, die Bedeutung des verschiedenartigen Einsatzes in der Welt, den Rhythmus der Geschichte. Die dominikanische Theologie setzt sich hier ab von der rein evangelischen Brüderlichkeit bei den Minderbrüdern, in deren institutioneller und apostolischer Geschichte sich die Konsequenzen dieses moralischen Irrationalismus auswirken werden.

Dieses Zutrauen in die Vernunft erstreckt sich bis hin zum Aufbau der Welt, die Gott den Menschen anvertraut hat. An die Nahtstelle von Materie und Geist gestellt, hat der Mensch auf Erden die Bestimmung, die rationalen Gesetze des Kosmos zu entdecken, seine Energien auszuwerten, in den theoretischen und praktischen Wissenschaften, in einem technischen Instrumentarium, die zusammen ihm nach und nach zur Herrschaft über das Universum verhelfen sollen, im Dienst der in einer fortdauernden Schöpfung sich verwirklichenden Ziele der Vorsehung. Dieses Gegenüber von Mensch und Natur, auf dem die Geschichte der Kulturen beruht, geht offensichtlich über den bloßen wirtschaftlichen Wohlstand hinaus und hat die Bedingungen eines totalen menschlichen Lebens zu realisieren. Die Wirtschaftler haben zuweilen eine verblüffende Naivität gegenüber den rationalen Grundlagen ihrer anspruchsvollen Wissenschaft bezeigt, und der Prophet des Evangeliums hat guten Grund, sie lächerlich zu machen. Aristoteles würde sagen, sie verwechseln die Mittel mit dem Ziel: die Unvernunft der Unklugheit! Aber ihr Optimismus ist nur der zu kurzsichtige Ausdruck einer richtigen Überzeugung: Die Natur ist durchschaubar; sie ist voll von Ideen, die ich herauslösen, von Ursachen, die ich beherrschen kann. Der Fortschritt ist die glückliche Wirkung dieser Bemächtigung.

Denn der Fortschritt, im Handeln wie im Denken, der Fortschritt des sittlichen Unterscheidungsvermögens wie der politischen Strukturen realisiert sich auf der Ebene der Tugend durch die Rationalität und in ihr. Aristoteles konnte schon vor Hegel die Rationalität der menschlichen und politischen Werte überschätzen. Das Licht des Evangeliums hindert uns durch seine Bezugnahmen auf das Höchste, die rationale Ordnung der Dinge, der Natur und der Geschichte, als in sich selbst geschlossen zu denken. Es wäre dies die umgekehrte Perversion zu der, die sich für Gott nur interessiert, um sich den Besitz der Welt zu sichern. So erhält der menschliche Fortschritt seinen über ihn selbst hinausgehenden Sinn, ohne Beeinträchtigung seines Gehaltes und seiner Erfordernisse in Vernunft und Leidenschaft. In prometheischem Stolz kann der Mensch der Versuchung erliegen, aus dem Fortschritt sich ein Idol zu machen. Aber das ist dann die dumme und frevelhafte Verdrehung des Planes des Schöpfers, und noch diese Widervernunft in ihrem Wahnsinn ist eine Huldigung an die Vernunft, die man verrät, wenn man ihre göttliche Dimension verwirft. Die Wissenschaft ist eine Tochter Gottes, *Deus scientiarium dominus* (Gott, der Herr der Wissenschaften), und zwar ebenso die physikalischen, psychologischen, sozialen Wissenschaften des menschlichen Universums wie die Wissenschaft von der individuellen Moral, die ein Voluntarismus philosophischer oder mystischer Obödienz allzu eilig des Naturalismus verklagt.

*Der heilige Dominikus unter dem Kreuz.*
*Von Fra Angelico, um 1450, San Marco, Florenz*

# Apollo oder Dionysos

Allem Anschein zum Trotz sind wir weit entfernt vom griechischen Menschen. Der «Weise», mag er Schüler des Aristoteles, des Plotin, des Epiktet oder des Hermes (Trismegistos) gewesen sein, hätte weder vermocht, seine Kontemplation in der unbegreiflichen Gottheit zu sichern, noch sein Handeln in den Rahmen einer göttlichen Weltregierung zu stellen. Oder vielmehr, er konnte die disparaten Erfordernisse der Tätigkeit und der Kontemplation in seinem Geist nicht zusammenbringen. Zwischen der Ekstase des Gnostikers und der Aszese des Moralphilosophen, zwischen dem Verlust der Vernunft in der Dunkelheit des Einen und dem Versinken in die irdische Welt politischer Konstruktionen ist der Grieche geteilt: bald den Bacchanten oder den Geisterbeschwörern ausgeliefert, bald Gefangener seiner Logik, bald gepackt von seinem Dämon, bald auf der Jagd nach allen Definitionen, betont er die göttliche Qualität des Wahren und des Guten, ohne sie in seiner Menschlichkeit einfangen zu können. Sokrates entgeht diesen Zwiespältigkeiten nicht mittels einer Ironie, deren Opfer er im übrigen selbst geworden ist.

Nietzsche berauschte sich an den griechischen Mythen; er pries abwechselnd – als entzweite Kräfte, die für die Kultur ebenso notwendig seien wie der Antagonismus der Geschlechter für die Menschheit – Apollo als das ewige Bild unveränderlicher und einzigartiger Vollendung und den abenteuerlichen und vielgestaltigen Dionysos in seiner immer wieder erneuerten Trunkenheit. Welcher von beiden ist denn fruchtbar? Welcher ist schöpferisch? Weder der eine noch der andere, denn weder Apollo noch Dionysos waren Geschöpfe Gottes und noch weniger Söhne Gottes, wenngleich sie beide, jeder auf seine Art, von kultischen Vermählungen (Hierogamien) träumten. Man sehe aber nur den Menschen als Geschöpf an und Gott als seinen Schöpfer, der frei sein Sein in Träger von Vernunft und Freiheit verströmt, die sich nach seinem Ebenbild formen und in sich sein Ebenbild formen: – sofort ist alles umgeprägt. Noch bevor sich in einer höchsten Gnade die Gottesgeburt vollzieht, sind die Natur, die Vernunft als Natur im Menschen, und zwar ebenso die praktische Vernunft wie die kontemplative Erkenntnis, der Ausdruck der Gedanken Gottes über den Menschen und seines Willens über die Welt. Indem der Mensch die Gesetze seiner Natur zur Vollendung führt, indem dieses Universum sich nach seiner Architektur entfaltet, vollbringt Gott, der nichts weniger als eifersüchtig ist, in ihnen und durch sie seinen ewigen Plan in einer fortgesetzten Schöpfung, die durch die Zeit weder ermüdet noch besudelt wird. Als Teilhabe an der ewigen und zeitlichen Vorsehung realisiert die Klugheit im freien Verhalten des Menschen nicht nur die rationale Oberherrschaft über seine Fähigkeiten, sondern die Immanenz des göttlichen Wohlgefallens im Ablauf auch der geringsten Zufälligkeiten, bis hinein in die verborgenen Antriebe einer von den Leidenschaften gelenkten Physiologie, bis hinein in die wirtschaftliche und politische Komplexität der menschlichen Gemeinschaften. Schön ist dieses Geschöpf in seinem Gleichgewicht, weil seine Aszese von der Freiheit des

Geistes geleitet ist, in der die Freude auf einem Antlitz die sichtbare Wirkung des Gleichklangs von Seele und Gnade Gottes ist.

Apollo oder Dionysos? Thomas erblickt sie nicht an den Portalen der Kathedralen. Und wenn er über Aristoteles oder Hermes (Trismegistos) ihr unsicheres und verführerisches Erbe an sich heranläßt, dann ist es nicht ihr Mythos, der dieses Erbe erhellt. Wenn es einen Menschen unter Christus gab, der in sich selbst, in der Gemeinschaft der Menschen und bis hinein in die politische Sinngebung der Institutionen sein Ideal einer gesunden und frohen Ausgeglichenheit darstellen konnte, dann war es Bruder Dominikus, der Gründer seines Ordens, der Meister der Predigerbrüder, der Zeuge des Evangeliums. «Es war in Dominikus ein ganz starkes Ebenmaß des Geistes ... Und weil ein frohes Herz das Antlitz heiter macht, so offenbarte er den ausgeglichenen Zustand des inneren Menschen nach außen hin durch Güte und heitere Miene. In seinen Entschlüssen, die er im Hinblick auf Gott und mit klarer Einsicht gefaßt hatte, bewahrte er eine solche Herzensfestigkeit, daß er sich kaum jemals, ja niemals herbeiließ, eine Entscheidung, die nach reiflicher Überlegung einmal ausgesprochen war, zu ändern ... Untertags im Umgang mit den Brüdern und Gefährten war niemand freundlicher, niemand angenehmer ... So gewann er sich leicht die Liebe aller; ohne Schwierigkeit fiel ihm sogleich die Zuneigung aller zu, sobald sie ihn sahen ... Überall erwies er sich in Wort und Werk als Mann des Evangeliums.»[39]

# Das Paradox des Evangeliums

Einmal mehr, und zwar auf dem so delikaten Gebiet des menschlichen Handelns, beobachten wir, daß in Thomas die feine Harmonie zwischen Gnade und Natur, besser: die Vollendung der Natur in der Gnade und durch die Gnade das Zeichen der irdischen Wirksamkeit des Evangeliums ist. *Gratia non tollit naturam sed perficit* (Die Gnade hebt die Natur nicht auf, sondern vollendet sie).[40] Es ist ein paradoxer Zusammenhang für denjenigen, der seinen Glauben den großen evangelischen Wirklichkeiten geschenkt hat, der Entsagung im Kreuz Christi sowie den messianischen Perspektiven, deren eschatologisches Herannahen unerbittlich die zeitlichen Zufälligkeiten entwertet.

Was wir über die spekulative Vernunft gesagt haben, die eine Theologie konstruiert, in der die «Gründe» meinen Glauben bereichern und ihm ein Verstehen des Geheimnisses vermitteln, müssen wir hier in vollkommener Entsprechung von Lehre und Methode wiederholen: Die Klugheit gliedert und verpersönlicht in der praktischen Vernunft durch das Licht ihres Rates und die Freiheit ihrer Wahl im Zug der Tage und Situationen die Gnade des mir in Teilhabe zum Besitz gegebenen göttlichen Lebens.

Es wäre leicht, die Schriftstellen zu sammeln, die im Worte Gottes eine Tugend begründen, deren Wirkbereich wissenschaftlich durch den Heiden Aristoteles beschrieben werden konnte. Noch einmal: entgegen dem platonischen Idealismus der Philosophen und Spirituellen, die, der eigenen Notwendigkeiten des Handelns nicht achtend, die Leitung des menschlichen Verhaltens einer mystischen Weisheit zuwiesen, wird Aristoteles in den Dienst eines christlichen Gedankens genommen, der sich, um das Geheimnis Gottes im irdischen Leben der Individuen und Gemeinschaften zu verleiblichen, zu einer Wissenschaft vom Handeln konstituiert, und zwar gerade mittels der Klugheit. Die absoluten Forderungen des Evangeliums verlieren im Grundsätzlichen nichts, wenn sie sich in der Relativität der Situationen und der freien Betätigung ausprägen. Vielmehr wäre das Berauschende an ihnen trügerisch, wenn sie nicht die moralische Situation des Handelns in ihrer tagtäglichen Einzelhaftigkeit beträfen. So führt die Gnade im Handeln ebenso wie im Denken die Natur zu sich selbst, also im Menschen eine rationale und freie Natur mit ihren Gesetzen, ihren Werten, ihren Strukturen, ihren Methoden, ihren Kriterien.

Auch die Moraltheologie ist und bleibt wie die Theologie ganz allgemein eine Wissenschaft vom göttlichen Leben. Wenn sie den Vollzug dieses Lebens in meinen Sitten zum Objekt hat, verliert sie deshalb nichts von ihrer hohen Würde. Mehr noch, sie verfällt nicht dem Dualismus zwischen Theorie und Praxis, dem jede Philosophie unterliegt. Sie bleibt eine und einend unter dem Licht eines Glaubens, der als tägliche Verbindung mit dem Leben Gottes sowohl in meinem Tun wie in meinem Denken die lebendige Wahrheit des Evangeliums ist.

# Texte

## Tugend ist vernunftgerechtes Handeln

*Tugend besagt eine gewisse Vollkommenheit des Vermögens. Eines jeden Dinges Vollkommenheit wird nun hauptsächlich im Hinblick auf das Ziel gesehen. Ziel des Vermögens aber ist der Akt. Darum heißt ein Vermögen vollkommen, insofern es die Bestimmung auf seinen Akt erhalten hat.*

*Es gibt nun gewisse Vermögen, die aus sich selbst auf ihre Akte hin bestimmt sind, z. B. die naturgeleiteten wirkmächtigen Vermögen. Und darum heißen derartige naturgeleitete Vermögen schon aus sich Tugenden [virtutes, hier = Kräfte]. – Die vernunfthaften Vermögen jedoch, die dem Menschen eigen sind, sind nicht auf eines festgelegt, sondern verhalten sich vielem gegenüber noch unbestimmt. Sie werden aber durch Gehaben [habitus] auf die Akte hin bestimmt. Darum sind die menschlichen Tugenden Gehaben.*

*Summa Theologiae*, I–II 55,1 (Bd. 11)

*... Es gibt einen gewissen Anfangsgrund der Tugend, welcher der Natur des Einzelmenschen folgt, und wonach der Mensch kraft seiner natürlichen Verfaßtheit zur Betätigung irgendeiner Tugend hinneigt. Und eben diese Neigung ist ein gewisser Anfangszustand der Tugend, nicht jedoch eine*

*Handschrift der «Somme le Roi» (1294)*

*vollendete Tugend, da zur vollendeten Tugend die Leitung von seiten der Vernunft gehört.* Daher wird auch in der Begriffsbestimmung der Tugend ausgesprochen, daß sie die Auswahl der Mittel gemäß der rechtgeleiteten Vernunft *zu treffen hat. Würde nämlich jemand ohne Vernunftentscheid einfach einer solchen Neigung folgen, so würde er häufig sündigen. So hat also dieser Anfangszustand der Tugend ohne die Leistung der Vernunft nicht die Bewandtnis vollendeter Tugend ...*

*Von den allgemeinen Grundsätzen nämlich gelangt man durch eine von der Vernunft besorgte Untersuchung zu den besonderen [Schlußfolgerungen]. Desgleichen wird der Mensch, indem die Vernunft ihres Amtes waltet, vom Verlangen nach dem letzten Ziel zu dem geführt, was [als Mittel] jenem Ziel entspricht. Und ebenso gebietet die gleiche Vernunft dem begehrenden und überwindenden [sinnlichen] Strebevermögen und macht sie sich untertan.*

*Von daher ist es offenkundig, daß zur Vollendung einer Tugend die Leistung der Vernunft erforderlich ist, handle es sich um eine Tugend im Verstand oder im Willen, im begehrenden oder überwindenden Strebevermögen.*

*Darin aber besteht die Vollendung: Der Anfangszustand der Tugend im höheren [geistigen] Bereich ist hingeordnet auf die Tugend im niederen [sinnlichen] Bereich, so wie der Mensch für die Tugend, die im Willen ist, durch den Anfangszustand der Tugend, die im Willen ist und durch die [Tugend], die im Verstande ist, tauglich gemacht wird, für die Tugend aber, die im begehrenden oder überwindenden Strebevermögen ist, durch den Anfangszustand der Tugend in ihnen und durch diejenige Tugend, die im höheren Bereich ist, nicht jedoch umgekehrt. Von daher ist es offenkundig, daß die Vernunft, die höher steht, bei der Vollendung jeder Tugend mitwirkt ... Damit aber ist klar, daß die vollendete Tugend nicht von Natur da ist, sondern aus der Vernunft stammt.*

*Quaestio disputata De virtutibus in communi,* 8 (Antwort).

## Leidenschaft in der Tugend

*Wenn wir unter Leidenschaften die* ungeordneten Gemütsbewegungen *verstehen, wie die Stoiker annahmen, so ist es klar, daß die vollkommene Tugend ohne Leidenschaften ist. Wenn wir aber unter Leidenschaften alle* Bewegungen des sinnlichen Strebevermögens *verstehen, so können selbstverständlich die sittlichen Tugenden, die sich mit den Leidenschaften als mit ihrem eigentlichen Tätigkeitsbereich befassen, nicht ohne Leidenschaften sein. Die Begründung liegt darin: Danach würde nämlich folgen, daß*

*Zu Seite 145. Die Klugheit, Skulptur von Michel Colombe, Grabmal des letzten Herzogs der Bretagne. Nach der ikonographischen Tradition hat die Klugheit zwei Gesichter, das des reifen Alters, vom Nachdenken gezeichnet, und das der Jugend, kühnen Entschlüssen geöffnet. Denn sie enthält so verschiedenartige Züge, daß ein einziges Gesicht sie nicht zur Darstellung bringen kann.*

*die sittliche Tugend das sinnliche Strebevermögen ganz und gar außer Kraft setzen würde. Es ist aber durchaus nicht im Sinne der Tugend, daß die Kräfte, die der Vernunft unterworfen sind, sich der eigenen Tätigkeiten enthalten, sondern im Gegenteil, daß sie den Befehl der Vernunft ausführen, indem sie ihre eigene Tätigkeit ausüben. Wie daher die Tugend den äußeren Menschen auf die geforderten Akte hinordnet, so ordnet sie auch das sinnliche Strebevermögen auf die eigenen geordneten Bewegungen hin.*

*Jene sittlichen Tugenden aber, die sich nicht mit den Leidenschaften, sondern mit den Handlungen befassen, können ohne Leidenschaft sein, und eine solche Tugend ist die Gerechtigkeit. Denn durch sie wird der Wille zu dem ihm eigenen Akt geführt, der nicht Leidenschaft ist. Doch folgt dem Akt der Gerechtigkeit die Freude, zum wenigsten im Willen, und diese Freude ist nicht Leidenschaft. Wenn aber diese Freude sich steigert durch die Vervollkommnung der Gerechtigkeit, strömt sie über auf das sinnliche Strebevermögen in dem Maße, als die niederen Kräfte der Bewegung der höheren folgen. Und durch dieses Überströmen geschieht es, daß die Tugend, je vollkommener sie ist, um so mehr die Leidenschaft hervorruft.*

Summa Theologiae, I–II 59,5 (Bd. 11).

## Klugheit und Weisheit

*Da sich die Klugheit auf die menschlichen Dinge bezieht, die Weisheit hingegen auf die höchste Ursache, ist unmöglich die Klugheit eine höhere Tüchtigkeit als die Weisheit, «außer der Mensch wäre das Größte von allem auf der Welt»* (Aristoteles, Ethik 6,7). *Darum muß man sagen, daß die Klugheit nicht der Weisheit befiehlt, sondern eher umgekehrt (ebd. 6, 13); denn «der geisterfüllte Mensch ergründet alles, und er selbst wird von niemandem ergründet» (1 Kor 2, 15). Denn die Klugheit hat sich nicht in das Höchste einzumischen, das die Weisheit betrachtet, sondern sie befiehlt bezüglich dessen, was auf die Weisheit hingeordnet ist, d. h. wie die Menschen zur Weisheit gelangen sollen. Darum ist in dieser Beziehung die Klugheit oder die Staatswissenschaft Dienerin der Weisheit. Denn sie führt zu ihr hin und bereitet ihr den Weg, wie der Türhüter zum König.*

*Weiter: Die Klugheit betrachtet die Mittel, durch die man zum Glück kommt; die Weisheit aber betrachtet den Gegenstand des Glückes selbst, der das höchste Verstehbare darstellt. Und wenn die Betrachtung der Weisheit im Hinblick auf ihren Gegenstand vollkommen wäre, dann bestünde im Vollzug der Weisheit das vollkommene Glück. Weil aber der Vollzug der Weisheit im Hinblick auf ihren Hauptgegenstand, nämlich Gott, in diesem Leben unvollkommen ist, darum ist der Vollzug der Weisheit ein gewisser Beginn oder eine gewisse Teilhabe am künftigen Glück. Und so steht sie der Glückseligkeit näher als die Klugheit.*

Summa Theologiae, I–II 66, 5 Zu 1 und Zu 2 (Bd. 11)

## Freiheit, Gesetz, Zucht

*Der Mensch besitzt von Natur aus eine gewisse Veranlagung zur Tugend. Aber die Vollendung der Tugend kann dem Menschen nur zukommen durch zuchtvolle Übung. So sehen wir auch, daß durch aufgewandten Fleiß den menschlichen Lebensbedürfnissen, wie Nahrung und Kleidung, abgeholfen wird. Gewisse Anfangsbedingungen dazu hat der Mensch von Natur, nämlich seine Vernunft und seine Hände, nicht aber die Erfüllung selbst, wie die übrigen Sinnenwesen, denen die Natur an Kleidung und Nahrung hinreichend vorgesorgt hat.*

*Nicht leicht ist indes der Mensch aus sich selber genügend imstande, diese zuchtvolle Übung auf sich zu nehmen. Denn die Vollkommenheit der Tugend besteht vor allem darin, daß der Mensch von aller unerlaubten Lust fern bleibt. Zu dieser neigen die Menschen jedoch sehr, besonders die jungen Menschen, an denen sich die Zucht stärker wirksam erweist. Deswegen müssen die Menschen diese Zucht, durch die sie zur Tugend gelangen sollen, von einem anderen erfahren.*

*Bezüglich jener jungen Menschen nun, die – sei es aus guter Naturveranlagung, sei es aus guter Gewohnheit, oder sei es besonders aus göttlicher Gnadenhilfe – zum tugendhaften Handeln geneigt und bereit sind, reicht die väterliche Zucht aus, die durch Mahnworte erfolgt. Es gibt jedoch widerspenstige und dem Laster zuneigende Menschen, die sich nur schwer durch Worte bewegen lassen. Diese müssen durch Zwang und Furcht vom Bösen abgehalten werden, damit sie wenigstens so ihr böses Treiben aufgeben, das Leben der anderen nicht beunruhigen und schließlich durch derartige Angewöhnung selbst dazu gebracht werden, freiwillig zu tun, was sie vorher nur aus Furcht taten, und tugendhaft zu werden.*

*Diese Zucht, die durch Furcht vor der Strafe zwingt, ist aber die Zucht der Gesetze. Dem Frieden unter den Menschen und der Tugend zuliebe war es daher notwendig, daß Gesetze erlassen wurden. Denn «wie der Mensch, falls an Tugend vollkommen, das beste unter den Sinnenwesen ist, so ist er, falls bar des Gesetzes und der Gerechtigkeit, das schlechteste von allen» (Aristoteles). Der Mensch hat nämlich – was den übrigen Sinnenwesen fehlt – die Waffen der Vernunft, seine Genußsucht und Grausamkeit zu bezwingen.*

*Summa Theologiae*, I–II 95, 1 (Bd. 13)

## Die Tugend der Klugheit

*Die Klugheit umfaßt mehrere «Teile»:*
*die Erinnerung an die gemachten Erfahrungen;*
*die Erkenntnis des besonderen Zieles;*
*die Lernbereitschaft gegenüber den Weisen und den Alten;*
*die Treffsicherheit für das Richtige unter den jeweiligen Umständen;*
*das Vermögen zu fortschreitender Schlußfolgerung;*
*der Weitblick für eine zukünftige Lage;*
*die Umsicht im Hinblick auf die Angebrachtheit des Handelns;*
*die Vorsicht in verwickelten Fällen.*

*Deshalb enthält jede Betätigung der Klugheit:*
*den guten und richtigen Rat;*
*das rechte Urteil über die einzelnen Handlungen;*
*die rechte Entscheidung unter außergewöhnlichen Umständen.*
        Vgl. *Summa Theologiae,* I–II, Fragen 48, 49 und 51 (Bd. 17B)

# Das Schicksal des heiligen Thomas

Wenn man die leidenschaftslosen moraltheologischen Analysen der *Summa* liest, würde man kaum etwas von der fieberhaften Atmosphäre vermuten, in der damals diese Texte zirkulierten und die Disputationssitzungen an der Universität einander jagten. Der Widerhall der letzteren ist uns jedoch in der Redaktion dieser Disputationen (*Quaestiones disputatae*) erhalten, und die Anspielungen des Thomas versetzen uns nicht nur in die Lage, Texte und Persönlichkeiten historisch zu identifizieren, sondern hinter dem Konflikt der einzelnen Meinungen die tiefe Kluft zwischen den Geistern in ihren Ansichten über die Bezüge von Vernunft und Glaube, über das Ineinandergreifen von Natur und Gnade in den Blick zu bekommen.

Angesichts des fortschreitend eindringenden aristotelischen Rationalismus an der Artistenfakultät und angesichts des Erfolges der neuen Methode des Thomas in der Theologie bildete sich damals eine seltsame Koalition. Der ehemalige Kanzler der Universität, Etienne Tempier, der Bischof von Paris geworden war (1268), ein schroffer und unzugänglicher Geist, der für den Konservativismus der «Schule» eintrat, verband sich mit Bonaventura, dessen offensichtlich dem evangelischen Anliegen des Franziskus mehr entsprechender Augustinismus sich nicht mit der rationalen Eigenständigkeit der Methode seines Kollegen Thomas von Aquin vertrug. Ein gemeinsamer Gegner verband sie: die «Philosophen», die als solche eine endgültige Weisheit zu verkündigen beanspruchten in einer rein profanen Welt, in der der Glaube und sein Geheimnis ohne Einfluß und ohne Leuchtkraft wären. Gestützt auf Averroes tendierten ein Siger von Brabant, ein Boëtius von Dacien – ohne die Theorie einer doppelten Wahrheit, deren Tempier sie bezichtigte, tatsächlich zu halten – in Richtung auf einen Separatismus, in dem die evangelischen Bezüge des Glaubens dem irdischen Verhalten und den sittlichen Tugenden des Menschen, seiner politischen Weisheit und seiner Schau der Welt fremd wurden: ein kosmischer Humanismus und rationaler Eudämonismus, unbestreitbares Erbe des griechischen Weisen!

Eine an sich richtige aristotelische Wissenschaftslehre über die hierarchisch gestufte Eigenständigkeit der Disziplinen des Geistes und des Handelns führte bei ihnen jedoch zu diesem unseligen Dualismus. Eine der bedauerlichsten Auswirkungen war die, daß man dem Glauben das Recht und die Befähigung absprach, innerhalb seines göttlichen Lichtes eine

149

rationale Struktur anzunehmen. Die Theologie sollte diese Festigkeit nicht erringen und in der Mitte zwischen der reinen Treue gegenüber dem Wort des Evangeliums und dem bloßen Gehorsam gegenüber der Autorität der kirchlich vorgelegten Offenbarungslehre sich dieser rationalen Freiheit nicht erfreuen dürfen.[41]

Man sieht, von welcher Seite her Thomas von Aquin sich in einem Tendenzprozeß, der (wie die Anklage lautete) «für die einfachen Gläubigen mißverständliche Ausdrücke» angriff, kompromittiert fand. Ein Syllabus von 219 Sätzen verdammte in einer zugleich legitimen und unbedachten Reaktion gegen den Rationalismus und den einbrechenden Naturalismus etwa zwanzig Sätze und mit ihnen die methodologischen Positionen des Dominikaner-Magisters (1277).

Thomas war drei Jahre vor diesem Epilog des langen Kampfes gestorben, nachdem das Vertrauen des heiligen Stuhles ihn eingeladen hatte, am ökumenischen Konzil von Lyon (1274) teilzunehmen. Bei seinen Schülern sowohl an der Artistenfakultät als auch unter den Theologen und unter seinen Mitbrüdern rief die Verurteilung eine bittere Reaktion hervor. Die *magistri artium* hatten öffentlich ihre intellektuelle Zuneigung bekundet, indem sie die Predigerbrüder baten, die sterbliche Hülle des Toten an der Universität Paris beizusetzen, die allein würdig sei, sie zu bergen, und indem sie zugleich um die letzten Schriften nachsuchten, die aus seiner Feder hervorgegangen waren. Qualifizierte Theologen, selbst da, wo sie nicht dem Dominikaner-Magister folgten, prangerten das summarische Vorgehen der Verurteilung und die in dieser Art von Aussagen üblichen Unklarheiten an. Die legitime, pastorale Reaktion gegen die nur zu wirklichen Gefahren des sich verbreitenden Naturalismus im Denken und Handeln konnte die hinter dieser Reaktion stehenden theologischen Grundentscheidungen nicht verbergen. Zum Erstaunen vieler und trotz der «Korrektorien» der Franziskanerschule wurde das Verbot, die Positionen des Bruders Thomas zu halten, prompt zurechtgebogen. Das unbeschadete Ansehen, das der Ordensmann und der Theologe sich beim Heiligen Stuhl bewahrte, setzte sich mehr und mehr in der Öffentlichkeit durch. Die Kanonisation, die Johannes XXII. 1323 in Formulierungen aussprach, in der die Approbation der Lehre ausdrücklich begründet wird, sollte die Autorität des «Lehrers» der Kirche für immer bestätigen.

Die Kunst sollte mit den Hilfsmitteln eines traditionellen ikonographischen Themas und nicht ohne die mit dieser Art verbundenen Vereinfachungen den «Triumph» des Thomas darstellen und damit die feierlichen Texte der Kirche illustrieren. Wir können an diesen Bildern unsere Freude haben, wofern sie uns nicht hinwegtäuschen über die überlegene Strenge, die technischen Methoden und die evangelische Freiheit der spirituellen Entscheidungen des Magisters und Predigerbruders Thomas von Aquin.

Die spätere, zugleich ruhmreiche und bewegte Geschichte der Theologie des Thomas ist nicht nur interessiert an einem frommen, akademischen Lobpreis. Wie es bei den großen Meistern des Denkens geht, legt diese

S·THOMAS·AQVINAS

*Der heilige Thomas und sein Werk (hier dargestellt durch den Anfang der Summa contra Gentiles. Von Fra Angelico, Vatikan*

Geschichte in fortschreitender Entfaltung und verschiedenartigen Konstruktionen dank ihrer Zusammenhänge und durch die Polemiken hindurch die Hauptstücke eines lehrinhaltlichen *corpus* frei, dessen Tragweite die Zeitgenossen nicht sofort ermessen, dessen Anwendungen sie nicht entdecken, dessen Anliegen sie nicht enthüllen konnten.

Was uns betrifft, so vermerken wir nur – ohne uns auf Einzelheiten dieser Geschichte einzulassen – als Verdienst der letzten fünfzig Jahre die Wiederherstellung der totalen Dimensionen der Theologie des Thomas als eines Meisters des geistlichen Lebens. Zweckmäßigkeitserwägungen haben hier und dort dazu geführt, die Qualität und die Ergebnisse seiner *Philosophie* zu unterstreichen. Die Zerrissenheit der spirituellen und scholastischen Schulen hatte einen Augenblick lang gewisse Geister verleitet, in Thomas einen «spekulativen» Lehrer zu sehen, den man durch eine aus anderen Quellen geschöpfte und auf andere Charismen sich stützende «mystische» Theologie ergänzen müsse. Gewiß hat die Kirche stets die Freiheit der spirituellen Schulbildung gewahrt und ihre Meister sogar kanonisiert. Das Geheimnis Gottes läßt sich nicht in die Meisterschaft eines einzelnen menschlichen Geistes einfangen. Aber die Wahrheit der Lehre und ebenso die geschichtliche Treue verpflichten uns, die geistliche Lehre nicht von ihrem spekulativen Hintergrund abzulösen. Die Theologie ist eine einzige, bei Gefahr, sonst nicht mehr in das Gewebe des Evangeliums selbst hineinverflochten zu sein. Als Sohn des Dominikus, des *vir evangelicus*, ist Thomas von Aquin gerade in der Wissenschaft der Theologie ein Meister des geistlichen Lebens.

# Texte

## Wider die Verurteilung des Thomas von Aquin

Es gibt Leute, die rasch geneigt sind, Aussagen von Lehrern, durch die die Kirche erleuchtet und der katholische Glaube erhellt wird, als Irrtum zu bezeichnen. Sie täuschen sich und bringen obendrein den Glauben in Gefahr! Die Aussagen solcher Männer, die uns auf die Wege der Wahrheit führen, rufen nach solchen, die [wohlwollend] und frei verbessern, nicht nach solchen, die durch Verleumdung vergiften. Man versperre niemandem den Weg, anders zu denken, wo wir ohne Gefahr für den Glauben anders denken dürfen! Und man zwinge nicht die Schüler, in allem die Lehrmeinungen ihrer Lehrer beizubehalten, denn unser Geist ist nicht gefangen zur Folgsamkeit gegenüber einem Menschen, sondern zur Folgsamkeit gegenüber Christus. Zu behaupten, die Aussagen solch großer Lehrer seien den Irrtümern beizuzählen: welch große Gefahr für den Glauben das anbahnt und herbeiführt, dafür gibt die Schwäche unseres Geistes genügend Beispiele!

. . . Schweigen sollen sie, die so reden! Und wenn sie eine von den Lehrern abweichende Meinung halten, sollen sie nicht sofort von Irrtum re-

*Der Konvent von Fossanuova, wo Thomas starb*

perpetuam. Oer.

In festo sancti Thome de a-
quino. Introitus

pientie et intellect9 stola glorie i
duit eus. ps. Iandītates et exū-
tationes Arsauirzauit sup eum.
vs. Gloria patri. Oratio.

*Messe vom Fest des heiligen Thomas: «In medio ecclesiae aperuit os ejus . . .» («Mitten in der Kirche hieß der Herr ihn reden»)*

den! Sie sollen begreifen, daß immer gleich Worte machen nichts anderes ist, als sich mit der Schwäche seines Geistes brüsten! Sie glauben, sie würden dabei sich selbst und nicht andere erheben und erweisen doch nur ihre Armseligkeit, indem sie offenkundig zeigen, daß sie zwischen sicheren Entscheidungen und bloßen Sophismen, zwischen einem schwächlichen und einem gesicherten Grund nicht zu unterscheiden vermögen!

Ägidius von Rom, «Quaestio de gradibus formarum», ed. Venedig 1502, fol. 206 v.

*Ägidius mußte öffentlich widerrufen und die Verurteilung des Bruders Thomas unterschreiben, um als Magister der Theologie an der Universität Paris zugelassen zu werden.*

## Thomas als Meister des geistlichen Lebens

Ob Thomas lehrt oder schreibt – wenn er die göttlichen Wirklichkeiten behandelt, gibt er den Theologen ein leuchtendes Zeugnis für die Verknüpfung, die mit zwingender Notwendigkeit zwischen dem geistlichen Leben der Seele und dem Studium bestehen muß. Denn wie man von dem, der über eine weit entfernte Gegend nur aus einer wenn auch noch so genauen Beschreibung Bescheid weiß, noch nicht sagt, er kenne diese Gegend gut, sondern nur von dem, der eine Zeitlang dort gelebt hat, so kann keiner eine innerliche Erkenntnis Gottes allein durch wissenschaftliche Erforschung erwerben, wenn er nicht in tiefer Vereinigung mit Gott lebt.

Pius XI., Enzyklika «Studiorum ducem» von 1923, Acta Apostolicae Sedis, 15 (1923), S. 315

Indem die Lehre des Thomas sich der unendlichen Erhabenheit und der unendlichen Freiheit des Schöpfers als des radikal ungezwungenen Grundes des geschaffenen Seins bewußt ist, indem sie dank einer gesunden Auffassung vom Universalbegriff die Bedeutung der *Natur* und ihrer Gesetze sichert, indem sie zeigt, daß diese Natur gegenüber Gott unbeschränkt fügsam und unbeschränkt vervollkommnungsfähig bleibt und ganz durchlässig für den göttlichen Einfluß, führt sie das naturalistische Postulat und eine heuchlerische Metaphysik ad absurdum, die, hinter den positiven Wissenschaften verborgen, der Kreatur ein göttliches Aus-sich-Sein zuzuerkennen versucht.

Indem sie all das enthält, was schon der Begriff eines vernunftbegabten Sinnenwesens an Größe und Knechtschaft einschließt, indem sie die menschliche Vernunft auf die unterste Stufe der Leiter der Geister stellt, indem sie unerbittlich alle ihre Ansprüche niederhält, sich zum reinen Geist aufzuwerfen, indem sie den rechten Anteil an Eigenständigkeit bestimmt, der uns als Geistwesen, und den Anteil an Abhängigkeit, der uns als Geschöpfen, als materiellen Geschöpfen, als verwundeten Geschöpfen zukommt, zerstört diese Lehre an der Wurzel, an der Wurzel seines Engelsein-Wollens einen Individualismus, der in Wirklichkeit die menschliche Person einem trügerischen und zerstörerischen Menschenbild opfert.

Thomas, und das ist sein unmittelbares Verdienst, führt die Vernunft vor ihr Objekt, richtet sie auf ihr Ziel aus, gibt sie ihrer Natur zurück. Er sagt ihr, daß sie für das Sein geschaffen ist ... Sie ist dem Objekt unterworfen, aber nur, um darin ihre wahre Freiheit zu finden, denn in dieser Unterwerfung betätigt sie die spontanste und lebendigste Freiheit. Eben in dieser Unterwerfung erstellt sie in sich selbst die Hierarchien der Wesenheiten und die Ordnung ihrer Tugenden.

> J. Maritain, Vortrag, gehalten zu Avignon 1923, aus Anlaß der Sechshundert-Jahrfeier der Heiligsprechung des Thomas von Aquin

Es hieße sich an eine Verfolgung ohne Gegenstand machen, wenn man, wie man es zuweilen zu fordern scheint, ein dem Thomismus zugrunde liegendes inneres Leben sucht, dessen Wesen spezifisch verschieden sei von dem des Thomismus selbst. Man darf doch wohl nicht glauben, daß die gelehrte Gliederung der *Summa Theologiae* und der ständige Fortschritt der Vernunft, die Stein für Stein dieses ungeheure Gebäude errichtet, bei Thomas nur das Ergebnis einer oberflächlichen Aktivität gewesen seien, unter der ein reicherer, tieferer und religiöserer Gedanke frei pulsiere. Das innere Leben des Thomas, soweit das Geheimnis einer so machtvollen Persönlichkeit überhaupt entschleiert werden kann, scheint

*Ägidius von Rom, Zeitgenosse und Schüler des Thomas. Aus einer Handschrift seiner Werke, 14. Jahrhundert*

gerade das gewesen zu sein, was es sein mußte, um sich in einer solchen Lehre auszudrücken. Nichts, was ein strengeres Forschen, ein glühenderes Wollen voraussetzt als diese Beweise, die aus exakt definierten Begriffen gebaut sind, gefaßt in Formulierungen von vollkommener Präzision, angeordnet in streng ausgewogener Entwicklung. Eine solche Meisterschaft im Ausdruck und in der Organisation philosophischer Ideen erreicht man nicht, ohne sich selbst völlig dahineinzugeben. Die *Summa Theologiae* mit ihrer abstrakten Durchsichtigkeit und unpersönlichen Transparenz: das ist, unter unseren Augen kristallisiert und gleichsam festgehalten für die Ewigkeit, das innere Leben des Thomas von Aquin selbst. Um es sich in seiner ganzen Tiefe und Intensität vor den Blick zu bringen, gibt es also nichts Besseres, als gemäß der Ordnung selbst, die er ihnen auferlegt, die so verschiedenartigen Elemente dieses ungeheuren Gebäudes nachzuordnen, seine innere Struktur zu studieren und in sich das Gefühl seiner Notwendigkeit neu zu erzeugen. Nur ein solcher Wille zum Verstehen, in uns geweckt durch den des Philosophen selbst, kann uns in den Stand setzen, zu verspüren, daß dieses Licht die Entfaltung einer verhaltenen Leidenschaft ist, und unter der Ordnung der Ideen die machtvolle Anstrengung wiederzufinden, die jene zusammenbrachte.

Dann allein erscheint der Thomismus in seiner ganzen Schönheit. Diese Philosophie bewegt uns durch reine Gedanken, in der Kraft eines Zutrauens in den Wert der Beweise und einer Selbstverleugnung angesichts der Forderungen der Vernunft. Dieser Aspekt der Lehre erscheint aber vielleicht denen, die durch die unbestreitbaren Schwierigkeiten der ersten Einführung noch an seiner Wahrnehmung gehindert werden, klarer, wenn sie das betrachten, was die religiöse Spiritualität des Thomas war. Wenn es zuträfe, daß die thomistische Doktrin von einem Geiste beseelt wurde, der sich von dem, der das religiöse Leben des Thomas belebte, unterschied, dann hätte man den Unterschied zu erfassen, indem man die Weise, wie Thomas betete, mit der verglich, wie Thomas dachte. Wenn man indessen die Gebete des Thomas studiert, die uns erhalten geblieben sind und deren religiöser Wert so tief ist, daß die Kirche sie in ihr Brevier aufgenommen hat, dann wird man ohne Mühe feststellen, daß ihre Glut nicht herrührt von gemütvollen Erhebungen, nicht von leidenschaftlichen Ausbrüchen und auch nicht aus einem Geschmack an spirituellen Freuden, wie es anderen Weisen des Gebetes eigen ist. Die Glut des Thomas drückt sich völlig in dem Willen aus, von Gott alles zu erbitten, was er von ihm erbitten soll, und es so zu erbitten, wie er es von ihm erbitten soll. Es ist trotz aller Strenge eine reale, tiefe, spürbare Glut in dem rhythmischen Gleichmaß und dem Gleichklang der Formulierungen. Aber es ist die Glut einer Spiritualität, deren Bewegung eben von der Ordnung und dem Rhythmus des Denkens geregelt wird:

*Diese heilige Kommunion, so bitte ich, lasse mich nicht der Strafe verfallen, sondern werde mir zur heilbringenden Fürbitte um Verzeihung. Sie werde mir zur Waffenrüstung des Glaubens und zum Schild des guten Willens. Sie tilge meine Vergehen, reiße alles ungeordnete Begehren aus meinem Herzen, sie vermehre in mir die Liebe, die Geduld, die Demut, den*

*Gehorsam, und alle anderen Tugenden. Sie werde mir zum sicheren Schutz gegen die Fallstricke aller meiner sichtbaren und unsichtbaren Feinde. Sie lasse alle Unruhe des Fleisches und des Geistes zur Ruhe kommen. Sie bewirke, daß ich Dir, dem allein wahren Gott, fest anhange und an meinem Ende zur seligen Vollendung gelange.* Eine solche Spiritualität ist weniger begierig zu schmecken als voll Verlangen nach Licht. Der Rhythmus des Satzes und der Wohlklang der Worte verdunkelt in keiner Weise die Ordnung der Gedanken. Dennoch, welcher ein wenig feinfühlige Geschmack spürt unter dem rhythmischen Fluß der vielen Formulierungen nicht eine religiöse Bewegung, fast eine Poesie?

E. Gilson, Le thomisme. Introduction à la philosophie de saint Thomas d'Aquin (Études de philosophie médiévale, Bd. 1), 5. Aufl. Paris 1947, S. 520–522.

# Die Werke des heiligen Thomas

Das Werk und die Werke des Thomas sind mit Ausnahme einiger Gelegenheitsschriften durchweg bestimmt von seiner akademischen Unterrichtstätigkeit. Ihre literarischen Formen und ihr technischer Stil sind also nur verständlich als ein homogener Ausdruck des Geistes, der Methoden, der Verfahrensweisen des zeitgenössischen Bildungswesens.

Die Arbeits- und Redaktionseinheit ist die *quaestio disputata*, jener akademische Akt *par excellence* innerhalb eines hochentwickelten Bildungswesens, in dem, ausgehend von der Lesung von Grundtexten (auf allen Gebieten, von der *pagina sacra* der Bibel bis zu den großen Traktaten der Medizin) eine «In-Frage-Stellung» der Tatsachen und Doktrinen erarbeitet wurde. Darauf entwickelte sich unter den qualifizierten Magistern eine «Disputation» für und wider, über die einer von ihnen «determinierte», das heißt in organischer Weise seine Lösungen vortrug.

Als Frucht einer langen Entwicklung im Laufe des vorhergehenden Jahrhunderts hatte die *quaestio disputata* um die Mitte des 13. Jahrhunderts den Vorrang vor der einfachen *lectura* (Kommentar) der Texte erreicht und war zum Akt des Magisters *par excellence* geworden, zum großen Ärger der an ihren Texten hängenden Konservativen. Man kann sich aus der Entfernung leicht vorstellen, welche intellektuelle Lebendigkeit und welche Leidenschaft eine solche kollektive Pädagogik dem Bildungswesen einschließlich der Theologie vermittelte.

Nach dem Geständnis der Zeitgenossen ragte Thomas in dieser Art von Unterrichtstätigkeit hervor sowohl durch seine überlegene Meisterschaft als auch durch seine kraftvolle Klarheit. Sein «großes» Werk ist nicht die *Summa Theologiae*, sondern die sehr lange Reihe seiner *Quaestiones disputatae*. Man darf sie nicht nur lesen als eine Komposition von seltsamer Methodik oder als eine pädagogische Anordnung, so bezeichnend diese auch sein mag, sondern als den Niederschlag eines theologischen Wissens: das Wort Gottes wird einer rationalen Untersuchung unterworfen in einer «In-Frage-Stellung», die man als tiefste Huldigung vor einem Glauben ansah, der sich seines Gegenstandes bewußt war; denn diese «In-Frage-Stellung» ist die Hochform geistigen Lebens. Als jemand eines Tages gegen diese Unschicklichkeit protestierte und sich für einen reinen und schlichten Gehorsam gegenüber der Autorität Gottes einsetzte, antwortete Thomas ziemlich brutal: *Gewiß werdet Ihr auf Grund von Autoritäten die Wahrheit erlangen, aber Ihr werdet mit leerem Kopf davongehen.*

Aus De veritate

Diese schlagfertige Entgegnung ist einer «Disputation» von besonderer Art entnommen, die man *disputatio de quolibet* nannte. Zweimal im Laufe eines akademischen Jahres, um Weihnachten und Ostern, fand eine feierliche Disputationssitzung statt, in der die Initiative der Diskussion nicht von einem Professor ausging, der sich mit einem vorbereiteten und angekündigten Gegenstand befaßte, sondern von der Versammlung der Teilnehmer, die nach ihrem Gutdünken und ihrer Laune die verschiedenartigsten Probleme aufs Tapet brachten, von den Fragen hoher Metaphysik bis zu den verschiedensten Tagesereignissen. Der Magister mußte jedem Antwort stehen und am folgenden Tag die Resultate der Diskussion ordnen und «determinieren». Thomas hat uns zwölf Disputationen *de quolibet* hinterlassen (alle gehalten zu Paris, VII–XI während der Jahre 1256–59, I–VI und XII während der Jahre 1269–72).

Die *Quaestiones disputatae* sind geordnet und betitelt nach dem Hauptthema ihrer jeweiligen Reihen: *De veritate*, 29 Disputationen, gehalten zu Paris 1256–59; *De potentia*, 10 Disputationen, gehalten in Italien 1259–68; *De malo*, 16 Disputationen, gehalten zu Paris 1269–72, ebenso *De anima, De virtutibus, De unione Verbi incarnati, De spiritualibus creaturis*, und einige andere Einzeldisputationen.

Der *Artikel*, die Redaktionseinheit dieser Schriften, wird damit in seiner Konstruktion und seiner Dynamik sichtbar. Man muß ihn, seinen Apparat, seine Struktur, seine Schlüsse in diesem außerordentlich eigenartigen Zusammenhang lesen: eine Reihe von Argumenten *pro et contra*, die die «disputierte» Stellung des Problems bilden, dann die Heranziehung einer mehr oder weniger entscheidenden «Autorität», darauf die Determination, die das *corpus articuli* ausmacht, und schließlich Antworten auf die Argumente.

Die *Summa Theologiae* ist nicht das Ergebnis einer Unterrichtstätigkeit, sondern ein Werk, das durch persönliches Interesse bestimmt ist (vgl. weiter unten). Sie ist dennoch aufgebaut auf dem Schema von *Artikeln*, selbst da, wo deren Form vereinfacht ist.

Daneben hat die alte *lectio* (Kommentar, *expositio,* zu den Grundtexten in jeder Fakultät) bei Thomas eine große Zahl von Schriften hervorgerufen. Zunächst über die Heilige Schrift, denn der klassische Kursus der Magistri in der Theologie war und blieb die literarische und lehrinhaltliche Exegese der *pagina sacra*. Von dieser Vorlesungstätigkeit des Thomas sind uns nur erhalten: Kommentare zu Isaias, Jeremias, den Psalmen, zu Job, zum Hohen Lied (?), und für das Neue Testament zum Matthäus- und Johannesevangelium und zu den Paulusbriefen.

Diese Kommentare stellen einen Typus «theologischer» Exegese dar, dessen scholastische und symbolische Gesetzlichkeit zum großen Teil unserer modernen religiösen Mentalität fremd sind, aber auf ihrer Ebene über Exegese und Kommentar hinaus eine biblische Theologie erarbeiten, indem sie die Texte und Ereignisse zugunsten einer ganzheitlichen Schau interpretieren, die ein homogener und verständiger Ausdruck ei-

*Begebnisse aus dem Leben des heiligen Thomas. Stundenbuch aus dem 15. Jh.*

ner göttlichen Heilsordnung, ihrer Absichten, ihrer Führung, ihrer Etappen ist. *Doctrina sacra.*

Die Entwicklung des theologischen Wissens hatte nach und nach für die anfangenden Professoren einen vorbereitenden Text eingeführt, eine Art Einleitung in die Heilige Schrift: den *Liber Sententiarum* des Petrus Lombardus (†1160). Thomas hatte dieses Werk als junger Professor kommentiert. Aber sein Kommentar überschreitet bei weitem die analytische Erklärung des Textes und entfaltet sich ausdrücklich in *quaestiones*. Daher seine Bedeutung als wissenschaftliche Konstruktion, die auf den ersten Stellungnahmen des jungen Meisters beruht.

Der Kommentar zu einem ebenfalls klassischen Text, nämlich dem kleinen Werk des Boethius «De Trinitate» (1256), ist in derselben Art aufgebaut. Man kann es als ein methodisches Manifest für die verschiedenen Disziplinen des Geistes ansehen, die heilige Wissenschaft miteinbegriffen. Es scheint, daß diese von Thomas ergriffene Initiative, das Werk zu kommentieren, vereinzelt geblieben ist.

Wenn Thomas Dionysius kommentierte, den berühmten griechischen Lehrer, dessen neuerliche Übersetzungen eine außerordentliche und verschieden gerichtete Wißbegier hervorgerufen hatten, beobachtete er dann eine allgemeine Gewohnheit an der Universität? Auf jeden Fall folgte er dem Beispiel seines Lehrers Albert, indem er einen Text bearbeitete, der in der Theologie eine «Autorität» von ganz anderem Schlag war als die des Aristoteles. Und die Ausstattung mit den Scholien des Maximus gab dem dionysianischen *corpus* Profil und Ausgewogenheit. Wir haben auf diese Weise die Redaktion seiner Vorlesungen zu *De Divinis Nominibus* in einer, wie damals üblich, an den fortlaufenden literarischen Zusammenhang des Textes sich haltenden Erklärung.

Ebenso erklärte Thomas im Stil eines Literalkommentars und ohne Ausweitung in *quaestiones* die Texte des Aristoteles. Albert der Große hatte zum Ärgernis vieler die *lectura* der damals noch verbotenen Werke des Philosophen in den öffentlichen Unterricht eingeführt. Wir besitzen deren Redaktion, und ein Teil davon (die «Ethik») stammt von der Hand des Thomas, der damals noch sein Schüler war. Thomas folgte dem Beispiel seines Lehrers zu einer Zeit, da die Verbreitung der Werke des Averroes, des «Kommentators» *par exellence*, zu einer straffen Interpretation zwang und eine einfache Paraphrase nicht mehr zuließ. Von diesen Vorlesungen, deren exegetische und lehrinhaltliche Präzision auch nach den Arbeiten der modernen Philologen ihren Wert behält, besitzen wir Kommentare zu den Hauptwerken des Aristoteles, in der Logik, der Physik, der Psychologie, der Metaphysik, der Ethik, der Politik (unvollendet). Dieses Kommentarwerk datiert gänzlich aus dem zweiten Teil der Laufbahn des Thomas, auf dem Höhepunkt der averroistischen Krise.

Unter den Gelegenheitswerken (etwa vierzig, die man überlieferungsgemäß *Opuscula* nennt und von denen einige sehr bedeutend sind, so der kleine Traktat *De ente et essentia*, 1255 [?] seinen jungen Kollegen im Unterricht gewidmet, oder auch das *Compendium Theologiae* für seinen Sekretär und Freund Reginald von Piperno) nimmt die *Summa contra Gentiles* einen hervorragenden Platz ein. Wir haben ihre Entstehung und ihre Tragweite für die Christenheit schon betrachtet. Ihre schriftstellerische Form verläßt das Verfahren der *quaestio disputata*.

Schließlich, wie wir schon gesagt haben, gehörte es zu den Berufsaufgaben des Magisters in der Theologie, zu predigen. Er predigte offensichtlich vor dem akademischen Publikum. Von Thomas haben wir so mehrere Reihen von *Collationes*, wie man sagt. Sie sind nur summarische Notizen und haben nicht die Bedeutung der Predigten seines Kollegen Bonaventura, des Magister-Regens am Universitätskolleg der Minderbrüder.

# Die Summa Theologiae

Thomas war sich darüber klargeworden, daß die beiden Formen des akademischen Unterrichts, nämlich die Texterklärung und die *quaestiones disputatae*, einer wesentlichen Forderung der Pädagogik nicht genügen konnten: der organischen Darstellung des Wissens. So kam er am Ende seines Lebens dazu, unabhängig vom Unterricht die Abfassung einer *Summa* ins Auge zu fassen, das heißt nicht eines Handbuches, sondern einer straffen Darlegung des Lehrgangs der Theologie, die dem allgemeinen Bildungsniveau der Studenten angepaßt und zudem nach einem Plan konstruiert war, der die inneren Verbindungslinien des in Frage stehenden Gegenstandes offenbarte. Dieses letztere Element ist in der Tat das wichtigste und läßt den etwas romantischen Vergleich der Summen mit den Kathedralen als den bezeichnenden Schöpfungen der mittelalterlichen Kultur berechtigt erscheinen.

Bei einem solchen Plan ist es klar, daß der Weg, den man zum Zwecke der Konstruktion einschlägt, von grundlegender Bedeutung ist: Wir können hier am besten die Intuitionen des Meisters sichtbar machen und in der inneren Bewegung, die die logischen Einteilungen und Unterteilungen durchgreift, seine tiefsten intellektuellen Grundentscheidungen freilegen. Gerade die Unmöglichkeit, den Gegenstand der Theologie – Gott in sich selbst, in der Schöpfungs- und Heilsordnung – in einen «Plan» hineinzuzwängen, macht die getroffenen Anordnungen noch entscheidender, besonders dort, wo die Untersuchungen eines wissenschaftlichen Erkennens nicht nur auf das Glaubensgeheimnis stoßen, sondern auf die radikale Kontingenz der Ereignisse einer Heilsgeschichte.

Um diese Schwierigkeiten zu überwinden, greift Thomas zu dem großen platonischen Thema von Hervorgang (Emanation) und Rückkehr. Da die Theologie Wissenschaft von Gott ist, muß man die Dinge untersuchen in ihrem Bezug zu Gott, sei es in ihrer Hervorbringung, sei es in ihrer Zielstrebigkeit. Es ist ein Schema, das nicht nur eine Verstehbarkeit erstellt – sowohl in der Frage nach dem Menschen als Mitarbeiter und Ebenbild des göttlichen *artifex* als auch in einer Schau des Universums und einer Konzeption von der Natur –, sondern dazu der Geschichte geöffnet ist, sofern es im Gegensatz zum Determinismus der Griechen gelingt, in diese Kurve die Ereignisse und Taten der Heilsgeschichte hineinzustellen.

Das ist der Plan der *Summa Theologiae*, und das ist die Bewegung, die er verrät. I^a Pars: der Ausgang, Gott als Ursprung; II^a Pars: die Rückkehr, Gott als Ziel; und weil faktisch nach dem freien und völlig ungeschuldeten Beschluß Gottes (wie ihn uns die Heilsgeschichte offenbart) diese Rückkehr sich durch Christus, den Gottmenschen, gestaltet, untersucht eine III^a Pars die «christlichen» Bedingungen dieser Rückkehr. Offensichtlich ist hier die Geschichte mehr als anderswo Hauptsache, denn sie ist im betonten Sinne des Wortes offenbarungsträchtig. Die Spekulation findet ihre wahre Gültigkeit, wenn sie die milden Fügungen der göttlichen Liebe nachbildet.

Man wird erkennen, wie sehr die Theologie im übrigen bis in ihre rationalste Organisation hinein eine religiöse Erkenntnis bleibt. Jedes ihrer Elemente ist durch seine Stellung innerlich auf Gott und auf das Wort Gottes bezogen. Keine philosophischen Kategorien sichern von außen her ihre Einheit, indem sie sie auf eine heilige, mit geistlichen Anspielungen und frommen Korollarien gewürzte Metaphysik zurückführen. Vielmehr ist es ihr inneres Geheimnis, das ihre Einheit garantiert. Es wäre somit eine tödliche Ungeschicklichkeit, vor allem in der Interpretation der II^a Pars, sich starr und systematisch an die aristotelischen Strukturen der Verarbeitung zu klammern, während man den Kraftstrom evangelischer und patristischer Spiritualität, der den andernfalls toten Zweigen erst Leben gibt, vergißt oder unterschlägt. Zwar sind die aristotelischen Strukturen für die Theologie der *Summa* genau so wenig zufällig wie die platonische Befruchtung für die Theologie Augustinus', des Dionysius und Gregors von Nyssa. Aber die Systematisierung muß um jeden Preis, und notfalls zu ihrem eigenen Schaden, die andersartige Logik des Reiches Gottes respektieren, dessen Grundriß sich in den Dunkelheiten des Mysteriums (und den Rückschlägen der Geschichte) ebenso abzeichnet wie in der Angemessenheit seiner Verwirklichung (und den Erfolgen der Kirche). Die Theologie bleibt *doctrina sacra*. Ohne Unterlaß löst sie sich auf ins Evangelium, in das Wort Gottes, denn sie vollendet sich in dessen Gedanken.

# Anmerkungen

1 Ptolemaeus von Lucca, Historia ecclesiastica, ed. Muratori, col. 1152. Eine Ausgabe in den Monumenta Germaniae historica ist in Bearbeitung.
2 Wilhelm von Tocco, Vita Sancti Thomae Aquinatis, Kap. 8, ed. Prümmer (Fontes vitae S. Thomae Aquinatis, Fasc. II, Saint Maximin [Var] 1924) S. 73 f.
3 *Voluntarismus* ist eine seit dem Neuplatonismus in vielfältiger Variation auftretende, typisch abendländische Deutung des Menschen, die diesen in seinem Wesen vornehmlich durch den Willen (im Mittelalter als geistige Liebeskraft verstanden) bestimmt sein läßt.
4 Jordan von Sachsen, Libellus de principiis ordinis praedicatorum, ed. Scheeben, in: Monumenta Ordinis Praedicatorum Historica [MOPH], Bd. 16 (1935), S. 75.
5 II–II 183–189 (Bd. 24. Die Bandnummern, die wir im Folgenden allen Zitaten aus der *Summa* hinzufügen, verweisen auf die entsprechenden Bände der Deutschen Thomas-Ausgabe, Heidelberg–Graz, bisher 24 Bände).
6 E. Gilson, L'esprit de la philosophie médiévale (Études de philosophie médiévale, Bd. 33), 2. Aufl. Paris 1948, S. 187. Vgl. Deutsche Übersetzung von Rainulf Schmücker, Wien 1950, S. 206.
7 Vgl. F. van Steenberghen, Siger de Brabant d'après ses œuvres inédites. Bd. 2: Siger dans l'histoire de l'aristotélisme, Löwen 1942, S. 468–479.
8 Johannes von Damaskus, De fide orthodoxa, Buch I, Kap. 9 (Migne, Patrologia Latina, Bd. 94, col. 835), zitiert von Thomas in der *Summa Theologiae*, I 13, 11 (Bd. 1).
9 *Summa Theologiae*, II–II 2, 10 (Bd. 15).
10 Wilhelm von Tocco, Vita Sancti Thomae Aquinatis, Kap. 31, ed. Prümmer, S. 105.
11 *Summa Theologiae*, II–II 182, 2 Zu 1 (Bd. 23).
12 *Summa Theologiae*, II–II 180, 2 Zu 3 (Bd. 23).
13 *Quaestio disputata de caritate*, 11 Zu 6.
14 Wilhelm von Tocco, Vita Sancti Thomae Aquinatis, Kap. 16, ed. Prümmer, S. 85. Der Text dieser Antrittsvorlesung wurde vor noch nicht langer Zeit wiedergefunden und herausgegeben (Vgl. Marietti-Ausgabe der *Opuscula theologica*, Bd. 1, Turin-Rom 1954). Gekürzte Übersetzung siehe S. 78.
15 «Docere est opus activae vitae.» *Summa Theologiae*, II–II 188, 6 (Bd. 24).
16 Ein traditionelles allegorisches Thema, das Gregor d. Gr. entnommen ist und in der bildenden Kunst und der Literatur des Mittelalters aufgegriffen wird: Die Engel kommen und gehen von Gott zu den Geschöpfen und von den Geschöpfen zu Gott, ohne dabei der Freude der Anschauung Gottes verlustig zu gehen. Vgl. *Summa Theologiae*. II–II 181, 4 Zu 2 (Bd. 23).
17 *Summa Theologiae*, II–II 188, 6 (Bd. 24).
18 J. Mennessier, Vie contemplative et vie active. In: Initiation théologique, Paris 1952, Bd. III, Kap. 18, S. 1125. Vgl. Deutsche Übersetzung: Die katholische Glaubenswelt, Bd. II, Freiburg 1959. S. 973 f.

19 Predigt des hl. Thomas zum zweiten Sonntag im Advent, ed. Vivès, Bd. 29, S. 195.
20 Dionysius, Traktat über die Göttlichen Namen [De Divinis Nominibus], Kap. 4 § 10 (Dionysius-Text in der Marietti-Ausgabe des Thomas-Kommentars, Turin–Rom 1950, Nr. 159), häufig von Thomas zitiert und kommentiert (Vgl. *In De Divinis Nominibus expositio*, Kap. 4, lectio 9 [Marietti-Ausgabe Nr. 409]).
21 Wilhelm von Tocco, Vita Sancti Thomae Aquinatis, Kap. 26, ed. Prümmer, S. 100.
22 *Summa Theologiae,* Ende der *Secunda Pars*, Fragen 179–189 (Bde. 23 u. 24).
23 *Summa Theologiae,* I 3, prooemium (Bd. 1).
24 A. Hayen, Le «cercle» de la connaissance humaine selon saint Thomas d'Aquin. Revue philosophique de Louvain, 54 (1956), S. 589.
25 *Summa contra Gentiles,* Buch III, Kap. 69. Vgl. deutsche Übersetzung von Hans Nachod und Paul Stern: Thomas von Aquin, Summe wider die Heiden, Leipzig 1935/37, Bd. III, 1, S. 260.
26 *Summa contra Gentiles,* Buch III, Kap. 1. Übers. Nachod/Stern Bd. III, 1, S. 18.
27 Kommentar zu Aristoteles' Peri hermeneias, Buch I, lectio 14 (Marietti-Ausgabe Turin 1955, Nr. 197).
28 A. Hayen, Deux théologiens: Duns Scot et saint Thomas. Revue philosophique de Louvain, 51 (1953), S. 233–294.
29 J.-P. Audet, Le sacré et le profane, leur situation dans le christianisme. Nouvelle revue théologique, 1957, S. 53.
30 *Summa Theologiae,* I–II 57, 6 Zu 3 (Bd. 11).
31 Vgl. Kommentar zu Aristoteles' De anima, Buch II, lectio 1, Ende (Marietti-Ausgabe Turin 1948, Nr. 234).
32 *Summa contra Gentiles,* Buch III, Kap. 119. Übers. Nachod/Stern Bd. III, 2, S. 163.
33 *Quaestiones disputatae De potentia,* 3, 10 Zu 17.
34 *Summa contra Gentiles,* Buch II, Kap. 2. Vgl. Übers. Nachod/Stern Bd. II, S. 20.
35 J. Tonneau, Morale et théologie. In: Initiation théologique, Paris 1952, Bd. III, S. 13–36. Deutsche Übersetzung Bd. II, Freiburg 1959, S. 5–26. Zur Stelle vgl. S. 15.
36 *Summa Theologiae,* I–II 1, 1 (Bd. 9).
37 Der Ausdruck *Strebevermögen* meint allgemein die sinnlich-triebhaften Kräfte und die geistig-willentliche Fähigkeit, sich – zunächst durchaus rein innerlich – auf einen sinnlich wahrgenommenen oder geistig erkannten Wert «hinzubewegen».
38 *Summa Theologiae,* II–II 47, 1, Einwand 1 (Bd. 17 B).
39 Jordan von Sachsen, Libellus de principiis ordinis praedicatorum, Nr. 103 f, ed. Scheeben (MOPH Bd. 16), S. 74 f. Deutsche Übersetzung von M. D. Kunst: Meister Jordan, Das Buch von den Anfängen des Predigerordens (Bücher für Glauben und Leben, Dokumentarische Reihe Bd. 1), Kevelaer 1949, S. 55 f.
40 *Summa Theologiae,* I 1, 8 Zu 2 (Bd. 1).
41 E. Gilson, Boèce de Dacie et la double vérité. Archives d'histoire doctrinale et littéraire du moyen âge. 30 (1955), S. 81–99.

# Zeittafel

| | Leben des Thomas | Zeit des Thomas |
|---|---|---|
| 1200 | | Charta der Universität von Paris durch Philipp-August. |
| 1205–1215 | Gründung des Ordens der Predigerbrüder. | |
| 1209 | | Erste franziskanische Gemeinschaft. |
| 1210 | | Verbot, Aristoteles zu dozieren. |
| 1214 | | Schlacht von Bouvines, Zusammenbruch des Heiligen Reiches. |
| 1215 | | IV. Laterankonzil. Erste Statuten der Universität von Paris. Magna Charta in England. |
| 1223 | | Gründung des Ordens vom Loskauf der Gefangenen (Mercedarier). |
| 1224(25) | Geburt des Thomas von Aquin. | |
| 1225 | | «Sonnengesang» des heiligen Franz. |
| 1229 | | Gründung der Universität von Toulouse mit öffentlichen Vorlesungen über Aristoteles. Dominikaner als Professoren. |
| 1231 | | Körperschaftliche Autonomie der Universität von Paris, von Ludwig IX. anerkannt, vom Papst unterstützt. Einschärfung des Verbotes, Aristoteles zu dozieren. |
| 1234 | | «Dekretalien» des Dominikaners Raymund von Peñafort. |
| 1239–1244 | Thomas als Student an der Universität von Neapel. | |
| 1240 | | Erstes Eindringen der Werke des Averroes. |
| 1240–1248 | | Albert der Große doziert zu Paris; er kommentiert Aristoteles. Roger Bacon kommentiert Aristoteles. |
| 1243–1245 | | Bau der «Sainte-Chapelle». |
| 1244–1245 | Eintritt des Thomas bei den Predigerbrüdern, Entführung und Haft. | |
| 1245–1248 | Student zu Paris. | |

# Zeugnisse

Papst Leo XIII.
Indem Thomas, wie es sich gebührt, zwischen Vernunft und Glaube genau unterschied, beide aber wie in einem Freundschaftsbunde einte, hat er die Rechte beider gewahrt, aber ebenso für beider Würde Sorge getragen. Die Vernunft, gleichsam auf den Flügeln des heiligen Thomas zu höchster Vollendung emporgetragen, vermag kaum noch höher zu steigen; der Glaube hingegen kann kaum noch weitere und wirksamere Hilfe fordern, als ihm durch Thomas schon zuteil wurde.

*Enzyklika «Aeterni Patris». 1879*

Josef Bernhart
Sobria ebrietas – nüchterne Trunkenheit – ist der Wesenszug des Thomas von Aquin, des Mannes und des Werkes. Er war ein Denker und ein Heiliger, und beides so in Einem und aus Einem Grunde, daß man es auch mit Einem Worte sagen müßte, wenn dieses Wort aus den Sprachen des Westens irgendwo zu greifen wäre. Sein älterer Ehrenname, Doctor communis, der allgemeine Lehrer, geht auf die Weite seiner Umsicht im Reiche des fragenden und befragten Menschengeistes, zugleich auf die breite Geltung und Nachfolge, die er trotz aller Gegnerschaft von seinem Auftreten an und zeither bis auf diesen Tag gefunden hat, sein späterer Name aber, Doctor angelicus, der engelhafte Lehrer, zeigt in die Tiefe seiner Einsicht und den Quellengrund, der auch sein Zielgrund ist: die latens Deitas, die verborgene Gottheit, vor welcher sein Denken – fast wiederholt sich dies Verhältnis in unserer deutschen Sprache – Andacht wird und Andacht hinwieder die Bewegung seines Geistes regelt. Nüchtern und trunken ist er in Einem.

*Thomas, Summa der Theologie. Bd. 1. Vorwort. 1934*

Friedrich Heiler
Wenn man sich auch davor hüten muß, Thomas von Aquino zu verabsolutieren, so vermag doch die Beschäftigung mit seinem theologischen Werk uns in die Tiefe der christlichen Offenbarungswahrheit zu führen und eben dadurch zu helfen, die dogmatische Kluft zwischen der reformatorischen Theologie und der abendländischen katholischen Theologie zu überbrücken.

*«Eine heilige Kirche». Jg. 1935*

Otto Weber
Der Thomismus ... ist in seiner Grundstruktur ohne Frage der reinste Ausdruck des «Katholischen»: alles hat hier seinen Platz, alles wird in ein großes Ganzes eingeordnet, und vom Ersten und Obersten her empfängt auch das Geringste noch Glanz und Würde. Dabei ist Thomas ... in allem seinem Denken wirklich *Theologe*, der größte Dogmatiker der Kirche seit Augustin, in dessen Bahnen er bewußter wandelt, als manche annehmen.

*Grundlagen der Dogmatik. 1955*

Josef Pieper
Diejenigen, die Thomas persönlich gekannt haben, müssen von seinem unmittelbar menschlichen Dasein den ganz unbezweifelbaren Eindruck empfangen haben: dieser Mann mit der großen und aufrechten Gestalt, kräftig und sensibel zugleich; mit der mächtigen Stirn; mit einer Hautfarbe, blinkend wie ein Weizenkorn; mit einem Antlitz, in dem das Feuer niemals erlischt; dieser Mönch, den man häufig allein, erhobenen Hauptes, mit großen Schritten meditierend die Gänge des Klosters auf und ab wandern sieht – dieser Mensch müsse ein Heiliger sein. Von ungewöhnlichen asketischen Übungen und Kasteiungen wissen gleichwohl die Zeugen des Heiligsprechungsprozesses, von denen viele mit Thomas lange umgegangen sind, nichts zu berichten. Aber sie sagen: Thomas habe den Frieden geliebt; er sei karg gewesen gegen sich selbst und demütig und voll Güte gegen die anderen; er sei ein Liebhaber der Armut und sein Sinn ganz auf das Göttliche gerichtet gewesen.

Vor allem *ein* Wesenszug wird von den mehr als dreißig Zeugen am häufigsten und oft an erster Stelle genannt: castitas. Der heilige Thomas muß ein Mensch gewesen sein von solcher Lauterkeit, Sauberkeit und Blankheit des Wesens, daß jeder, der mit ihm zusammenkam, in seiner Nähe so etwas zu verspüren schien wie eine frischere und kühlere Atemluft.

*Über Thomas von Aquin. 1949*

Walter Nigg
Diesem Riesengeist kam zuletzt die Unzulänglichkeit seines Unternehmens deutlich zum Bewußtsein, was der ergreifendste Vorgang seines Lebens ist. Als er einst aus der Messe in seine Zelle zurückkehrte, war er seltsam verändert, legte den Gänsekiel beiseite und antwortete auf die eindringliche Befragung seines Freundes nur: «Alles, was ich geschrieben habe, erscheint mir wie Spreu, verglichen mit dem, was ich geschaut habe und was mir offenbart worden ist.» Erschütternder urteilte wohl kaum je ein großer Denker am Ende seines Lebens über sein eigenes Werk. Wie Spreu kamen ihm seine mächtigen Ausführungen gegenüber der lichtvollen Gottesschau vor, die ihn in der Kirche überflutet hatte. Der schreibgewaltige Thomas trat hierauf in das Schweigen ein, und man hat den scharfsinnigen Dominikaner nicht begriffen, achtet man nicht auf dieses Verstummen. Dieser Abschluß von Thomas' Denkarbeit zeigt besser als viele Worte, daß der Fürst der Scholastiker kein Gefangener seines Systems war und enthüllt überwältigend seine echte Christlichkeit.

*Vom Geheimnis der Mönche. 1953*

# Bibliographie

Die Bibliographie bietet ein- und weiterführende Literatur zu Zeit, Leben und Werk des Thomas von Aquin. Besonderer Wert wurde auf neuere Arbeiten bzw. Auflagen und Übersetzungen gelegt. Sachliche Überschneidungen ließen sich dabei nicht immer vermeiden.

## 1. Bibliographien, Forschungsberichte, Hilfsmittel

BOURKE, V. J.: Thomistic bibliography 1920–1940. St. Louis 1945

Bulletin Thomiste. Organe de la Soc. Thomiste. 12 Vol. Le Saulchoir u. a. 1924–65

BUSA, R.: Clavis «Indicis Thomistici» in indices distributionis […] latine atque anglice. Stuttgart 1979 *[Erläuterungen zum Index Thomisticus]*

DEFERRARI, R. J., I. BARRY: A complete index of the Summa theologica of Thomas Aquinas. Washington 1956

DEFERRARI, R. J.: A latin-english dictionary of St. Thomas Aquinas. Boston 1960

A Dominican bibliography and book of reference 1216–1992: a list of works in English. Hg. J. R. EMOND; J. A. DRISCOLL. New York u. a. 2000

ESCHMANN, I. T.: A catalogue of St. Thomas' works. In: GILSON, E.: The christian philosophy of St. Thomas Aquinas. New York 1956, S. 379–439

Index Thomisticus: Sancti Thomae Aquinatis operum omnium indices et concordantiae […] variis modis referuntur […]. Hg. R. BUSA. Sectio I: Indices (10 Bde). Sectio II: Concordantia prima (23 Bde)/C. altera (8 Bde). Sectio III: Concordantia prima (6 Bde)/C. altera (2 Bde). Stuttgart-Bad Cannstatt 1974–80

Indices auctoritatum omniumque rerum notabilium occurrentum in Summa theologiae et in Summa contra gentiles S. Thomae de Aquino. Romae 1948

INGARDIA, R.: Thomas Aquinas. International bibliography 1977–90. Bowling Green 1993

KAEPPELI, T., E. PANELLA: Scriptores ordinis Praedicatorum medii aevi. 4 Bde. Rom 1970–93

LOHR, CH. H.: St. Thomas Aquinas, Scriptum super sententiis: an index of authorities cited. Amersham 1980

MANDONNET, P., J. DESTREZ: Bibliographie thomiste. Bearb. MARIE-D. CHENU. Paris ²1960

MICHELITSCH, A.: Thomasschriften. 2 Bde. Graz, Wien 1913–24

MIETHE, T. L., V. J. BOURKE: Thomistic bibliography, 1940–1978. Westport 1980

Rassegna di letteratura tomistica. Nuova serie del «Bulletin Thomiste». Napoli 1969 ff.

Repertorium edierter Texte des Mittelalters aus dem Bereich d. Philosophie u. angrenzender Gebiete. Hg. R. SCHÖNBERGER, B. KIBLE. Berlin 1994

ROSSI, G. F.: Antiche e nuove edizioni degli opuscoli di san Tommaso d'Aquino e il problema della loro autenticità. Piacenza 1955

San Tommaso d'Aquino 1225–1274. Mostra bibliografica. Ottobre 1974 – Maggio 1975. Bearb. M. T. GNOLI. Rom 1974

SCHÜTZ, L.: Thomas-Lexikon. Stuttgart 1983 *[Nachdr. Paderborn 1895]*
SCHULTHESS, P., R. IMBACH: Die Philosophie im lateinischen Mittelalter: ein Handbuch mit einem bio-bibliograph. Repertorium. Düsseldorf u. a. 2000
Thomas Aquinas dictionary. Hg. M. STOCKHAMMER. New York 1965
VRIES, J. DE: Grundbegriffe der Scholastik. Darmstadt ³1993
WUELLNER, B. J.: A dictionary of scholastic philosophy. Milwaukee 1966
WYSER, PAUL: Thomas von Aquin. Bern 1950
–: Der Thomismus. Bern 1951

# 2. Werke

*a) Lateinische Textausgaben*

Contra errores Graecorum. Hg.. P. GLORIEUX. Tournai u. a. 1957
De cognitione veritatis. Hg. J. DE VRIES. Münster 1933
The ‹De malo› of Thomas Aquinas. Hg. B. DAVIES. New York 2001
De naturae materiae attributed to St. Thomas Aquinas. Hg. J. M. WYSS. Fribourg 1953
De principes naturae. Hg. J. PAUSON. Fribourg u. a. 1950
De regimine principum ad regem Cypri et De regimine Judaeorum ad ducissam Braban-tiae. Bearb. JOS. MATHIS. Torino ²1971
Expositio salutationis angelicae. Hg. I. F. ROSSI. Piacenza ²1931
Expositio super librum Boethii de trinitate. Hg. B. DECKER. Leiden 1959
In duodecim libros Metaphysicorum Aristotelis exposito. Hg. M.-R. CATHALA. Torino ³1977
In librum Beati Dionysii De divinis nominibus expositio. Hg. C. PERA. Torino 1986
In librum Boethii de Trinitate Quaestiones quinta et sexta. Hg. P. WYSER. Fribourg 1948
In octo libros Politicorum Aristotelis expositio. Hg. R. M. SPIAZZI. Torino u. a. 1966
Liber de Veritate Catholicae Fidei contra errores Infidelium: qui dicitur summa contra gentiles. 3 Bde. Torino 1967 *[Nachdr.]*
Opera omnia [...]edita cura et studio Fratrum Praedicatorum. Bd 1 ff. Romae 1882 ff.
Opera omnia ut sunt in Indice Thomistico; additis 61 scriptis ex aliis medii aevi auctori-bus. Hg. R. BUSA. 7 Bde. Stuttgart-Bad Cannstatt 1980 *[Suppl. zu: Index Thomisti-cus]*
Opera omnia cum hypertextibus in CD-ROM; thesauro addito. Hg. R. BUSA. [Galla-rate] ²1996–97 *[Medienkombination]*
Opuscula omnia.Hg. R. P. MANDONNET. 5 Bde. Paris 1927
Opuscula philosophica. Hg. R. M. SPIAZZI. Torino 1973
Opuscula theologica. Hg. R. A. VERARDO. 2 Bde. Torino ²1975
Quaestiones de Anima. Hg. J. H. ROBB. Toronto 1968
Quaestiones de natura fidei [...]. Hg. F. PELSTER. Münster 1926
Quaestiones de Trinitate divina. Hg. B. GEYER. Bonn 1934
Quaestiones disputatae. Hg. R. SPIAZZI u. a. 2 Bde. Torino ¹⁰1965
Le questioni disputate: testo latino [...] e traduzione italiana. Bologna 1992
Scriptum super libros sententiarum Magistri Petri Lombardi. Hg. P. MANDONNET u. a. 4 Bde. Paris 1929–47
Sermo seu tractatus De ente et essentia . Hg. L. BAUR. Münster ²1933
Summa philosophica seu de veritate catolicae fidei contra gentiles. Paris ²1925
Summa theologiae. Alba u. a. 1962
Summa theologiae: Latin text and English translation. Bd 1 ff. London u. a. 1964 ff.
Super epistolas S. Pauli Lectura. Hg. R. CAI. 2 Bde. Torino, Romae ⁸1953
Super Evangelium S. Joannis Lectura. Hg. R. CAI. Torino ⁶1972
Super librum de causis expositio. Hg. H. D. SAFFREY. Fribourg u. a. 1954
Tractatus de universalibus attribuito a S Tommaso d'Aquino. Hg. C. OTTAVIANO. Roma 1932
Trattato sull'unità dell'intelletto contro gli averroisti. Hg. B. NARDI. Spoleto 1998

*b) Deutschsprachige Übersetzungen*

Ein Articulus aus einer verlorenen Quaestio d. Thomas v. Aquin. Hg. N. SLENCZKA. Göttingen 1994

Das Auge des Adlers. Brevier d. Heilslehre. Hg., Übers. JOSEF PIEPER. München [2]1950

Aurora consurgens; e. dem Thomas v. Aquin zugeschriebenes Dokument d. alchemistischen Gegensatzproblematik. Hg. M.-L. v. FRANZ. Zürich [4]1990 *[= C. G. Jung, GW 14, Erg.bd.]*

Ausgewählte Schriften zur Staats- u. Wirtschaftslehre. Hg. FR. SCHREYVOGL. Jena 1923

Auswahl. Hg., Übers. JOSEF PIEPER. Frankfurt a. M. (63.–87. Tsd.) 1958

Compendium theologiae. Grundriß d. Glaubenslehre. Hg. R. TANNHOF. Heidelberg 1963

De ente et essentia = Das Seiende u. das Wesen. Hg. F. L. BEERETZ. Stuttgart [2]1993

De principiis naturae = Die Prinzipien d. Wirklichkeit. Hg. R. HEINZMANN. Stuttgart 1999

De rationibus fidei. Hg., Übers. L. HAGEMANN, R. GLEI. Altenberge 1987

Die deutsche Thomas-Ausgabe. Vollständige, ungekürzte dt.-lat. Ausgabe d. Summa theologica. Bd. 1 ff.; Erg.-Bde. 1 ff. Salzburg u. a. 1933 ff. *[versch. Verlage u. Aufl.]*

Fünf Fragen über die intellektuelle Erkenntnis. Hg. E. ROLFES. Hamburg 1986 *[Nachdr.]*

Gott und seine Schöpfung. Übers. P. ENGELHARDT u. a.. Freiburg i. Br. u. a. 1963

Die Gottesbeweise in der «Summe gegen die Heiden» u. der «Summe der Theologie». Hg. H. SEIDL. Hamburg [3]1996

Die Hoffnung: Theologische Summe II-II, Fragen 17–22. Freiburg i. Br. u. a. 1988

Kommentar zum Römerbrief. Hg., Übers. H. FAHSEL. Freiburg i. Br. 1927

Die menschliche Willensfreiheit. Hg. G. SIEWERTH. Düsseldorf 1954

Middle High German translation of the Summa Theologica. Hg. B. MORGAN, F. W. STROTHMANN. New York 1967 *[Nachdr. Stanford 1950]*

Naturgesetz und Naturrecht. Hg. ARTHUR F. UTZ. Übers. J. GRONER. Bonn 1996

Ökonomie, Politik und Ethik aus Summa theologiae. Hg. H. C. RECKTENWALD. Düsseldorf 1991 *[Faks. d. Ausg. Nürnberg 1496]*

Ordnung und Geheimnis. Brevier d. Weltweisheit. Hg. JOSEF PIEPER. München [2]1949

Die Philosophie des Thomas v. Aquin. Hg. E. ROLFES. Hamburg 1977 *[Nachdr.]*

Der Prolog des Johannes-Evangeliums. Übers. W.-U. KLÜNKER. Stuttgart 1986

Prologe zu den Aristoteleskommentaren. Hg., Übers. F. CHENEVAL. Frankfurt a. M. 1993

Religion – Opfer – Gebet – Gelübde. Hg. A. F. UTZ. Übers. J. GRONER. Paderborn 1998

Sentenzen des Thomas v. Aquin. Übers. JOSEF PIEPER. München 1965

Sentenzen über Gott und die Welt. Einsiedeln [2]1987

Summa contra gentiles o. Die Verteidigung der höchsten Wahrheiten. 6 Bde. Hg., Übers. H. FAHSEL. Zürich 1942–60

Summe der Theologie. Hg. J. Bernhart. 3 Bde. Stuttgart [3]1985 *[Nachdr.]*

Summe wider die Heiden. I. Buch. Hg. Übers. KARL ALBERT u. a. Darmstadt 1974

Thomas-Brevier. Hg., Übers. J. PIEPER. München 1956

Thomas v. Aquin als Seelsorger. Hg. F. HOFFMANN u. a. Leipzig [2]1998

Über das Sein und das Wesen. Hg., Übers. R. ALLERS. Darmstadt 1991 *[Nachdr. Köln 1953]*

Über den Lehrer = De magistro. Hg., Übers. GABRIEL JÜSSEN u. a. Hamburg 1988

Über die Einheit des Geistes gegen die Averroisten. Übers. W.-U. KLÜNKER. Stuttgart 1987 *[enth.: Über die Bewegung des Herzens = De motu cordis]*

Über die Herrschaft der Fürsten. Übers. FRIEDRICH SCHREYVOGL. Stuttgart 1994

Über die Sittlichkeit der Handlung. Übers. ROLF SCHÖNBERGER. Berlin; Weinheim 1990

Über die Trinität = In librum Boethii De trinitate expositio. Übers. H. LENTZ. Stuttgart 1988

Über Seiendes und Wesenheit = De ente et essentia. Hg., Übers. H. SEIDL. Hamburg 1988

Untersuchungen über die Wahrheit. Hg. L. GELBER, R. LEUVEN. Übers. EDITH STEIN. 4 Bde. Druten 1952–55–2 Bde. Darmstadt 1970
Vom Wesen der Engel. Hg., Übers. WOLF-U. KLÜNKER. Stuttgart 1989
Von der Wahrheit = De veritate. Hg., Übers. ALBERT ZIMMERMANN. Hamburg 1986
Das Wort. Übers. JOSEF PIEPER. München [3]1955

## 3. Zeit und Umfeld, Leben, Einführungen und Sammelbände

Aquinas: a collection of critical essays. Hg. A. KENNY. Notre Dame 1976.
BARRON, R. E.: Thomas Aquinas: spiritual master. New York 1996
BOULOGNE, CH. D.: Saint Thomas d'Aquin. Essai biographique. Paris 1968
BUNSON, M.: The angelic doctor. Huntington 1994
The Cambridge companion to Aquinas. Hg. N. KRETZMANN. Cambridge u. a. 1998
CHESTERTON, G. K.: Thomas v. Aquin: d. Heilige mit gesundem Menschenverstand. Freiburg i. Br. 1978
COPLESTON, FREDERICK C.: Aquinas. Harmondsworth 1982
Denk-wijzen 11: een inleiding in het denken van Anselmus van Canterbury, Thomas van Aquino, Meester Eckhart, Nicolaas van Cusa. Hg. H. BERGHS. Leuven 1995
EGGENSPERGER, TH., U. ENGEL: Frauen u. Männer im Dominikanerorden. Mainz 1992
The ever-illuminating wisdom of St. Thomas Aquinas. San Francisco 1999
FATULA, M. A.: Thomas Aquinas, preacher and friend. Collegeville 1993
FICHTENAU, H.: Ketzer und Professoren: Häresie u. Vernunftglaube im Hochmittelalter. München 1992
GABRIEL, A. L.: The Paris studium: Robert of Sorbonne and his legacy. Frankfurt a. M. 1992
Gedenkband zu Ehren des hl. Thomas v. Aquin. Hg. ZENO BUCHER u. a. Salzburg 1974
GEISLER, NORMAN L.: Thomas Aquinas. Grand Rapids 1991
GRABMANN, MARTIN: Thomas v. Aquin. München [8]1949
–: Die Werke des hl. Thomas v. Aquin. München 1967 [*Nachdr. München[3]1949*]
GUILELMUS DE TOCCO: Das Leben des hl. Thomas v. Aquino u. andere Zeugnisse zu seinem Leben. Hg., Übers. W. P. ECKERT. Düsseldorf 1965
HEINZMANN, RICHARD: Thomas v. Aquin. Stuttgart u. a. 1994
HILLGARTH, J. N.: Who read Thomas Aquinas? Toronto 1992
KENNY, ANTHONY: Thomas v. Aquin. Freiburg i. Br. u. a. 1999
Klassiker der Religionsphilosophie. Hg. F. NIEWÖHNER. München 1995
The life of St. Thomas Aquinas. Hg. K. FOSTER. London 1959
McINERNY, R. M.: A first glance at St. Thomas Aquinas. Notre Dame 1990
–: St. Thomas Aquinas. Notre Dame 1982
MAIDL, L., O. H. PESCH: Thomas v. Aquin. Freiburg i. Br. u. a. 1994
MARTIN, C. F. J.: Thomas Aquinas: God and explanations. Edinburgh 1997
MECHELS, E. L. J.: Kirche und gesellschaftliche Umwelt: Thomas – Luther – Barth. Neukirchen-Vluyn 1990
MENSCHING, GÜNTHER: Thomas v. Aquin. Frankfurt a. M. u. a. 1995
MEYER, HANS: Thomas v. Aquin. Paderborn [2]1961
O'DONNELL, R. A.: Hooked on philosophy: Thomas Aquinas made easy. New York 1995
PESCH, O. H.: Thomas v. Aquin. Mainz 1988
Philosophy and learning: universities in the Middle Ages. Hg. M J. HOENEN. Leiden 1995
PIEPER, J.: Thomas von Aquin: Leben u. Werk. München [4]1990
PILTZ, A.: Die gelehrte Welt des Mittelalters. Köln u. a. 1982
ROBLES CARCEDO, L.: Tomás de Aquino. Salamanca 1992
St. Thomas Aquinas 1274–1974. Hg. A. A. MAURER. 2 Bde. Toronto 1974
St. Thomas Aquinas: universal doctor of the church. Rockford 1994

Schönberger, Rolf: Thomas v. Aquin zur Einführung. Hamburg 1998
Sgarbossa, Mario: Tommaso d'Aquino: l'epoca, la vita, il pensiero. Roma 1996
Strathern, Paul: Thomas Aquinas in 90 minutes. Chicago 1998
Synan, E. A.: Thomas Aquinas. Toronto 1979
Thomas v. Aquin 1274–1974. Hg. L. Oeing-HanHoff. München 1974
Thomas v. Aquin. Hg. K. Bernath. 2 Bde. Darmstadt 1978–81
Thomas v. Aquin. Hg. A. Zimmermann. Berlin 1988
Thomas v. Aquin im philosophischen Gespräch. Hg. W. Kluxen. Freiburg i. Br. 1975
Thomas v. Aquino. Hg. W. P. Eckert. Mainz 1974
Thomistica. Hg. E. Manning. Leuven u. a. 1995
Torell, J.-P.: Magister Thomas. Freiburg i. Br. u. a. 1995
–: Recherches Thomasiennes. Paris 2000
Toso, A.: Tommaso d'Aquino e il suo tempo. Roma 1964
Tuilier, A.: Histoire de l'Université de Paris et de la Sorbonne. Bd. 1. Paris 1994
Walz, A.: Der Aquiner in seiner Umwelt. Meitingen, Freising 1975
–: Thomas v. Aquin. Basel 1953
Weisheipl, J. A.: Thomas v. Aquin. Graz u. a. 1980
Zimmermann, A.: Thomas lesen. Stuttgart-Bad Cannstatt 2000

# 4. Vorläufer, Zeitgenossen, Lehrer, Schüler

Albert der Große: seine Zeit, sein Werk, seine Wirkung. Hg. A. Zimmermann. Berlin 1981
Boëthius in the Middle Ages. Hg. M. J. F. M. Hoenen, L. Nauta. Leiden u. a. 1997
Briggs, Ch. F.: Giles of Rome's «De regimine principum». Cambridge u. a. 1999
Clanchy, Michael T.: Abelard: a medieval life. Oxford u. a. 1997
Colish, Marcia L.: Peter Lombard. 2 Bde. Leiden u. a. 1994
Craemer-Ruegenberg, I.: Albertus Magnus. München 1980
Hinz, Joh.: Verhältnis des Sentenzenkommentars v. Thomas v. Aquin zu dem Alberts des Großen. Würzburg 1936
Hoenen, M. J., A. de Libera: Albertus Magnus und der Albertismus. Leiden 1995
Jehl, R.: Melancholie und Acedia: ein Beitrag zu Anthropologie u. Ethik Bonaventuras. Paderborn u. a. 1984
Jessberger, L.: Das Abhängigkeitsverhältnis des hl. Thomas v. Aquin v. Albertus Magnus u. Bonaventura im dritten Buche des Sentenzenkommentars. Diss. Würzburg 1936
Lemoine, M.: Théologie et platonisme au XIIe siècle. Paris 1998
Libera, A. de: Albert le Grand et la philosophie. Paris 1990
Lippini, P.: San Domenico visto dai suoi contemporanei. Bologna[3]1998
Lohrum, M.: Albert der Große: Forscher – Lehrer – Anwalt des Friedens. Mainz 1991
Marenbon, John: The philosophy of Peter Abelard. Cambridge u. a. 1997
Petrus Abaelardus: Person, Werk u. Wirkung. Hg. R. Thomas u. a. Trier 1980
Prassel, P.: Das Theologieverständnis des Ägidius Romanus. Frankfurt a. M. 1983
Ratzinger, J.: Die Geschichtstheologie des hl. Bonaventura. St. Ottilien 1992
San Bonaventura e san Tommaso d'Aquino. Hg. M. Cechelli. Cento 1979
Theiss, P.: Die Wahrnehmungspsychologie u. Sinnesphysiologie des Albertus Magnus. Frankfurt a. M. u. a. 1997
Weisheipl, J. A.: Thomas d'Aquino and Albert his teacher. Toronto 1980
Wessley, St. E.: Joachim of Fiore and monastic reform. New York u. a. 1990
Wieland, G.: Zwischen Natur u. Vernunft: Alberts d. Großen Begriff vom Menschen. Münster 1999

# 5. Traditionen, Einflüsse, Auseinandersetzungen

ADLER, M. J.: Saint Thomas and the gentiles. Milwaukee 1938

Aquinas and problems of his time. Hg. GERARD VERBEKE. Leuven 1976

ARMSTONG, A. H.: Aristotle, Plotinus & St. Thomas. Oxford 1946

–: The Greek philosophical background of the psychology of St. Thomas. London 1952

Aufklärung im Mittelalter? Die Verurteilung von 1277. Hg. K. FLASCH. Mainz 1989

Auseinandersetzungen an der Pariser Universität im XIII. Jahrhundert. Hg. A. ZIMMERMANN. Berlin u. a. 1976

Averroismus im Mittelalter und in der Renaissance. Hg. FR. NIEWÖHNER u. a. Zürich 1994

BAULOYE, L.: La question de l'essence: Averroès et Thomas d'Aquin. Louvain 1997

BIANCHI, L.: Censure et liberté intellectuelle à l'Université de Paris. Paris 1999

–: Il vescovo e i filosofi: la condanna parigina del 1277 e l'evoluzione dell'aristotelismo scolastico. Bergamo 1990

BREIDERT, W.: Das aristotelische Kontinuum in der Scholastik. Münster 1979

BUTTERWORTH, E. J.: The identity of Anselm's Proslogion argument for the existence of God with the Via quarta of Thomas Aquinas. Lewiston 1990

DAVIES, H.: The vigilant god: providence in the thought of Augustine, Aquinas, Calvin and Barth. New York u. a. 1992

DOBBS-WEINSTEIN, I.: Maimonides and St. Thomas on the limits of reason. Albany 1995

FAUCON, P.: Aspects néoplatoniciens de la doctrine de St. Thomas d'Aquin. Paris 1975

GÄSSLER, G. F.: Der Ordo-Gedanke unter bes. Berücksichtigung v. Augustinus u. Thomas v. Aquino. Sankt Augustin 1994

GERSTEIN, L. C.: On the conception of God in the philosophy of Maimonides and St. Thomas Aquinas. New York 1947

HAYOUN, M.-R., A. DE LIBERA: Averroès et l'averroïsme. Paris 1991

HIRSCHENAUER, R.: Die Stellung des hl. Thomas v. Aquin im Mendikantenstreit an der Universität Paris. St. Ottilien 1934

HOOD, JOHN Y. B.: Aquinas and the Jews. Philadelphia 1995

HORST, U.: Evangelische Armut und Kirche: Thomas v. Aquin u. die Armutskontroversen des 13. u. beginnenden 14. Jahrhunderts. Berlin 1992

JORDAN, MARK D.: The alleged Aristotelianism of Thomas Aquinas. Toronto 1992

KLÜNKER, W.-U., B. SANDKÜHLER: Menschliche Seele u. kosmischer Geist: Siger v. Brabant in d. Auseinandersetzung mit Thomas v. Aquin. Stuttgart 1988

KOPLOWITZ, E. S.: Über die Abhängigkeit Thomas v. Aquins von Boethius u. R. Mose ben Maimon. Kallmünz 1935

KREMER, K.: Die neuplatonische Seinsphilosophie u. ihre Wirkung auf Thomas v. Aquin. Leiden 1966 u. ö.

LAUBENTHAL, RH.: Das Verhältnis des Hl. Thomas v. Aquin zu den Arabern in seinem Physikkommentar. Kallmünz 1934

LU, MATTHIAS: Critical theoretical inquiry on the notion of act in the metaphysics of Aristotle and St. Thomas Aquinas. New York u. a. 1992

Ontologie und Theologie: Beitr. zum Problem d. Metaphysik bei Aristoteles u. Thomas v. Aquin. Hg. M. LUTZ-BACHMANN. Frankfurt a. M. u. a. 1988

O'ROURKE, FRAN: Pseudo-Dionysius and the metaphysics of Aquinas. Leiden u. a. 1992

PADELLARO DE ANGELIS, R.: L'influenza del pensiero neoplatonico sulla metafisica di S. Tommaso d'Aquino. Roma 1981

PAPADIS, D.: Die Rezeption der nikomachischen Ethik des Aristoteles bei Thomas v. Aquin. Frankfurt a. M. 1980

RAUTZENBERG, C. J.: The influence of Arabic Aristotelianism upon the philosophy of Thomas Aquinas. Chicago 1930

ROHNER, A.: Das Schöpfungsproblem bei Moses Maimonides, Albertus Magnus u. Thomas v. Aquin. Münster 1913

RUELLO, F.: La notion de vérité chez St. Albert le Grand et St. Thomas d'Aquin de 1243 à 1254. Louvain 1969

SANTELER, J.: Platonismus in d. Erkenntnislehre des hl. Thomas v. Aquin. Innsbruck 1939

SCHACHTEN, W.: Ordo Salutis, das Gesetz als Weise der Heilsvermittlung. Zur Kritik d. Hl. Thomas v. Aquin an Joachim v. Fiore. Münster 1980

SCHNEIDER, W.: Die Quaestiones disputatae de veritate des Thomas v. Aquin in ihrer philosophiegeschichtlichen Beziehung zu Augustinus. Münster 1930

STEENBERGHEN, F. VAN: Thomas Aquinas and radical Aristotelianism. Washington 1980

Studies in Maimonides and St. Thomas Aquinas. Hg. J. I. DIENSTAG. New York 1975

THIJSSEN, J. M.: Censure and heresy at the University of Paris 1200–1400. Philadelphia 1998

WEBER, É. H.: La controverse de 1270 à l'université de Paris et son retentissement sur la pensée de S. Thomas d'Aquin. Paris 1970

WESTBERG, D.: Right practical reason: Aristotle, action, and prudence in Aquinas. Oxford 1994

WICKI, N.: Die Lehre von d. himmlischen Seligkeit in d. mittelalterlichen Scholastik v. Petrus Lombardus bis Thomas v. Aquin. Fribourg 1954

WITTMANN, M.: Die Stellung des hl. Thomas v. Aquin zu Avencebrol. Münster 1900


# 6. Philosophie und Theologie im Mittelalter, Scholastik allgemein

BALDWIN, J. W.: The scholastic culture of the Middle Ages, 1000–1300. Lexington 1971

BLOCH, E.: Leipziger Vorlesungen zur Geschichte d. Philosophie. Bd. 2. Christliche Philosophie des Mittelalters. Frankfurt a. M. 1985

The Cambridge history of later medieval philosophy, 1100–1600. Hg. N. KRETZMANN u. a. Cambridge u. a. 1996 *[Nachdr.]*

CHENU, MARIE D.: La Théologie au douzième siècle. Paris 1976

La filosofia nelle università: secoli XIII–XIV. Hg. L. BIANCHI. Scandicci 1997

GRABMANN, MARTIN: Die Geschichte der scholastischen Methode. Berlin 1956

Grundprobleme d. großen Philosophen. Bd. 1. Hg. JOSEF SPECK. Göttingen [4]1990

HAUSKELLER, MICHAEL: Geschichte der Ethik. Mittelalter. München 1999

KANDLER, K.-H.: Christliches Denken im Mittelalter bis zur Mitte d. 14. Jhdts. Leipzig 1993

KEIL, G.: Philosophiegeschichte. 1. Von d. Antike bis zur Renaissance. Stuttgart 1985

KLIBANSKY, R.: Philosophy and science in the Middle Ages. The Hague u. a. 1990

LANG, A.: Die theologische Prinzipienlehre der mittelalterl. Scholastik. Freiburg 1964

LAWN, B.: The rise and decline of the scholastic Quaestio disputata. Leiden u. a. 1993

LEINSLE, U. G.: Einführung in die scholastische Theologie. Paderborn u. a. 1995

LEMOINE, MICHEL: Théologie et platonisme au XIIe siècle. Paris 1998

MAURER, A. A.: Medieval philosophy. Toronto [2]1982

Medieval philosophy. Hg. J. MARENBON. London u. a. 1998

MURALT, A. DE: L'Enjeu de la philosophie médiévale. Leiden u. a. 1991

PETERSON, J.: Introduction to scholastic realism. New York u. a. 1999

Philosophie im Mittelalter. Hg. JAN P. BECKMANN u. a. Hamburg [2]1996

PIEPER, JOSEF: Scholastik. München [3]1991

SCHLOSSER, M.: Lucerna in caliginoso loco. Aspekte d. Prophetie-Begriffes in d. scholastischen Theologie. Paderborn 2000

SCHÖNBERGER, ROLF: Was ist Scholastik? Hildesheim 1991

Scholasticism. Hg. JOSÉ I. CABEZÓN. Albany 1998

SEIDEL, H.: Scholastik, Mystik und Renaissancephilosophie. Berlin 1990

STEENBERGHEN, F. VAN: La philosophie au XIIIe siècle. Louvain 1966

TORRELL, J.-P.: Recherches sur la théorie de la prophétie au moyen âge. Fribourg 1992

WUELLNER, BERNARD J.: Summary of scholastic principles. Chicago 1956

# 7. Thomas von Aquin – Theologie

*a. allgemein*

CHENU, MARIE-D.: Das Werk des hl. Thomas v. Aquin. Heidelberg u. a. 1960

ELDERS, LEO J.: The philosophical theology of St. Thomas Aquinas. Leiden u. a. 1990

ERNI, R.: Die Theologische Summe d. Thomas v. Aquin in ihrem Grundbau. 3 Bde. Luzern 1947–50

GRABMANN, M.: Einführung in d. Summa Theologiae des hl. Thomas v. Aquin. Freiburg i. Br. ²1928

HANKEY, W. J.: God in himself: Aquinas doctrine of God as expounded in the Summa theologicae. Oxford 1987

METZ, J. B.: Christliche Anthropozentrik. Über d. Denkform d. Thomas v. Aquin. München 1962

METZ, W.: Die Architektonik der Summa theologiae d. Thomas v. Aquin. Hamburg 1998

O'MEARA, TH. F.: Thomas Aquinas theologian. Notre Dame 1997

OWENS, JOSEPH: St. Thomas Aquinas on the existence of God. Albany 1980

PRINCIPE, WALTER H.: Thomas Aquinas' spirituality. Toronto 1984

REYERO, MAXIMINO A.: Thomas von Aquin als Exeget. Einsiedeln 1971

San Tommaso teologo. Hg. ANTONIO PIOLANTI. Città del Vaticano 1995

WIPPEL, JOHN F.: Thomas Aquinas on the divine ideas. Toronto 1993


*b. Einzelfragen*

BALTHASAR, HANS URS VON: Thomas und die Charismatik. Einsiedeln u. a. 1996

BARAD, J. A.: Consent: the means to an active faith according to St. Thomas Aquinas. New York 1992

BARBELLION, ST.-M.: Les «preuves» de l'existence de Dieu: pour une relecture des cinq voies de st. Thomas d'Aquin. Paris 1999

BASSE, M.: Certitudo spei: Thomas v. Aquins Begründung der Hoffnungsgewißheit u. ihre Rezeption bis zum Konzil v. Trient […]. Göttingen 1993

BASTIT, M. u. a.: Saint Thomas et l'onto-théologie. Toulouse 1995

BECK, M.: Wege der Mystik bei Thomas v. Aquin. Sankt Ottilien 1990

BERCHTOLD, CH.: Manifestatio veritatis: zum Offenbarungsbegriff bei Thomas v. Aquin. Münster u. a. 2000

BOLAND, VIVIAN: Ideas in God according to Saint Thomas Aquinas. Leiden u. a. 1996

BONHOEFFER, TH.: Die Gotteslehre des Thomas v. Aquin als Sprachproblem. Tübingen 1961

BRITO, EMILIO: Dieu et l'être d'après Thomas d'Aquin et Hegel. Paris 1991

DÖRNEMANN, HOLGER: Freundschaft als Paradigma der Erlösung. Würzburg 1997

DOMANYI, TH.: Der Römerbriefkommentar des Thomas v. Aquin. Bern u. a. 1979

DÜMPELMANN, L.: Kreation als ontisch-ontologisches Verhältnis. Zur Metaphysik der Schöpfungstheologie d. Thomas v. Aquin. Freiburg 1969

EMERY, G.: La Trinité Créatrice: Trinité et création dans les commentaires aux Sentences de Thomas d'Aquin et de ses précurseurs Albert le Grand et Bonaventure. Paris 1995

The eternity of the world in the thought of Thomas Aquinas and his contemporaries. Hg. J. B. M. WISSINK. Leiden u. a. 1990

FLEISCHMANN-KESSLER, E.: Funktion und Bedeutung der Himmelskörper in d. Summa theologica des Thomas v. Aquin. Diss. Zürich 1983

FOX, M.: Der Weg der Verwandlung: Geist und Kosmos. Freiburg i. Br. u. a. 1995

GORIS, H. J. M. J.: Free creatures of an eternal god: Thomas Aquinas on god's infallible foreknowledge and irresistible will. Nijmegen 1996

GRABMANN, M.: Die theologische Erkenntnis- u. Einleitungslehre des hl. Thomas v. Aquin auf Grund seiner Schrift «In Boethium de Trinitate». Fribourg 1948

HALL, D. C.: The Trinity: an analysis of St. Thomas Aquinas' «Expositio» of the «De Trinitate» of Boethius. Leiden u. a. 1992

Heck, Erich: Der Begriff Religio bei Thomas v. Aquin. München u. a. 1971

Horst, U.: Bischöfe und Ordensleute: Cura principalis animarum u. via perfectionis in d. Ekklesiologie d. hl. Thomas v. Aquin. Berlin 1999

Illen, A.: Wesen und Funktion der Liebe bei Thomas v. Aquin. Freiburg i. Br. 1975

Imbach, R.: Deus est intelligere: das Verhältnis v. Sein u. Denken in seiner Bedeutung für d. Gottesverständnis bei Thomas v. Aquin u. in d. Pariser Quaestionen Meister Eckharts. Fribourg 1976

Jonckheere, A.-M. R.: God als vrij-geleide voor goed leven en handelen: Thomas van Aquino's systematische teksten over de predestinatie. Tilburg 1995

Keating, Ch. J.: The effects of original sin in the scholastic tradition from St. Thomas Aquinas to William Ockham. Washington 1959

Keenan, J. F.: Goodness and rightness in Thomas Aquinas's Summa theologiae. Washington 1992

Kenny, A.: The five ways: St. Thomas Aquinas' proofs of God's existence. Notre Dame 1980

Kretzmann, N.: The metaphysics of creation: Aquinas's natural theology in Summa contra gentiles II. Oxford 1999

–: The metaphysics of theism: Aquinas's natural theology in Summa contra gentiles I. Oxford 1997

Kuehn, U.: Via caritatis. Theologie des Gesetzes bei Thomas v. Aquin. Göttingen 1965

Leget, Carlo: Living with God: Thomas Aquinas on the relation between life on earth and «life» after death. Leuven 1997

Lohaus, G.: Das Geheimnis des Lebens Jesu in d. Summa theologicae d. hl. Thomas v. Aquin. Freiburg i. Br. 1985

Lonergan, B. J. F.: Gnade und Freiheit: die operative Gnade im Denken des hl. Thomas v. Aquin. Innsbruck u. a. 1998

Maidl, L.: Desiderii interpres: Genese u. Grundstruktur der Gebetstheologie d. Thomas v. Aquin. Paderborn u. a. 1994

Mondin, B.: La cristologia di San Tommaso d'Aquino. Roma 1997

Mostert, W.: Menschwerdung: e. historische u. dogmatische Untersuchung über d. Motiv d. Inkarnation d. Gottessohnes bei Thomas v. Aquin. Tübingen 1978

Müller, K.: Thomas v. Aquins Theorie u. Praxis der Analogie. Frankfurt a. M. 1983

Neidl, W. M.: Thearchia: d. Frage nach d. Sinn von Gott bei Pseudo-Dionysius Areopagita u. Thomas v. Aquin. Regensburg 1976

Nwigwe, B. E.: Die Lehre von der göttlichen Vorsehung u. menschlichen Freiheit bei Thomas v. Aquin u. ihre zeitlogische Kritik [...]. Diss. Münster 1985

Obenauer, K.: Thomistische Metaphysik und Trinitätstheologie. Münster 2000

Pinto de Oliveira, C.-J.: Contemplation et libération: Thomas d'Aquin, Jean de la Croix, Barthélemy de Las Casas. Fribourg 1993

Ruello, F.: La christologie de Thomas de Aquin. Paris 1987

Ryan, T.: Thomas Aquinas as reader of the Psalms. Notre Dame 2000

Sabra, G. F.: Thomas Aquinas' vision of the church. Mainz 1987

Scheffczyk, L.: «Unsterblichkeit» bei Thomas v. Aquin [...]. München 1989

Schmidbaur, H. Ch.: Personarum trinitas: die trinitarische Gotteslehre des hl. Thomas v. Aquin. St. Ottilien 1995

Seckler, M.: Das Heil in der Geschichte. Geschichtstheologisches Denken bei Thomas v. Aquin. München 1964

Sentis, L.: Saint Thomas d'Aquin et le mal: foi chrétienne et théodicée. Paris 1993

Siebert, R. J.: The dialectic of revelation and autonomous reason. New Brunswick 1994

Siewerth, G.: Die christliche Erbsündelehre. Einsiedeln 1964

Simon, Reinhard: Das Filioque bei Thomas von Aquin. Frankfurt a. M. u. a. 1994

Steenberghen, F. van: Le problème de l'existence de Dieu dans les écrites de S. Thomas d'Aquin. Louvain 1980

Stump, Eleonore: Die göttliche Vorsehung und das Böse. Frankfurt a. M. 1989

Tibi soli peccavi: Thomas Aquinas on guilt and forgiveness. Hg. H. J. Schoot. Leuven 1996

Valkenberg, W. G.: Words of the living god: place and function of holy scripture in the theology of St. Thomas Aquinas. Leuven 2000

Vallin, Ph.: Le prochain comme tierce personne dans la théologie de la création chez Thomas d'Aquin. Paris 2000

Velde, R. A. te: Participation and substantiality in Thomas Aquinas. Leiden u. a. 1995

Velecky, L.: Aquinas' five arguments in the Summa Theologiae 1 a 2, 3. Kampen 1994

Wadell, P. J.: Friends of God: virtues and gifts in Aquinas. New York u. a. 1991

Wawrykow, J. P.: God's grace and human action: ‹merit› in the theology of Thomas Aquinas. Notre Dame u. a. 1995

Welte, B.: Über das Böse: e. thomist. Untersuchung. Freiburg i. Br. 1986

Williams, A. N.: The ground of union: deification in Aquinas and Palamas. New York 1999

# 8. Thomas von Aquin – Philosophie

*a. allgemein*

Aertsen, Jan A.: Medieval philosophy and the transcendentals: the case of Thomas Aquinas. Leiden u. a. 1996

Davies, Brian: The thought of Thomas Aquinas. Oxford 1992

Elders, Léo: Die Metaphysik des Thomas v. Aquin in historischer Perspektive. 2 Tle. München 1985–87

Gilson, Étienne: Le thomisme. Paris [6]1989

Grenet, Paul: Der Thomismus. Essen 1959

Holz, H.: Thomas von Aquin und die Philosophie. München u. a. 1975

Klauder, F. J.: A philosophy rooted in love: the dominant themes in the perennial philosophy of St. Thomas Aquinas. Lanham 1994

McInerny, R. M.: The logic of analogy. An interpretation of St. Thomas. The Hague 1961

Manser, Gallus Maria: Das Wesen des Thomismus. Freiburg i. Br. [3]1948

Reding, Marcel: Die Struktur des Thomismus. Freiburg 1974

Rosemann, Ph. W.: Omne ens est aliquid: introduction à la lecture du «système» philosophique de st. Thomas d'Aquin. Louvain u. a. 1996

San Tommaso filosofo. Hg. A. Piolanti. Città del Vaticano 1995

Siewerth, G.: Der Thomismus als Identitätssystem. Düsseldorf 1979 *[GW 2]*

Steiner, Rudolf: Die Philosophie des Thomas v. Aquino. Dornach [4]1993

*b. Einzelfragen*

Aertsen, J.: Nature and creature: Thomas Aquinas way of thought. Leiden 1988

Anrich, E.: Groß göttlich Ordnung: Thomas v. Aquin, Paracelsus, Novalis u. die Astrologie. Tübingen u. a. [2]1989

Arraj, Jim: The mystery of matter: nonlocality, morphic resonance, synchronicity, and the philosophy of nature of Thomas Aquinas. Chiloquin 1996

Arroyabe, E.: Das reflektierende Subjekt: zur Erkenntnistheorie d. Thomas v. Aquin. Frankfurt a. M. 1988

Bobik, J.: Aquinas on matter and form and the elements. Notre Dame 1998

Bös, G.: Curiositas. Die Rezeption eines antiken Begriffes durch christl. Autoren bis Thomas v. Aquin. Paderborn u. a. 1995

Brown, B. F.: Accidental being: a study in the metaphysics of St. Thomas Aquinas. Lanham 1985

Dales, R. C.: The problem of the rational soul in the thirteenth century. Leiden u. a. 1995

DHAVAMONY, M.: Subjectivity and knowledge in the philosophy of St. Thomas Aquinas. Roma 1965

GASSER, J.: Die Erkenntnisweise d. Negation: Untersuchung bei Thomas v. Aquin. Diss. Fribourg 1969

GENUYT, F. M.: Verité de l‹être et affirmation de Dieu: essai sur la philosophie de st. Thomas. Paris 1974

GILSON, ÉTIENNE: Réalisme thomiste et critique de la connaissance. Paris 1947

HETZLER, F. M.: Introduction to the philosophy of nature. New York u. a. 1990

HIBBS, TH. S.: Dialectic and narrative in Aquinas. Notre Dame u. a. 1995

HOPING, H.: Weisheit als Wissen des Ursprungs: Philosophie u. Theologie in d. «Summa contra gentiles» des Thomas v. Aquin. Freiburg i. Br. 1997

JENKINS, J. I.: Knowledge and faith in Thomas Aquinas. Cambridge u. a. 1997

JORDAN, M. D.: Ordering wisdom: the hierarchy of philosophical discourses in Aquinas. Notre Dame 1986

KENNY, ANTHONY M.: Aquinas on mind. London u. a. 1996

KLEBER, H.: Glück als Lebensziel: Unters. zur Philosophie d. Glücks bei Thomas v. Aquin. Münster 1988

KLINGER, I.: Das Prinzip der Individuation bei Thomas v. Aquin. Münsterschwarzbach 1964

KNASAS, JOHN F. X.: The preface to Thomistic metaphysics. New York 1990

KNOWLES, D.: The historical context of the philosophical works of St. Thomas Aquinas. London 1958

KRINGS, H.: Ordo: philosophisch-histor. Grundlegung einer abendländ. Idee. Hamburg ²1982

KÜHN, W.: Das Prinzipienproblem in der Philosophie des Thomas v. Aquin. Amsterdam 1982

LINARES, F.: Beiträge zur negativen Revolutionstheorie: Plato, Thomas v. Aquin, Bacon, Kant. Percha 1975

LINSENMANN, TH.: Die Magie bei Thomas von Aquin. Berlin 2000

LONERGAN, B.: Verbum: word and idea in Aquinas. Toronto u. a. 1997

McINERNY, RALPH M.: Aquinas and analogy. Washington 1996

MAGER, M.: Gewissen und Klugheit: das Verhältnis d. Gewissensaktes zu den Akten d. Klugheit in d. Handlungstheorie bei Thomas v. Aquin. Münster u. a. 1999

MAURER, A. A.: Being and knowing: studies in Thomas Aquinas and later medieval philosophers. Toronto 1990

MICHEL, E.: Nullus potest amare, aliquid incognitum: e. Beitr. zur Frage d. Intellektualismus bei Thomas v. Aquin. Fribourg 1979

MONDIN, B.: St. Thomas Aquinas' philosophy in the commentary to the Sentences. The Hague 1975

MUNDHENK, J.: Die Seele im System des Thomas v. Aquin. Hamburg 1980

NAGAMACHI, Y.: Selbstbezüglichkeit u. Habitus: die latente Idee d. Geistmetaphysik bei Thomas v. Aquin. St. Ottilien 1997

NEUMANN, S.: Gegenstand u. Methode d. theoretischen Wissenschaften nach Thomas v. Aquin aufgrund der ‹Expositio super librum Boethii De trinitate›. Münster 1965

OEING-HANHOFF, L.: Ens et unum convertuntur. Stellung u. Gehalt des Grundsatzes in d. Philosophie des hl. Thomas v. Aquin. München 1933

Ordo sapientiae et amorsi: image et message de st. Thomas d'Aquin. Hg. C.-J. PINTO DE OLIVEIRA. Fribourg 1993

PASNAU, R. O.: Theories of cognition in the later Middle Ages. Cambridge u. a. 1997

PIEPER, JOSEF: Unaustrinkbares Licht. Das negative Element in d. Weltansicht d. Thomas v. Aquin. München ²1963

PRUFER, THOMAS: Sein und Wort nach Thomas v. Aquin. Diss. München 1959

PUTALLAZ, F.-X.: Le sens de la réflexion chez Thomas d'Aquin. Paris 1991

RAHNER, K.: Geist und Welt. Zur Metaphysik der endlichen Erkenntnis bei Thomas v. Aquin. München ²1957

RHONHEIMER, M.: Praktische Vernunft u. Vernünftigkeit der Praxis: Handlungstheorie bei Thomas v. Aquin [...]. Berlin 1994

RUEPPEL, E.: Unbekanntes Erkennen. Das Erfassen der Wirklichkeit nach dem hl. Thomas v. Aquin. Würzburg 1971

SCHMITZ, R. B.: Sein – Wahrheit – Wort: Thomas v. Aquin u. die Lehre v. der Wahrheit der Dinge. Münster 1984

SCHRÖER, CH.: Praktische Vernunft bei Thomas von Aquin. Stuttgart u. a. 1995

SCHULZ, G.: Veritas est adaequatio intellectus et rei: Untersuchungen zur Wahrheitslehre d. Thomas v. Aquin u. zur Kritik Kants an e. überlieferten Wahrheitsbegriff. Leiden 1993

SHIN, CH.-S.: «Imago dei» u. «Natura hominis»: der Doppelansatz d. thomistischen Handlungslehre. Würzburg 1993

SIEWERTH, G.: Die Abstraktion u. das Sein nach d. Lehre d. Thomas v. Aquin. Salzburg 1958

–: Die Metaphysik der Erkenntnis nach Thomas v. Aquin. Bd. 1 [mehr nicht ersch.]. Darmstadt ²1968 *[Nachdr. München 1931]*

TELLKAMP, J. A.: Sinne, Gegenstände und Sensibilia: zur Wahrnehmungslehre des Thomas v. Aquin. Leiden u. a. 1999

TUNINETTI, L. F.: «Per se notum»: die logische Beschaffenheit des Selbstverständlichen im Denken des Thomas v. Aquin. Leiden u. a. 1996

VOLKE, G. W.: Sein als Beziehung zum Absoluten nach Thomas v. Aquin. Würzburg 1964

WAGNER, M.: Die philosophischen Implikate der «quarta via». Leiden u. a. 1989

WIPPEL, J. F.: Metaphysical themes in Thomas Aquinas. Washington 1984

–: The metaphysical thought of Thomas Aquinas. Washington 2000

WOZNICKI, A. N.: Being and order: the metaphysics of Thomas Aquinas in historical perspective. New York u. a. 1990

ZIMMERMANN, IVANA: Die Lehre des Thomas v. Aquin von der Angst. Diss. Köln 1989


*c. Menschenbild, Ethik, Pädagogik*

L'anthropologie de saint Thomas. Hg. N. A. LUYTEN. Fribourg 1974

Aquinas's moral theory. Hg. S. MACDONALD u. a. Ithaca u. a. 1999

The bases of ethics. Hg. WILLIAM SWEET. Milwaukee 2000

BERNATH, K.: Anima forma corporis. E. Unters. über d. ontologischen Grundlagen d. Anthropologie d. Thomas v. Aquin. Bonn 1969

BØRRESEN, K. E.: Subordination and equivalence: the nature and role of woman in Augustine and Thomas Aquinas. Mainz u. a. 1995 *[Nachdr.]*

BORMANN, F.-J.: Natur als Horizont sittlicher Praxis: zur handlungstheoret. Interpretation der Lehre vom natürlichen Sittengesetz bei Thomas v. Aquin. Stuttgart u. a. 1999

BOWLIN, J.: Contingency and fortune in Aquina's ethics. Cambridge u. a. 1999

BUJO, B.: Moralautonomie und Normenfindung bei Thomas v. Aquin. Paderborn 1979

CHARDONNENS, D.: Dei providentia circa hominem: providence divine et condition humaine selon l'Expositio super Iob ad litteram de Thomas d'Aquin. Paris 1997

CLASSEN, JOH.: Metaphysik der Bildung nach Thomas v. Aquin. Freiburg i. Br. 1970

COOK, E.: The deficient cause of moral evil according to Thomas Aquinas. Washington 1996

DONOHUE, JOHN W.: St. Thomas Aquinas & education. New York 1968

EDWARDS, S. A.: Interior acts: teleology, justice, and friendship in the religious ethics of Thomas Aquinas. Lanham 1986

ELDERS, LEO J.: The philosophy of nature of St. Thomas Aquinas. Frankfurt a. M. u. a. 1997

ESCHMANN, I. TH.: The ethics of Saint Thomas Aquinas. Toronto 1997

The ethics of St. Thomas Aquinas. Hg. LÉO ELDERS. Città de Vaticano 1984

FORSCHNER, M.: Über das Glück des Menschen: Aristoteles, Epikur, Stoa, Thomas v. Aquin, Kant. Darmstadt 1993

GERAGHTY, R. P.: The object of moral philosophy according to St. Thomas Aquinas. Washington 1982

GILSON, ÉTIENNE: Saint Thomas Moraliste. Paris ²1974

GULLEY, ANTHONY D.: The educational philosophy of St. Thomas Aquinas. New York 1965

GUMANN, M.: Vom Ursprung der Erkenntnis d. Menschen bei Thomas v. Aquin. Regensburg 1999

HARTEL, J. F.: Femina ut imago dei in the integral feminism of St. Thomas Aquinas. Roma 1993

HORVATH, TIBOR: Caritas est in ratione. D. Lehre des hl. Thomas v. Aquin über d. Einheit d. intellektuellen u. affektiven Begnadung des Menschen. Münster 1966

KLÜNKER, W.-U.: Selbsterkenntnis der Seele: zur Anthropologie d. Thomas v. Aquin. Stuttgart 1990

KLUXEN, W.: Philosophische Ethik bei Thomas von Aquin. Hamburg ³1998

KRAUS, A.: Der Begriff der Dummheit bei Thomas v. Aquin u. seine Spiegelung in Sprache u. Kultur. Münster 1971

KUCKARTZ, W.: Die Bildsamkeit des menschlichen Trieblebens nach Thomas v. Aquin. Diss. Aachen 1965

LEONHARDT, R.: Glück als Vollendung des Menschseins: die beatitudo-Lehre des Thomas v. Aquin im Horizont des Eudämonismus-Problems. Berlin u. a. 1998

LINNENBORN, M.: Das Problem des Lehrens u. Lernens bei Thomas v. Aquin. Freiburg 1956

McINERNY, RALPH M.: Ethica Thomistica. Washington 1997

MEIER, A. M.: Das peccatum mortale ex toto genere suo. E. moralgeschichtl. Studie unter bes. Berücks. d. Lehre d. hl. Thomas v. Aquin. Regensburg 1966

Das Menschenverständnis nach Thomas v. Aquin. Hg. N. A LUYTEN. Fribourg 1976

MEUMERTZHEIM, B.: Menschliche Person u. Willensfreiheit bei Thomas v. Aquin. Diss. Köln 1961

MULLADY, B. TH.: The meaning of the term «moral» in St. Thomas Aquinas. Città del Vaticano 1986

NELSON, D. M.: The priority of prudence: virtue and natural law in Thomas Aquinas and the implications for modern ethics. University Park 1992

NISTERS, TH.: Akzidentien der Praxis: Thomas v. Aquins Lehre v. den Umständen menschlichen Handelns. Freiburg u. a. 1992

O'DONNELL, C. M.: The psychology of St. Bonaventure and St. Thomas Aquinas. Washington 1937

OGUEJIOFOR, J. O.: The philosophical significance of immortality in Thomas Aquinas. Lanham 2000

PADELLARO DE ANGELIS, R.: I temi della colpa e della pena nella riflessione di S. Tommaso d'Aquino. Roma 1969

Philosophen über das Lehren u. Lernen der Philosophie. Hg. H. GIRNDT. Sankt Augustin 1996

PIEPER, J.: Die ontische Grundlage des Sittlichen nach Thomas v. Aquin. Münster 1929

–: Wahrheit der Dinge. E. Unters. zur Anthropologie d. Hochmittelalters. München ⁴1966

PORTER, JEAN: Moral action and Christian ethics. Cambridge u. a. 1995

RIESENHUBER, K.: Die Transzendenz der Freiheit zum Guten. Der Wille in d. Anthropologie u. Metaphysik des Thomas v. Aquin. München 1971

ROMERA SANZ, T.: Die ontische Struktur der menschlichen Person nach der Lehre Thomas v. Aquin. Diss München 1962

SCHMIDL, W.: Homo discens: Studien zur pädagog. Anthropologie bei Thomas v. Aquin. Wien 1987

SCHOCKENHOFF, E.: Bonum hominis: die anthropologischen u. theologischen Grundlagen der Tugendethik des Thomas v. Aquin. Mainz 1987

SCHULZE, M.: Leibhaft und unsterblich: zur Schau d. Seele in d. Anthropologie u. Theologie des hl. Thomas v. Aquin. Fribourg 1992
SIEVERS, E.: Natur als Weg: Thomas v. Aquin u. gesundes Leben. Würzburg [2]1985
SMITH, M. A.: Human dignity and the common good in the Aristotelian-Thomistic tradition. Lewiston u. a. 1995
STAGNITTA, A.: L'antropologia in Tommaso d'Aquino. Napoli 1979
–: L'autocoscienza: per una rilettura antropologica di Tommaso d'Aquino. Napoli 1979
WADELL, P. J.: The primacy of love: an introduction to the ethics of Thomas Aquinas. New York 1992
WELP, DOROTHÉE: Willensfreiheit bei Thomas von Aquin. Fribourg 1979
WENTSCHER, MAX: Ethik. Tl. 1: Summa Theologiae I–II. Leipzig 1981

*d. Sozial- und Rechtsphilosophie, Ökonomie*
AUBERT, JEAN-M.: Le droit romain dans l'œuvre de Saint Thomas. Paris 1955
BASTIT, M.: Naissance de la loi moderne. Paris 1990
BAUMANN, J. J.: Die Staatslehre des h. Thomas von Aquino. Leipzig 1909
BEESTERMÖLLER, G.: Thomas von Aquin und der gerechte Krieg. Köln 1990
BENKERT, G. F.: The Thomistic conception of an international society. Washington 1942
BRETT, A. S.: Liberty, right, and nature. Cambridge u. a. 1997
BROWN, O. J.: Natural rectitude and divine law in Aquinas. Leiden 1981
CARSTENS, R. W.: The medieval antecedents of constitutionalism. New York u. a. 1992
Conflict and community: new studies in Thomistic thought. Hg. M. B. LUKENS. New York u. a. 1992
D'ANGELO, F. S.: La filosofia della politica in S. Tommaso d'Aquino. Caltanissetta 1968
Dimensions religieuses du droit et notamment sur l'apport de St. Thomas d'Aquin. Paris 1973
DUZY, E. ST.: Philosophy of social change according to the principles of St. Thomas. Washington 1944
FALLER, F.: Die rechtsphilosophische Begründung d. gesellschaftlichen u. staatlichen Autorität bei Thomas v. Aquin. Heidelberg 1954
FARNER, K.: Christentum und Eigentum bis Thomas von Aquin. Bern 1947
FINNIS, J.: Aquinas: moral, political, and legal theory. Oxford u. a. 1998
FORTIN, E. L.: Classical Christianity and the political order. Lanham 1996
FRIEDBERGER, W.: Der Reichtumserwerb im Urteil des Hl. Thomas v. Aquin u. der Theologen im Zeitalter d. Frühkapitalismus. Passau 1967
GEHRING, P.: Das Rechtssystem der lex aeterna nach Thomas v. Aquin […]. München, 1952
GILBY, TH.: The political thought of Thomas Aquinas. Chicago 1973
Great political thinkers. Bd. 4,1–2. Aquinas. Hg. J. DUNN u. a. Cheltenham u. a. 1997
HALL, P. M.: Narrative and the natural law: an interpretation of Thomistic ethics. Notre Dame u. a. 1994
HOPKIN, CH. E.: The share of Thomas Aquinas in the growth of the witchcraft delusion. New York 1982
HORVÁTH, SÁNDOR: Eigentumsrecht nach dem hl. Thomas v. Aquin. Graz 1929
KILLEEN, S. M.: The philosophy of labor according to Thomas Aquinas. Washington 1939
KLEIN, N.: Ökonomische Erkenntnistheorie und ordnungspolitische Implikationen: die Beiträge von Platon, Aristoteles, Thomas v. Aquin […]. Lohmar u. a. 2000
KURZ, E.: Individuum und Gemeinschaft beim hl. Thomas v. Aquin. München 1932
LACHANCE, L.: L'humanisme politique de Saint Thomas d'Aquin. Paris 1964
LANGHOLM, O. I.: Economics in the medieval schools. 1200–1350. Leiden u. a. 1992
–: The legacy of scholasticism in economic thought. Cambridge u. a. 1998
LISSKA, A. J.: Aquinas's theory of natural law. Oxford 1996
LOBKOWITZ, N. u. a.: Ökonomie, Politik und Ethik in Thomas v. Aquins «Summa theologiae». Düsseldorf 1991

Lynam, G. J.: The good political ruler according to St. Thomas Aquinas. Washington 1953

Merks, K.-W.: Theologische Grundlegung der sittlichen Autonomie. Düsseldorf 1978

Niemeyer, M. F.: The one and the many in the social order according to St. Thomas Aquinas. Washington 1951

Respublica Christiana: politisches Denken des orthodoxen Christentums im Mittelalter. Hg. P. von Sivers: München 1969

Rhonheimer, M.: Natur als Grundlage der Moral: d. personale Struktur d. Naturgesetzes bei Thomas v. Aquin. Innsbruck u. a. 1986

St. Thomas Aquinas (1225–1274). Hg. Mark Blaug. Aldershot u. a. 1991

Sanseverino, G.: La dottrina di S. Tommaso sull'origine del potere e sul preteso diritto di resistenza. Napoli 1997

Schilling, O.: Die Staats- und Soziallehre des hl. Thomas v. Aquin. München [2]1930

–: Das Völkerrecht nach Thomas v. Aquin. Freiburg i. Br. u. a. 1919

Troxler, F. O.: Die Lehre vom Eigentum bei Thomas v. Aquin u. Karl Marx. Fribourg 1973

Vélez-Sènz, J.: The doctrine of the common good of civil society in the works of St. Thomas Aquinas. Notre Dame 1951

Verpaalen, A. P.: Der Begriff des Gemeinwohls bei Thomas v. Aquin. Siegburg 1953

Waschkuhn, A.: Was ist Subsidiarität? Ein sozialphilos. Ordnungsprinzip v. Thomas v. Aquin bis zur «Civil Society». Opladen 1995


*e. Ästhetik, Sprache, Künste*

Ayers, R. H.: Language, logic and reason in the church fathers. Hildesheim 1979

Bathen, N.: Thomistische Ontologie und Sprachanalyse. Freiburg i. Br. u. a. 1988

Burbach, H. J.: Studien zur Musikanschauung d. Thomas v. Aquin. Regensburg 1966

Czapiewski, W.: Das Schöne bei Thomas von Aquin. Freiburg i. Br. 1964

Eco, Umberto: Il problema estetico in Tommaso d'Aquino. Milano [2]1982

Gilby, Th.: Poetic experience; an introduction to Thomist æsthetic. London 1934

Grabmann, M.: Die Kulturphilosophie des hl. Thomas v. Aquin. Augsburg 1925

Kovach, F. J.: Die Ästhetik des Thomas von Aquin. Berlin 1961

Mahr, K.: Verbum Humanum. Beiträge zu e. Sprachphilosophie nach Thomas v. Aquin. Diss. München 1965

Manthey, F.: Die Sprachphilosophie des hl. Thomas v. Aquin u. ihre Anwendung auf Probleme der Theologie. Paderborn 1937

Marmo, C.: Semiotica e linguaggio nella scolastica. Roma 1994

Minnis, A. J.: Medieval theory of authorship. Philadelphia 1988

Mtega, N. W.: Analogy and theological language in the Summa contra gentiles. Frankfurt a. M. u. a. 1984

Panofsky, E.: Gotische Architektur und Scholastik: zur Analogie von Kunst, Philosophie u. Theologie im Mittelalter. Köln 1989

Park, S.-Ch.: Die Rezeption der mittelalterlichen Sprachphilosophie in d. Theologie d. Thomas v. Aquin. Leiden u. a. 1999

Pieper, Josef: Sprache, Terminologie, Jargon. Ostfildern 1989

Pöltner, G.: Schönheit. Eine Untersuchung zum Ursprung d. Denkens bei Thomas v. Aquin. Wien 1978

Weidemann, H.: Metaphysik und Sprache. Eine sprachphilosoph. Untersuchung zu Thomas v. Aquin u. Aristoteles. Freiburg i. Br. 1975


# 9. Wirkung – Rezeption – Vergleiche

Actualité de saint Thomas. Paris 1972

Aktualität der Scholastik? Hg. J. Ratzinger. Regensburg 1975

Antweiler, A.: Die Anfangslosigkeit d. Welt nach Thomas v. Aquin u. Kant. Trier 1961

Barron, R. E.: A study of the ‹De potentia› of Thomas Aquinas in light of the Dogmatik of Paul Tillich. San Francisco 1993

Bejas, A.: Vom Seienden als solchen zum Sinn des Seins: die Transzendentalienlehre bei Edith Stein u. Thomas v. Aquin. Frankfurt a. M. u. a. 1994

Blandino, Giovanni u. a.: Discussioni sul neo-tomismo. Roma 1990

Blankertz, St.: Vernunft ist Widerstand: Thomas v. Aquin u. die Theorie d. Gestalttherapie. Köln 1993

«Das buoch der tugenden»: e. Compendium d. 14. Jh. über Moral u. Recht nach d. «Summa theologiae» II-II d. Thomas von Aquin u. anderen Werken d. Scholastik u. Kanonistik. 2 Bde. Hg. K. Berg. Tübingen 1984

Ehleiter, Th.: Die Kategorie des bonum commune bei Karl Marx in Beziehung zu Aristoteles u. Thomas v. Aquin. Diss. Berlin, FU 1971

Feuchtmayr, I.: Thomas von Aquin als Bildthema. München 1994

Fiorentino, F.: Filosofia e religione in S. Tommaso e Kant. Napoli–Bari 1997

The Future of Thomism. Hg. D. W. Hudson, D. W. Moran. Mishawaka 1992

Gilson, É.: Saint Thomas et nous. Montréal [1966]

Horst, U.: Papst, Konzil, Unfehlbarkeit: d. Ekklesiologie d. Summenkommentare von Cajetan bis Billuart. Mainz 1978

Janz, D. R.: Luther on Thomas Aquinas. Stuttgart 1989

Kasten, H.: Taufe u. Rechtfertigung bei Thomas v. Aquin u. Martin Luther. München 1970

Kim, J.-H.: «Caritas» bei Thomas v. Aquin im Blick auf d. konfuzianischen Zentralbegriff «Jen». Frankfurt a. M. u. a. 1981

Lotz, J.: Martin Heidegger und Thomas von Aquin. Pfullingen 1975

McCool, G. A.: The neo-Thomists. Milwaukee 1994

Nieveler, P.: Goethes Morphologie u. die Metaphysik d. Thomas v. Aquin. Jülich 1962

One hundred years of Thomism. Hg. V. B. Brezik. Houston 1981

Pesch, O. H.: The God question in Thomas Aquinas and Martin Luther. Philadelphia 1972

–: Martin Luther, Thomas v. Aquin u. d. reformator. Kritik an d. Scholastik. Göttingen 1994

–: Theologie der Rechtfertigung bei Martin Luther u. Thomas v. Aquin. Mainz [2]1985

Prouvost, G.: Thomas d'Aquin et les thomismes. Paris 1996

Rogers, E. F.: Thomas Aquinas and Karl Barth. Notre Dame u. a. 1995

Rolandetti, V.: S. Tommaso d'Aquino per il terzo millennio. Città del Vaticano 1999

Saint Thomas d'Aquin aujourd'hui. Paris 1963

Schmitz, K.: Die Metaphysik der Gestalt bei Thomas v. Aquin u. Johann Wolfgang v. Goethe. Freiburg i. Br. 1964

Schönberger, R.: Die Transformation des klassischen Seinsverständnisses. Berlin u. a. 1986

Swiezawski, Stefan: St. Thomas revisited. New York u. a. 1995

Thomas Aquinas and his legacy. Hg. D. A. Gallagher. Washington 1994

Tommaso d'Aquino nel i centenario dell'enciclia Aeterni Patris. Roma 1981

Vorster, H.: Das Freiheitsverständnis bei Thomas v. Aquin u. Martin Luther. Göttingen 1965

Vos, A.: Aquinas, Calvin, and contemporary Protestant thought. Washington 1985

Zwick, E.: Der Mensch als personale Existenz: Entwürfe existentialer Anthropologie u. ihre pädagog. Implikationen bei Sören Kierkegaard u. Thomas v. Aquin. St. Ottilien 1992

# Namenregister

*Die kursiv gesetzten Zahlen bezeichnen die Abbildungen*

# Quellennachweis der Abbildungen

## rowohlts monographien

## Religion und Theologie

**Albert Schweitzer**
Harald Steffahn
3-499-50263-1

**Dietrich Bonhoeffer**
Eberhard Bethge
3-499-50236-4

**Buddha**
Volker Zotz
3-499-50477-4

**Franz von Assisi**
Veit-Jakobus Dieterich
3-499-50542-8

**Jesus**
David Flusser
3-499-50632-7

**Maria**
Alan Posener
3-499-50621-1

**Martin Luther**
Hanns Lilje
3-499-50098-1

**Meister Eckhart**
Gerhard Wehr
3-499-50376-X

**Die Reformatoren**
Veit-Jakobus Dieterich
3-499-50615-7
Jeder Reformator steht für eine
Phase der rasanten Entwicklung
zur Neuzeit. Ihre Lehren waren
Ausdruck einer Endzeit, ihr Wir-
ken legte das Fundament einer
neuen Epoche.

Die Reformatoren
Veit-Jakobus Dieterich

3-499-50615-7